高等财经院校成人教育系列教材

现代企业管理学

主　编　陈　华
副主编　周广艳　李　娅

经济科学出版社

图书在版编目（CIP）数据

现代企业管理学/陈华主编．—北京：经济科学出版社，2008.1

（高等财经院校成人教育系列教材）

ISBN 978－7－5058－6759－8

Ⅰ．现…　Ⅱ．陈…　Ⅲ．企业管理－高等教育：成人教育－教材　Ⅳ．F270

中国版本图书馆 CIP 数据核字（2007）第 186619 号

序

当今世界，一切国家、民族、地区和群体单位经济社会发展程度的差别，除了自然资源和社会制度方面的原因外，其根本原因是由人力资本积累素质及运用效率的差别所造成的。就个人事业是否有成或成功程度的差别来说，根本原因也是如此。而人力资本积累素质及其运用效率的差别，说到底，又主要是由人所受到的教育状况所决定的。正因如此，当今世界各个国家都特别重视各类教育事业的发展，我国则提出了“科教兴国”的伟大战略。

在当今世界经济和社会发展中，随着科学技术第一生产力的不断升级换代，科学知识的更新周期越来越短，一般则是5年左右。而在人的教育中，即使一个普通大学本科毕业生，在学校学到的全部知识，也只是一生中所需要的知识总量的1/10左右。在这种情况下，仅靠普通学历教育所学到的知识，远远不能适应经济社会发展的实际需要。而终身教育，有的叫做成人教育、继续教育、推广教育或职业教育等，则是弥补普通教育自然缺陷的根本途径。第二次世界大战后联邦德国和日本等国的经济复苏和崛起，以及美国成为世界超级经济大国的重要原因之一，就是高度重视和发展了各种形式的成人教育，以人的终身教育作为提高人力资本积累素质及运用效率的根本途径。正因如此，中共“十六大”报告中强调提出，要全面建设小康社会，就要“形成全民学习、终身学习的学习型社会，促进人的全面发展”，同时，还特别强调要“加强职业教育和培训，发展继续教育，构建终身教育体系”。

在构建学习型社会中，学习的形式是多种多样的，而成人教育的形式也是多种多样的。就我国成人高校教育形式来说，有一个很重要的特点，就是将学历教育与非学历教育于一体，既有非普通高等学校的非学历教育的特征，又有某些普通高等学校学历教育的特征。这样，在我国成人高校教育中，除了各类短期培训以外，几乎所有的教育形式都具有两年以上的学习周期。要办好这种形式的成人高等教育，不仅需要正确的办学理念和科学的管理模式，更需要有一支适应成人高等教育的好的教师队伍，特别是适应各个成人高等教育专业的好的系列教材。山东财政学院继续教育学院在长期教材建设的经验积累中，经过精心设计，特邀在中国海洋大学、中国石油大学、山东科技大学、青岛大学、山东农业大学、山东财政学院、山东经济学院、青岛科技大学、莱阳农学院、山东省经济管理干部学院等10所高校中多年从事成人教育教学工作的专家、教授和部分函授站教学一线专业骨干教师，编写了这套系列教材，就是适应这种需要体现山东省成人教育教学的特色，同时也是为提高成人教育办学质量出台的新举措和重要课题（该课题于2005年立项，项目编号为J05P06）。

综观这套教材，主要有以下几个特点：

一是系统性。作为一套系列教材，目前出版的教材主要是适用于会计学、金融学专业教学需要的系列教材。它从两个专业课程设置及教学大纲的要求出发，系统地涵盖了两个专业教学的基本内容，包括专业基础课、专业主干课课程教材，因而具有系统性，有利于指导和帮助学生获得本专业的系统性科学知识。

二是完整性。在这套系列教材中，不仅完整地体现了两个专业各自的课程设置结构，而且在每部教材中都力求完整地体现各门课程应有的全部教学内容。如在会计专业系列教材中，除专业基础课教材外，专业骨干课设有《财务会计》、《财务管理》、《成本会计》、《管理会计》等7部教材之多。有了这套教材，就可以指导和帮助学生获得本专业完整性的科学知识。

三是科学性。评价一套系列性教材的质量或水平，一方面要看教材的结构是否合理，另一方面要看每部教材是否具有科学性。而这里讲的科学性，既包括每部教材的导向性内容是否坚定正确，也包括每部教材的专业性内容是否先进合理。而山东财政学院继续教育学院在长期教材建设实践经验积累基础上所产生的这套系列教材，既有明确的导向，又有合理的内容，因而具有较高程度的科学性。

四是创新性。党的“十六大”报告中提出：“创新是一个民族进步的灵魂，是一个国家兴旺发达的不竭动力，也是一个政党永葆生机的源泉”。同样，对于一个学校的发展或一部教材的建设来说，创新也是灵魂、动力和源泉。不仅本套系列教材的设计、编写和出版本身就是一种创新，而且更重要的是在每部教材中，都体现了创新的要求，力求把最新的时代信息，其中包括理论信息、专业信息、政策信息等纳入教材之中。其中有些内容，则是编者多年来从事科学研究，并获得多次省部级优秀成果奖的创新性成果。

五是实践性。成人教育的一个鲜明特点，就是对学习内容要求的实践性、应用性、针对性和对策性。本套系列教材在总结成人教育的教学及教材建设经验基础上，力求使每部教材体现这种教育要求，因而更加适应成人教育的实际需要。

六是范域性。山东财政学院的成人教育事业，是在财政部领导下发展起来的教育事业，因而在教学及教材建设上具有广泛的适应性。又由于山东财政学院成人教育的各个专业，均是面向全国招生的专业，并在新疆、广西、青海、内蒙古、天津等地设有分院或函授站，因而又具有广泛的地域性。也就是说，本套系列教材在范围和地域上，具有广泛的适应性。

七是可信性。山东财政学院继续教育学院之所以能够出版这套系列教材，除了社会各界、部分兄弟高校，特别是经济科学出版社的大力支持外，其主要原因之一就是山东财政学院坚实可信的办学实力，以及山东财政学院继续教育学院丰厚的办学经验。仅就山东财政学院在山东的招生而言，近年来，一直维持了省属普通高校成人招生录取的前几位，具有较高的可信度和社会声望。山东财政学院的成人教育是与本院的普通教育超常规同步发展的，不仅连年来维持了同类专业招生的最高录取分数线，而且是同类学校中专业规模最大的成人教育事业，同时，在教学管理及教学质量上，也是得到教育管理部门评价最高的院校。正是这种坚实雄厚的办学实力，为这套系列教材的建设和出版提供了可信的基础。

八是适应性。由于本套系列教材的以上特点所在，使其不仅适应本院成人教育的教学需要，而且也适应全国各地成人教育的教学需要。同时，也适应相关专业人员的自学需要。

尽管这套系列教材具有适应成人教育的以上诸多特点，但在教学过程中使用该教材时，恳望教者和学者仍然要树立和强化符合时代要求的大学理念。对于教者来说，要善于结合自己的教学及科研实践，补充和丰富教学的新内容，善于了解和提出新问题、研究和解决新问题，把思维创新、理论创新、战略创新、对策创新贯彻到教学全过程；对于学者来说，要善于结合自己的学习及工作实际，在新的学习过程中总结过去、把握现在、规划未来，使新的专业知识成为自己事业有成的知识源泉。在此，所以要强调这个问题，意在说明一个大学教师和一个大学生，不能只是老师照本宣讲，学生照本考答，而是应当在教学实践中树立和强化创新、创业的大学理念，倡导思维创新、知识创新、理论创新、战略创新、对策创新、方法创新。只有这样，才能从根本上培养、开发和启动中国人的创新思维，为实现中华民族的复兴大业贡献更高能级的智慧和才干。

由于本套系列教材是一个系统工程，任务繁重，时间短促，经验不足，肯定存在诸多不足和缺陷，恳望教者、学者和读者提出宝贵意见和建议，以使这套教材进一步得到完善和提高。

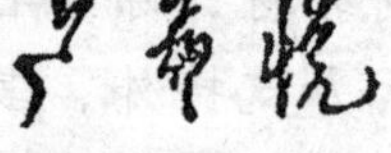

2005年5月18日

前　言

本教材是山东省教育厅立项的“山东省成人高等教育教学评价与质量监控体系研究”课题项目（课题编号为J05P06）中“财经专业主要课程及其主要教学内容研究与实践”子课题项目系列教材之一。

管理学是系统地研究管理知识、指导人们从事管理实践的科学。当前，世界经济正在飞速发展，人类社会面临世界经济一体化及信息化的挑战，管理科学作为社会管理实践活动的理论概括和总结，也反过来指导着实践活动，其发展正接受着时代的挑战与洗礼。与此相适应，管理学课程及其教材所涉及的内容，也应及时反映时代的变革要求。为满足社会管理实践活动的需要，以及培养具有国际视野管理人才的需要，我们在总结多年管理学教学实践和科研活动的基础上，编写了该教材。

本教材在体系结构、内容和研究方法上具有以下特点：第一，突出通俗性和前瞻性。企业管理学不同于其他学科，它是一门实践导向很强的科学，是一门科学，也是一门艺术。本书尽量避免抽象的理论和数学推导，将高深的理论用浅显的语言表达出来。在内容上吸收了管理学研究与实践的最新成果，反映了管理学发展趋势。第二，结构新颖。本书改变了以往的结构模式，将企业管理理论分成四篇，既突出了重点，又增加了新的内容，一目了然。在形式上参考了国外教材的编写方式并有所发展：每一章的开篇提出相应的管理问题，由此引出本章的管理内容，并在最后根据本章所介绍的管理理论设计了相关管理案例，提出一些与现实企业管理结合紧密的复习题；为了使学生更好地理解每一章中相关的管理理论与方法，我们还设计了许多小的管理个案；在每一章后还安排有与本章内容相关的管理案例研究，使学生可以更深入地去思考、探索所学的管理基本理论与方法。第三，权威性和实践性。本书是由具有多年实际部门工作经验，又具有丰富教学经验的博士、教授编写，他们将管理实践与教学经验有机结合并贯穿体现在教材，使教材贴近国内外企业管理的实际。

本课题项目负责人为山东财政学院硕士生导师韩庆华教授，教材编写人员由中国海洋大学、中国石油大学、山东科技大学、青岛大学、山东农业大学、山东财政学院、山东经济学院、青岛科技大学、莱阳农学院、山东经济管理干部学院等高校长期从事会计学、金融学专业教学实践的教授或副教授组成。

本教材由山东经济学院财税金融研究所执行所长、教授陈华博士提出总体编写框架并总纂，山东财政学院周广艳和山东经济学院李娅参加编写。其中，周广艳编撰了第2、6和8章，李娅编撰了第10、11和12章。最后由陈华教授定稿。

在本书的编写过程中，我们得到了山东经济学院党委书记、博士生导师张体勤教授，山东经济学院院长、博士生导师郝书辰教授，山东经济学院副院长、研究员聂炳华，山东经济学院副院长、教授崔友平博士的大力支持，在此表示诚挚的谢意。特别感谢山东财政学院继续教育学院院长韩庆华教授和经济科学出版社的吕萍女士的大力支持。

本教材适用于普通高等院校、成人高校及高职高专的工商管理、市场营销、财务会计、国际贸易等相关专业的管理学教学，也可作为企业的管理学培训教材及自学者的参考用书。我们希望“理论+案例+实践”这种崭新的企业管理学课程学习模式，能更好地调动学习者的积极性、主动性和创造性，并可以真正学以致用，从而提升企业管理学的实用性。

在本书的编写过程中，我们参考和引用了国内外学者的大量著作，因限于篇幅，未能一一注明，在此向著作者深表谢忱。

管理学作为一门实践性很强的学科，其理论和方法正处于不断发展之中，由于作者水平有限，书中难免有错误和不足之处，恳请专家和广大读者不吝赐教。

编　者

2007年11月

目录

第一篇　基本理论

第 *1* 章　企业概述 …………………………………………………………… (3)

1.1　企业发展的历史 …………………………………………………… (3)

1.2　企业的特征与职能 ………………………………………………… (7)

复习题 …………………………………………………………………… (17)

第 *2* 章　企业管理原理 ……………………………………………………… (18)

2.1　企业管理的性质 …………………………………………………… (18)

2.2　企业管理的内容与方法 …………………………………………… (23)

2.3　企业管理基础工作 ………………………………………………… (27)

复习题 …………………………………………………………………… (32)

案　例 …………………………………………………………………… (32)

第 *3* 章　现代企业制度 ……………………………………………………… (36)

3.1　现代企业制度概述 ………………………………………………… (36)

3.2　股份公司 …………………………………………………………… (43)

3.3　建立现代企业制度与加强企业管理 ……………………………… (51)

复习题 …………………………………………………………………… (55)

案　例 …………………………………………………………………… (56)

第二篇　企业战略管理

第4章　企业总体战略 …………………………………………………………… (61)
4.1　企业总体战略概述 …………………………………………………… (61)
4.2　企业发展战略 ………………………………………………………… (64)
4.3　企业并购与重组 ……………………………………………………… (72)
4.4　国际化战略 …………………………………………………………… (83)
复习题 ……………………………………………………………………… (88)
案　例 ……………………………………………………………………… (89)

第5章　企业竞争战略 …………………………………………………………… (91)
5.1　企业基本竞争战略 …………………………………………………… (91)
5.2　同一行业竞争战略 …………………………………………………… (96)
5.3　不同行业竞争战略 …………………………………………………… (104)
复习题 ……………………………………………………………………… (114)
案例 ………………………………………………………………………… (115)

第6章　战略评价以及战略实施 ………………………………………………… (117)
6.1　企业战略评价 ………………………………………………………… (117)
6.2　战略实施的计划与组织 ……………………………………………… (127)
6.3　战略实施的领导与控制 ……………………………………………… (134)
复习题 ……………………………………………………………………… (141)
案　例 ……………………………………………………………………… (141)

第三篇　企业经营管理

第7章　经营管理 ……………………………………………………………… (147)
7.1　经营管理概述 ………………………………………………………… (147)
7.2　经营管理内容和任务 ………………………………………………… (155)
7.3　经营计划与经营决策 ………………………………………………… (157)

复习题 …………………………………………………………………………………（170）
案　例 …………………………………………………………………………………（171）

第 *8* 章　生产管理 ……………………………………………………………………（173）
8.1　生产管理概述 ……………………………………………………………（173）
8.2　生产过程组织 ……………………………………………………………（178）
8.3　生产计划 …………………………………………………………………（185）
8.4　MRPⅡ、ERP 与 AM 简介 ………………………………………………（191）
复习题 …………………………………………………………………………………（195）
案　例 …………………………………………………………………………………（195）

第 *9* 章　质量管理 ……………………………………………………………………（200）
9.1　质量管理的概念 …………………………………………………………（200）
9.2　全面质量管理 ……………………………………………………………（206）
9.3　质量管理的统计控制方法 ………………………………………………（215）
9.4　ISO9000、六西格玛管理方法 …………………………………………（224）
复习题 …………………………………………………………………………………（236）
案　例 …………………………………………………………………………………（236）

第四篇　管理创新篇

第 *10* 章　管理创新 …………………………………………………………………（243）
10.1　管理创新概述 ……………………………………………………………（243）
10.2　管理创新的原则、类型以及过程 ………………………………………（248）
10.3　价值工程分析 ……………………………………………………………（254）
复习题 …………………………………………………………………………………（259）
案　例 …………………………………………………………………………………（259）

第 *11* 章　企业文化与企业形象 ………………………………………………………（262）
11.1　企业文化 …………………………………………………………………（262）
11.2　无形资产与品牌价值管理 ………………………………………………（267）
11.3　冲突以及危机管理 ………………………………………………………（272）

复习题 …………………………………………………………………………（280）
案　例 …………………………………………………………………………（280）

第 *12* 章　学习型组织的建立 ……………………………………………………（283）
12. 1　学习型组织的概念与构建 ………………………………………………（283）
12. 2　知识管理 …………………………………………………………………（289）
复习题 …………………………………………………………………………（294）
案　例 …………………………………………………………………………（294）

主要参考文献 ……………………………………………………………………（299）

第一篇　基本理论

企业作为市场的微观主体，一直以来都是经济学家关注的重点。新古典经济学家无法解释企业产生的原因，只是将其作为建立基本经济模型的既定前提，并由此推演出企业管理理论学说。而新兴古典经济学家用“效率论”解释企业的产生。1937 年，罗纳德·科斯发表了著名的《企业的性质》一文，从一个全新的角度解释了企业产生的原因。经过半个多世纪的不断探索，在众多经济学家的努力下，经济学开始用交易成本、产权等工具研究企业产生和运行的动力机制，形成了现代企业理论体系。

第 1 章

企业概述

本章要点

◇ 现代企业的基本特征

◇ 现代企业系统的构成要素及其结构

◇ 现代企业管理所具有的职能

企业理论来源于人类的生产、经营，甚至是军事活动，并促进这些活动的发展。在研究这些现代企业理论的演进之前，了解企业的发展历程、企业的基本特征等将有助于我们了解各种企业理论产生的历史背景，特别是当时企业的实际运行情况，从而把握企业管理理论发展的轨迹。

1.1 企业发展的历史

1.1.1 手工工场生产时期

人类社会的生产活动一直到 18 世纪初还停留在家庭作坊时代，生产活动以自给自足的农业为主，少量的剩余产品也只是在小范围内进行互通有无的交换。

从 8 世纪末到 9 世纪初，西欧仍处于一种没有市场的、纯粹的农业社会环境中，社会财富几乎全部来源于土地，动产在经济生活中不起任何作用。在这样的环境下，人们不是不愿意出售产品，而是没有买主来购买产品。虽然这一时期也有大量的小集市，但它的作用只限于满足附近居民的家庭需要、满足人的娱乐要求而不是商业意图。

家庭作坊的建立就是为了补充商业的缺乏的。但这种劳动方式仅仅是人们在无地少地情况下为了生存而进行的农村经济活动，大多数手工业者并不以从事“家庭工业”为唯一生计，而只是将其当作补充收入的副业，因为他们中大多数仍占有小块土地，自给自足的小农意识仍然刻在他们的灵魂深处①。以英国为例，家庭作坊制度是一种半工半农的手工业制度，手工业者既是农业劳动者，又是纺织工。“在从事家庭工业的地区，几乎每座房子里都有手工纺纱杆，生产单线的手纺车以及随后而来的骡机和珍妮纺纱机组成了家具的一部分，而各个小屋子里都回响着手织机的咔嗒声。”家庭作坊的工具简易且便于操作，人们平时挣的工资不但足以使生活过得舒适，还能租几英亩地。这样，他一身兼两个阶级，而且一天比一天更明显②。

随着市场的扩大，生产活动逐渐由具有一技之长的专业劳动人才来完成，此时的产品生产已形成完全的分工，即手工业从劳动中分离。到了 11 世纪，城市中出现了具有商店性质的作坊，出现了早期的手工工场。面包师傅、屠户、铁匠等工匠开始不得不离开作坊到集市中去出售产品，在集市歇业的日子里，工匠就在自家的作坊中营业。这一时期的手工工场中，生产销售并没有完全分离，产品以自产自销为特征。

随着社会的发展，生产与销售逐渐分离，到工业革命前期，早期的手工工场不仅完成了生产与销售的分离，而且完成了生产者与生产工具的分离，具有了工厂生产的一些特征。

手工工场可以被看作是人类历史上最早的企业，业主制是当时最流行的企业组织形式。现阶段，我国广大的农村地区中还存在着具有这种特征的家庭作坊。

1.1.2 工厂生产时期

1768 年水力纺纱机的问世带来了一种全新的工业组织形式。按照阿特莱特的设计，要使用水力机，就得沿河盖上一栋房子，在里面安上许多机器，找许多工人同时操作。这样，工厂就产生了。蒸汽机的使用引起工厂制的迅速发

① 郭伟峰：《英国家庭作坊和工厂制度下劳工生活状况比较》，载《辽宁工程技术大学学报》，2005 年第 4 期，第 410 ~ 411 页。

② ［英］E. 罗伊斯顿·派克：《被遗忘的苦难——英国工业革命的人文实录》，福建人民出版社 1983 年版，第 53 页。

展。从1771年建立第一个工厂算起，到1835年，全国已有棉纺织厂1 262家，其中一半以上是在兰开郡；1820年时，手工织工还几乎是工厂织工的两倍（分别是24万和12.6万），1840年工厂织工已经是手工织工的两倍还不止了（26万和12.3万）[①]。

就这样，以手工技术和分工为基础的手工工场逐步让位于以采用机器体系为基础的工厂生产。工厂制的特点是：（1）机械劳动代替了人工劳动，生产效率大大提高；（2）规模化生产，生产、销售实现了专业化分工，市场范围迅速扩大，市场交易速度大大加快；（3）较为完善的管理系统，出现了职能化组织结构，管理效率大大提高。

工厂制的出现极大地促进了经济发展，使人们的生活方式发生了显著变化，人类由农业社会迈向工业社会，与之相对应的经济形态也由农业经济转向工业经济。在这个阶段，企业组织发生了重大变化，合伙制得到迅速发展，并成为主要的组织形式。企业从业主制转向合伙制，其主要动因是企业对资金的需求日益扩大。例如，一家业主制的企业由于产品适销对路，预期市场前景非常好，但是，现在却缺乏生产所需的资金。产品销售得到的现款，必须要购买原材料，支付劳工工资，产品生产和销售之间有一个时间断流，也就是说，企业主在一段时间内的投入得不到相应的收益。那么，企业主怎么解决这个资金断流呢？去借，去贷款？但是，借（贷）款要冒风险，而企业要支付很高的商业贷款利息。更重要的是，大多数的商业银行，一般不会冒着风险轻易把钱借给一个没有声誉的企业。这时候，合伙制企业的出现成为了必然。找一个合伙人，一方面资金有了着落，另一方面风险得到了分担。在这个合伙制企业里，资本和劳动分别由合伙人共同分担，企业的利润和亏损自然也按一定的比例（一般按照出资多少）共同分享。合伙人之间一般有一个书面的或者口头的协议，合伙制的成功自然也就取决于合伙人履行他们的协议或承诺。因此，合伙制是建立在合伙人之间相互信任的基础上的，信用是维系企业的纽带。也因此，大多数合伙人通常是亲朋好友。

1.1.3 现代企业的形成与发展

16世纪，英国、法国和荷兰等国曾出现过一批由政府特许建立的在国外某些地区具有贸易特权的贸易公司，这些公司采用股份合资经营的形式，被认

① 资料来源：http：//zhidao. baidu. com。

为是现代股份公司的前身[①]。19 世纪 40 年代是企业发展史上的一个分水岭，美国铁路公司经过彻底改革，成为第一家建立现代企业制度的企业。

1841 年，美国西线铁路分三个区段进行管理。因为管理上的问题，很快出现了一连串的事故，其中，最严重的一次是 1841 年 10 月 5 日发生的列车相撞事故，伤亡 19 人。这场事故使美国社会各界强烈要求铁路公司进行管理改革。改革后，公司雇用了大量的支薪经理，并设有基层、中层和高层的管理人员，高层经理直属董事会。它们还建立起了大规模的内部组织机构，并严格划分各部门、各单位的权责关系。此外，还建立财务与统计报表制度来监督、评估经理们的工作[②]。美国著名的企业史学家钱德勒 1977 年出版的《看得见的手——美国的企业管理革命》，以“铁路：第一个现代工商企业”为切入点，系统地研究了 19 世纪中期以来美国现代工商企业成长的历史。钱德勒认为，企业规模的扩张、现代工商企业的出现取决于技术、市场和交通通讯条件等因素。

1. 铁路的成功来源于组织上以及技术上的革新。技术使得迅速且全天候的运输得以实现；但是机车、车皮等设备的长期保养与修理和客运的安全准时等则有赖于相当规模的管理组织。这就意味着需要雇佣一群经理来监督在地理上极为广阔的范围内的各种职能活动，以及任命中上层管理执行人员来监督、评估和协调负责日常经营活动中经理的工作。这也意味着各种崭新的内部管理程序以及会计统计监督的形成。从此以后，由于铁路经营的需要，产生了美国企业管理上最初的管理等级制度。

2. 现代企业的资本所有权与企业管理权发生分离。钱德勒认为，随着技术、市场和交通通讯的发展，企业的规模日益扩张并伴随着技术和管理过程的复杂化，需要专门的管理人才进行管理。也就是说，建造铁路需要大量的资金，单独一个企业主、一个家族等群体难以直接从事这种投资，但众多的投资者或股东也不可能亲自去直接管理和经营铁路；另外，铁路的管理需要专门的知识与技能，只有训练有素的人才能胜任。一个很自然的趋势：资本所有权与企业管理权分离。

为了解决大规模筹资的问题，铁路企业实质上采用了公司的组织形式。钱德勒指出，公司制突破了业主制、合伙制的无限责任与散伙问题的种种制约，不仅成为一个理想的筹集大量资本的方式，而且由于企业以一个“法人”形

① ［苏］梁波斯基：《外国经济史（资本主义时代）》，三联书店 1962 年版，第 53 页。

② 杨浩等：《现代企业理论教程》，上海财经大学出版社 2001 年版，第 7 页。

态存在，也克服了合伙制的散伙问题，不论由于买卖或馈赠使股票多次转手，也不论有多少股东，企业都可以持续经营下去。

1.2 企业的特征与职能

1.2.1 企业的概念与含义

1. 企业概念

企业是指为满足社会需要和获取利润而从事生产、流通和服务等经济活动，实行独立经济核算、自主经营、自负盈亏、具有法人资格的基本经济单位。企业是个历史性概念，它是生产力发展到一定阶段的产物，是随着商品生产的发展而发展的。

正确理解企业的概念，应注意掌握以下几点特征：

1）企业是一个经济性组织。人们把经济理解为“经世济民”，意思是要在有限的资源条件下，使用尽可能少的投入来创造尽可能多的社会财富以满足社会日益增长的物资文化生活的需要。企业作为一个经济性组织从事经济性活动，一要按照用户的需要把资源转变为可被接受的产品与服务；二要在企业运营的过程中实现投入产出比最大化。对于当今绝大多数的企业来说，经济性往往被认为是企业行动的最高目的：实现股东价值最大化。

2）企业是一个社会性单位。当今，“企业社会责任”是一个热门话题，这体现了企业的社会性。现代企业是一个向社会全面开放的系统，它所承担的社会责任与政治责任有时甚至会对其经济性行为产生决定性影响。所以，企业概念中的“满足社会需要”不仅指满足市场的需要，它还包括了满足股东和一切经营及其结果的“相关者”的需要，这些相关者在不同方面、不同程度上与企业发生着联系，影响、帮助或制约着企业的行为。企业的社会性要求企业管理者不仅要有经济头脑，还必须会解决社会、政治问题。

3）企业是一个独立法人。即企业具有自己的独立财产与组织结构，能以自己的名义自主经营，进行民事活动并承担责任，享有民事权利与义务。独立法人的特点决定了企业一定是自负盈亏、独立核算与自主经营的。这也要求企业的经理厂长等法人代表一方面要明确权责，另一方面为使企业得以长期稳定的发展，企业的经理厂长等应为企业建立一个科学管理的企业经营系统，如有效的企业组织与领导体制、高效率运作的经营决策机制等。

4）企业是一个历史发展的产物。由1.1内容所知，企业不是从来就有的，而是生产力发展到一定水平后的产物。企业在一定程度上代表着新的生产方式，意味着生产效率与管理效率的大大提高；但在资本主义“拜金主义”等影响下，经营者们往往在合理性外衣的掩盖下，肆无忌惮地榨取劳动者的剩余价值，采取一切手段达到目的，并使之成为一种职业规范。尽管社会主义的企业与资本主义的企业有着本质的区别，但在社会主义初级阶段，人们对它要有全面的认识，尤其对管理者而言，除了应有明智的头脑，也要具有正确的价值观①。

2. 企业类型划分

企业根据不同的分类标准可以有很多的分类形式。以我国企业为例：

1）按生产资料所有制形式分类。按生产资料所有制形式，企业可以分为以下5类。

(1) 全民所有制企业，也就是现在所说的国有企业。其特点是生产资料归国家或全民所有，企业作为独立的或相对独立的经济单位拥有法人财产权，根据市场导向的原则进行自主经营、自负盈亏。

(2) 集体所有制企业。它是在一定区域内的劳动群众集体占有生产资料的企业，是独立的经济单位，自主经营、自负盈亏。

(3) 私营企业。它是指企业资产属于公民私人所有，以雇佣劳动为基础的盈利性经济组织。包括所有按照国家法律规定注册的私营独资企业、私营合伙企业和私营有限责任公司。

(4) 合营企业。它是指两个或两个以上不同或相同所有制企业或个人共同投入资金、设备及其他资源，通过协议共同经营的企业。合营的形式包括由同一所有制或不同所有制的合营、公私合营、中外合营等。合营企业既可以实行共同经营，统一核算，按各自投资的比例分配利润，也可以实行共同经营，统一核算，分别记账，按不同的所有制形式上缴利润和税金后再进行利润分配。

(5) 外资企业。它是指外国投资者或企业和其他经济组织与个人，根据我国涉外经济的法律、法规以合资、合作和独资的形式在我国境内开办的企

① 金占明：《企业管理学》，清华大学出版社2002年版，第16~18页。

业。外资企业包括中外合资经营企业、中外合作经营企业和外商独资经营企业 3 种形式。

2）按生产要素所占比重分类。按生产要素所占比重企业可以分为以下 3 类。

(1) 劳动密集型企业。它是指技术装备较低、用人较多、产品成本中活劳动消耗所占比重较大的企业。意即劳动密集型企业是那种单位劳动力占用的固定资产少，活劳动占产品成本的比重大以及资本有机构成较低的企业。

(2) 资金密集型企业，也称为技术密集型企业。它是指所需投资较多、技术装备程度较高、用人较少的企业。资金密集型企业一般具有劳动生产率较高、单位产品成本较低、竞争力较强的特点。但它需要大量的资金、先进的技术装备、大量的技术人才，以及相应的配套服务设施才能发挥优势。

(3) 知识密集型企业。这是现阶段比较先进的一种企业形态，也是企业变革的方向。它是指综合运用先进科学技术成就的企业。这类企业拥有大量的科技人才，需要花费较多的科研时间和产品开发费用，能生产高精尖产品。比如：大型宇航企业、大规模集成电路制造企业等①。

1.2.2　现代企业的基本特征以及现代企业的职能

1. 现代企业的特征

从产权制度等方面同传统企业相比，现代企业除了具有一般企业的特征外，还具有以下主要特征：

1）以现代科学技术为基础。现代企业中，生产经营等活动的进行，是以现代科学技术为基础的。尤其是近几十年来，由于电子计算机和其他一些高科技的出现和广泛应用，使得一些企业的技术基础发生了革命性的变化，企业对现代科学技术的依赖性愈加突出。科学技术已经渗透于企业中，现代企业离开了现代科学技术将会寸步难行，企业将难以生存和发展。

2）采用现代企业制度。企业制度是一个企业内在的产权制度与外在的组织形式的统一。随着社会生产力的发展，企业制度也经历了由单一化到多元化的发展，出现了由原始企业制度——个人业主制企业到合伙制企业再到现代企业制度——公司制的变化，公司制度特别是股份公司制度是当今世界各国现代

① 安忠，钱克威等：《现代企业管理》，天津大学出版社 2000 年版，第 21 ~ 23 页。

企业普遍采用的一种基本企业制度。适应形势发展，我国国有企业在前两年也兴起了股份制改革之风。

3）实行现代企业管理。企业管理是社会生产力发展的产物，反过来它又对生产力的发展起着极大的促进作用。随着资本主义工厂制度的出现，企业管理经历了由传统管理到科学管理，再到现代管理的发展过程。实行现代企业管理，是使科学技术变为现实的先进生产力的要求。当今现代企业的管理，大都实行的是现代企业领导体制，企业中广泛采用现代企业管理技术（管理手段和方法），建立了现代企业管理组织和各种管理制度。

4）具有现代企业文化。20 世纪 80 年代初，美国学者在研究日本经济的发展后，认为是日本企业的企业文化和企业精神推动了日本经济的崛起。他们认为，在现代市场经济条件下，企业要生存和发展，不仅有赖于先进的科学技术和管理，更重要的还在于全体员工劳动热情的充分发挥，在于包括理想、信念等在内的企业文化的创立。

2. 现代企业系统的构成

1）现代企业是一个系统。所谓系统，一般是指由若干部分按照一定的结合方式组合而成的、具有特定功能的有机整体。任何一种系统，一般都应当具有整体性、关联性、目的性和对外界环境的适应性等特征。

而根据上述来分析现代企业，不难看出现代企业是一个运用各种资源条件，为实现一定经营目标而从事生产经营活动的经济实体。是一个人造的由若干要素组成的、开放的，并不断地将投入变换为产出的动态转换系统。

2）现代企业系统的构成要素。要素是企业系统的基础，学术界对企业构成要素的说法不一，概括起来，大致有两种观点：一种是三要素论，即认为企业主要由人、财、物（劳动者、资金、物资资料）构成；一种是六要素论，即认为除上述三种要素外，还有科学技术、信息和任务等要素共同构成了企业系统。大部分学者还是认同三要素论，认为在现代企业系统中，三要素内在地联系在一起，从而形成一个有机整体（企业），概括来讲就是：劳动者借助于劳动资料，作用于劳动对象，推动着生产经营活动过程，同时，也推动着资金周而复始的循环。

3）现代企业系统的结构。要有效发挥企业系统的功能，完成企业系统目标，就需要运用有效的管理将要素有机组织起来，形成企业系统的结构。

（1）企业系统的静态组织结构。企业系统的静态组织结构具体可分为纵向垂直分系统和横向水平分系统两方面。其中纵向垂直分系统包括生产系统、市场营销系统、技术系统、财务会计系统、人力资源系统和信息系统六大职能子系统。横向水平分系统包括高层经营管理子系统、中层管理子系统和基层作业子系统。纵向垂直子系统和横向水平子系统共同构成了企业系统的静态组织系统，如图1－1所示。

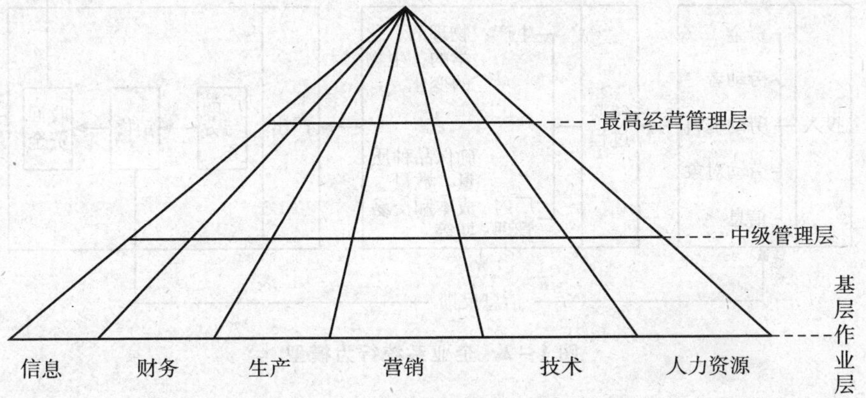

图1－1 现代企业系统静态组织系统示意

（2）企业系统的动态组织结构。企业系统是一个不断的由投入转换到产出的动态系统，在其不断转换过程中，同时存在着物流、人流、价值流和信息流四种“流”，形成了由以上四种“流”组成的动态组织结构。

物流——是指企业生产经营所需的各种物质要素，从供应和投入生产开始，经过加工制造成为半成品再到成品，一直到把产品销售出去为止的整个生产经营过程。

人流——是指企业全体员工在企业系统中的全部活动内容和过程。包括人员的流入与流出，人员的分工调配和晋升，全部员工的劳动和工作过程等。

价值流——是指企业系统运动中，价值的转移、交换和增值的过程，它直观地表现为企业资金的运动过程。作为商品生产经营者的企业系统的生产经营过程，既是原有使用价值的消费和新的使用价值的再生产过程，同时又是原有价值的转移和创造、实现新的价值的过程。因此，价值流必然与物流同时并存于企业系统的运动之中，并综合地反映着企业生产经营过程的状况和成果。

信息流——是指对企业生产经营活动所需的全部信息的收集、加工、储存和传递过程。

这四种流共同存在于企业系统运行过程之中，并表现为投入、转换、产出三大环节和反馈过程。即投入各种生产要素，根据行业特点采取不同的生产工艺进行产品的生产和制造，然后通过产品销售收回货币资金，并同时做好生产销售中的信息反馈，以便及时有效地对企业系统的行为过程实施调控，如图1－2所示。

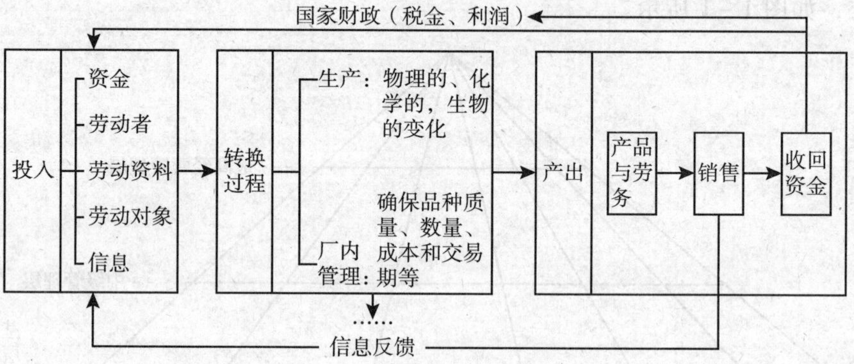

图1－2　企业系统行为模型

上述企业系统静态结构中的三个层次和六大职能，与动态结构中的四种“流”相互渗透并有机地融合在一起，从而形成了现代企业系统有序的立体结构①。

4）企业系统与外界环境的关系。从系统的观点来看，任何一个现代企业系统，都是属于更为宽广的社会系统中的一个子系统，是一个开放性系统。开放性的企业系统与外部环境的作用是相互的。它既受外部环境的影响和制约，对环境具有极大的依赖性；同时又可以以其主观能动的行为去影响外部环境，对环境具有反作用。当然，企业应当更关注外部环境对企业系统的影响。企业系统的正常有效运行，离不开良好的外部环境，因此，就企业来讲，要高度重视环境对企业的影响，要认识和把握环境的现状及其发展变化趋势，主动适应环境，调整自己，以求得自身的生存和发展；就国家来讲，应该优化产业结构，优化企业的外部环境，促进企业发展。

3. 现代企业的职能以及职能活动

所谓“职能”可以从两方面来理解，其一是环境对企业系统绩效功能表现的要求；其二是企业系统对环境的贡献水平。

1）企业的使命。为实现目标，管理者是否应千方百计地提高企业的经济

① 林有孚：《现代企业管理》，中国统计出版社2000年版，第5～12页。

效益而不顾其他呢？作为“社会公民”，企业有义务为企业周围环境的改变做出贡献。著名的经验管理大师彼得·德鲁克（Peter Drucker）曾指出“企业目标的唯一有效定义就是要创造顾客”，意即管理者要时刻关注顾客，不要“只顾盈利而不爱服务”，若企业口碑不佳，企业在竞争中必然受挫，自然难以盈利；而采用追求“创造顾客”模式，盈利是必然的结果。

“大多数研究表明，在公司的社会参与与经营业绩之间有着正的相关关系。”而且，“没有显著的证据表明公司的社会责任行动会损害其长期经营业绩。①”详细点说，企业在力所能及的范围内进行一些社会责任活动相当于投资。虽然短期内这种投资或许牺牲了企业的经营业绩，但从长期来看，这种投资由于改善了企业的社会形象和生存环境，吸引了大量优秀人才和减少了政府的管制等，可以使企业的收益增加，并且所增加的收益足以抵补企业当初所额外支付的成本。从这种意义上讲，企业在利他的同时也在利己。

当然，社会责任的承担是由范围限制的，是有选择的，即企业在日常的经营过程中，应关注那些对企业长期发展有利的活动并给予适当的支持，切不可把一些本不应由企业来做的事都包揽下来，从而走到改革前的“企业办社会”的老路上去。②

2）企业的职能活动。企业的职能活动是指企业为了实现其目标所必须进行的各种功能性活动，既表示活动的有效性，也表示活动的功能属性。不管企业所有制形式怎样、规模大小如何或组织结构形式差异有多大，为了达到它作为投入—产出经济系统的基本要求，任何企业都必然进行以下几种职能活动：

（1）营销性活动，即认识市场和用户的需求特性，并根据企业的优势进行产品定价、分销、促销以及公共关系建立与服务方面的决策，以沟通外界需求与内部能力，使企业系统的经营能够以市场为导向并使产品（服务）能有效抵达用户。

（2）生产性活动，即将市场信息按工艺要求转化为物质形态的产品以满足需要的服务过程，使市场信息或企业营销愿望真正变为可供用户消费的实物或服务。

（3）技术性活动，即进行产品以及生产方法方面的研究和开发，以使企业保持市场竞争上的优势。

---

① Stephen P. Robbins and Mary Coultar: *Management* (*Fifth Edition*), Prentice-Hall International, Inc., New Jersey: 1996. pp. 151 – 152.

② 周三多：《管理学》，高等教育出版社2002年版，第38～39页。

(4) 财务性活动，即筹资、投资以及资金运营管理等活动，以使企业的经营能够在正常的资金条件下进行，并使企业的财务结构合理、经营效益提高，保护投资者的权益。

(5) 管理性活动，即通过计划、组织、领导、激励与控制等手段，对以上各职能活动以及所使用资源进行协调，以期达到企业的经营目的。有的学者也将这种活动称为人力资源管理活动。

企业的这几种活动本质上说是缺一不可的，一般来说，企业应该以市场为基础，以营销活动为先导，以生产活动为核心，在其他各种活动的支持下实现企业的目标。

1.2.3 企业管理的职能

1. 管理职能的概念

企业管理职能，是指企业管理者为了实行有效管理所必须具有的职责和功能。管理的职能体现在管理的实践过程中，企业管理者具备了这种职责和功能，就能正确处理企业内部的人与人、物与物、人与物之间的关系，正确处理国家与企业、企业与社会、企业与消费者或服务对象的各种关系，取得尽可能好的经济效益。管理职能具有普遍性的特点，不论什么性质的企业，不论企业的规模大小，也不论哪一级管理层次的管理人员，在执行管理工作的过程中，都包含着各种管理职能，只是在时间、内容上各有侧重。

2. 管理职能的划分

1) 计划职能。计划职能是企业管理的首要职能，是其他管理活动的基础。对提高企业的经济效益来说，计划职能十分重要，在企业管理中具有特殊的地位。

(1) 计划职能的含义。计划职能就是在目标既定的前提下，进一步根据实际，科学地、及时地预计和制订为达到一定目标的未来行动方案。它有广义和狭义之分。广义的计划职能是指制订计划、执行计划和检查计划执行情况三个紧密衔接的工作程序；狭义的计划职能则是指制订计划。计划职能具有目的性、首位性、普遍性、经济性和创新性 5 个主要性质。

(2) 计划职能的内容。通俗来讲，计划职能的任务和内容可以概括为 6 个方面，即：做什么？（What to do it?）为什么做？（Why to do it?）何时做？

（When to do it?）何地做？（Where to do it?）谁去做？（Who to do it?）和怎么做？（How to do it?）简称为“5W1H”。实际上，严格地说计划职能是一种预测未来、设立目标、决定政策、选择方案的连续过程，一个完整的计划应包括控制标准和考核指标等的制订。

（3）计划职能的作用。人类进入21世纪以来，由于竞争的激烈，企业要不断适应市场经济的变化，只有科学地制订计划才能协调与平衡多方面的管理活动，求得企业的生存与发展。

第一，计划是管理者指挥的依据。管理者可以根据计划分配任务，促使组织中的全体人员的活动趋向于一致，保证达到计划所设定的目标。

第二，计划是降低风险、掌握主动的手段。计划是针对未来的，是预期到未来的变化并设法消除变化对组织造成的不良影响的一种有效手段。管理者通过计划职能可以把将来的风险降低到最低限度。

第三，计划是减少浪费、提高效率的方法。计划工作要对各种方案进行技术经济分析，选择最佳的方案，能够消除不必要的活动所带来的浪费，降低成本，提高工作效率，使未来的组织活动均衡发展，实现组织目标。

第四，计划是管理者进行控制的标准。计划职能包括建立和完善目标和指标，这些目标和指标提供了一种标准，被用来进行控制。同时计划的实施在控制活动中可以发现偏差，通过反馈又使得管理者不断地修订计划，建立新的目标和指标。

2）组织职能。企业的一切生产经营活动要有效进行，都要有一定的组织形式与其相适应。组织职能是计划职能的延伸，是计划得以实施和实现的保证，是企业管理的重要职能。

（1）组织职能的含义。“组织”一词，希腊文原意是和谐、协调的意思。美国管理学家切斯特·巴纳德（Chester Barnard）将组织定义为：具有特定目标，经由分工与合作，而有意识形成的一种权责角色结构。巴纳德认为，组织不论大小，其存在和发展都必须具备3个基本条件，即明确的目标、协作的意愿和良好的沟通。即组织职能就是把企业生产的各要素、各生产环节、各部门，从分工协作上、相互关系上和时间空间的结合上，科学地划分职责，组成一个协调一致的整体，在实现既定目标中获得最大的效率。

（2）组织职能的作用。从组织职能的含义看，设计、建立并保持一种组织结构基本上就是组织职能的内容。具体而言就是：第一，根据组织目标设计和建立一套组织机构和职位系统；第二，确定职权关系，建立信息沟通的渠道，从而把组织上下左右联系起来；第三，与管理的其他职能相结合，以保证所设计和建立的组织运行顺畅；第四，根据组织内外部要素的变化，适时地调整组织结构。

3）指挥职能。指挥是指通过下达命令、指示等形式，使企业系统内各个人的意志服从于一个权威的统一意志，将计划变成全体成员的统一行动，使全体成员履行自己的职责，全力以赴地完成所担负的任务。指挥是一种执行性的管理职能，是管理者在一定的组织系统内，以自己的权威使被管理者服从自己的意志而实施决策目标和计划的一种管理活动。

4）控制职能。控制与计划紧密联系，控制是完成计划的保证，计划是控制的前提。没有计划的管理是无序管理，没有控制的管理是无效管理。任何管理活动都需要控制，从某种意义上讲，没有控制也就没有管理。

（1）控制以及控制职能的概念。控制是指为了实现企业目标和完成企业计划，把实际业绩同计划相比较，发现偏差，寻找原因，采取措施进行纠偏的一系列管理活动。而控制职能是管理者依据计划标准衡量计划的实际完成情况，并采取措施纠正计划执行中的偏差，以确保计划目标实现的管理过程。

（2）控制职能的作用。第一，控制的基本作用是“维系现状”，随着企业内外环境的变化，通过控制随时反馈并纠偏，以使组织的活动趋向于相对稳定，确保实现组织的既定目标；第二，控制的第二个作用是“打破现状”，即为适应外部环境的变化，企业主管人员就要打破现状，确定新的目标和管理控制标准，使之更先进、更合理。

（3）控制的过程。控制过程是整个管理过程的一个阶段，是保证计划目标实现的过程。第一，确定控制标准。控制的范围很广，控制标准也是多方面的，管理中的控制标准一般可分为定量标准（如：销售额、资金占用额、产品性能指标等）和定性指标（可采用经验估计法等来制订）两类。第二，衡量工作绩效。就是通过监督测量、考核评价等手段获取与既定控制标准相关的信息，用以判断事件或人们的行为是否符合标准，并表达管理阶层的态度。要真想为实现计划目标而控制，就必须及时、科学、准确地衡量工作绩效。第三，纠正偏差。这是控制过程中的关键一环，是管理控制的实质和关键。纠偏措施主要有行政手段、经济手段、文化手段和法律手段等。

5）激励职能。激励就是激发员工的内在潜能，使之努力工作，实现企业目标的过程。企业管理实质上是对人的管理，要使人的潜能全部发挥在工作上是件困难的事情。在人事管理中，激励是激发员工潜能、鼓励员工努力工作的有效方法。

激励手段有很多，一般有物质奖励和精神奖励两种。一般来说，当员工收入水平低的时候，采用物质奖励的效果较好；当员工收入水平较高时，采用精神激励效果较好。

复习题

1. 简述企业发展的历史阶段。
2. 简述现代企业的基本特征。
3. 简述现代企业系统的构成。
4. 简述企业管理的职能。

第 2 章

企业管理原理

本章要点

◇ 企业管理的性质

◇ 企业管理基础工作的内容

在深入研究企业管理之前，我们应该知道企业管理活动包括什么，企业的日常管理工作有什么规律等基本知识。管理具有科学性和艺术性，企业管理同样具有这两种性质。本章就是基于科学性、艺术性向读者们简要介绍一下企业管理的基本内容以及企业在实践中进行管理所常用的基本方法，以指导企业正确地组织企业管理活动，指导企业正确对待国外先进的管理理论和方法，促进企业发展。

2.1 企业管理的性质

2.1.1 企业管理的概念

所谓企业管理，就是由企业经理人员或执行机构，根据企业运作的规律及企业的实际情况，根据市场需求，对企业的经济活动过程进行计划、组织、指挥、协调和控制，以提高经济效益，实现企业目标的活动的总称。企业的生产经营活动包括两大部分，一部分是属于企业内部的活动，即以生产为中心的基本生产过程、辅助生产过程及产前的准备过程，对这些过程的管理统称为生产管理；另一部分是属于企业外部的，联系到社会经济活动中的流通、分配、销售等过程，该部分包括物资供应、产品销售、市场调查、售后服务等活动，对这些活动的管理统称为经营管理，是生产管理的延续。

作为一种管理活动，企业管理必须服从管理的一般规律，以及企业运作和经济发展的一般规律。

1. 企业管理必须从环境的特点出发

企业的资源情况决定了企业的目标、行动计划、组织工作、管理方法等，因此，管理活动绝对不能脱离企业当前资源状况。企业当前外部环境是企业生存发展的条件，宏观环境的变化往往会给企业带来重要的机遇或者风险，如果企业不能及时了解并适应宏观环境的变化，则会丧失重大机遇，或不能回避重大风险。事实上，在市场经济条件下，宏观环境的影响也是通过市场发挥出来，能否及时了解并适应市场的变化，是企业生存、发展的关键。

2. 有效的企业管理是以充分利用企业资源为条件的

企业的资源包括现已拥有的资源和通过转换能得到的资源。企业的现有资源具有很大的局限性。因此，尽可能充分利用现有资源，获取所需资源，是提高资源利用效率，进而提高企业管理效率的重要条件。

3. 有效的企业管理必须全面充分地发挥管理职能

虽然对于管理的职能理论界有很多说法，但有一点是肯定的，那就是管理是具有多项职能的。全面发挥管理的职能，就是要使管理的多项职能都要得到及时、全面地发挥，不能片面地发挥，应充分发挥其功能所能达到的程度。由于企业管理的复杂性，如果管理职能不能全面充分地发挥，企业管理的有效性就会大大降低。

2.1.2　企业管理的性质

任何社会的生产过程都是在一定的生产关系下进行的。因而，生产过程具有两重性，它既是物资资料的再生产，又是生产关系的再生产，因此对生产过程的管理也存在着两重性。所谓企业管理具有两重性，是指企业管理一方面具有与生产力、社会化大生产相联系的自然属性；另一方面又具有与生产关系、社会制度相联系的社会属性。

1. 企业管理的自然属性

管理作为一种独立的社会职能，首先它是生产力发展和社会分工的结果。当生产力水平较低，社会分工还不发达，生产活动在较小的社会单位完成的时候，管理尚不足以形成独立的社会职能。但随着生产力的发展，社会分工的细化，企业规模的扩大，科学技术的广泛运用，生产活动越来越复杂，其社会化程度越来越高。如果没有专门的人从事管理的职能活动，会使得物不能尽其用、人不能尽其才，生产活动就难以发挥其最大的效果，甚至会陷入一片混乱。

正如马克思所说的："一切规模较大的直接社会劳动或共同劳动，都或多或少地需要指挥，以协调个人的活动。"因此，企业管理是企业合理组织生产过程，使劳动对象、劳动手段和劳动力得以有效组合，形成生产力的必要条件。它是进行社会化大生产所必需的、共有的一种自然属性，这种属性对任何社会制度环境下的企业都是一样的。

2. 企业管理的社会属性

企业的生产活动是在一定的生产关系下进行的，对这种活动的管理必然要体现生产关系的特点，要服从生产资料所有者的利益和意志，它始终是生产资料所有者实现某种目的的一种手段。这是企业管理的社会属性，它是由生产关系和社会制度所决定的，在不同生产关系下的企业存在着根本的区别。因此，从企业管理的社会属性分析，社会主义企业管理和资本主义企业管理有着本质上的区别。社会主义企业管理的任务是维护和完善社会主义生产关系，发展社会生产力，满足人们日益增长的物质文化生活的需要。而资本主义企业管理则注重企业老板、农场场主的个人利益，个人利益重于一切。

3. 管理既是一门科学，又是一门艺术

管理的科学性是管理作为一种活动过程，其间存在着一系列基本客观规律。人们经过无数次的失败和成功，通过从实践中收集、归纳、检测数据，提出假设，验证假设，从中抽象总结出一系列反映管理活动过程中客观规律的管理理论和一般方法。人们利用这些理论和方法来指导自己的管理实践，又以管理活动的结果来衡量管理过程中所使用的理论和方法是否正确，是否行之有效，从而使管理的科学理论和方法在实践中得到不断的验证和丰富。因此，说管理是一门科学，是指它以反映管理客观规律的管理理论和方法为指导，有一套分析问题、解决问题的科学的方法论。

管理的艺术性就是强调其实践性，没有实践则无所谓艺术。这就是说，“教条主义”、“本本主义”在管理实践活动中是万万不可取的。主管人员必须在管理实践中发挥积极性、主动性和创造性，因地制宜地将管理知识与具体管理活动相结合，才能进行有效的管理。所以，管理的艺术性就是强调管理活动除了要掌握一定的理论和方法外，还要有灵活运用这些知识和技能的技巧和诀窍。

因此，管理既是一门科学，又是一门艺术，是科学和艺术的有机结合体。有成效的管理艺术是建立在管理理论的基础上的，二者是相互补充的。管理的专业训练不可能培训出“成品”的主管人员，但却为培养出色的专业管理人员在理论知识方面打下了坚实的基础。具有深厚的理论功底，并能在实践中因地制宜地运用它们，这对管理的成功有着重要的意义。

2.1.3 企业管理的性质对企业管理实践的指导意义

学习和掌握企业管理的二重性，对我们学习和理解企业管理学，认识和解决我国的企业管理问题，探索企业管理活动规律以及运用企业管理原理来指导企业管理实践都具有非常重大的现实意义。

1. 指导企业正确地组织企业管理活动

根据二重性原理，我们在企业管理中，既要注意适应现代化大生产的要求和现阶段我国的经济发展水平，科学合理地组织生产力。同时，也应该重视社会属性的要求，重视社会主义企业的生产目的和社会主义企业“一切财产属于人民”的性质，尊重劳动者的意志和切身利益，通过企业管理维护社会主义的生产关系，促进社会主义企业的发展。

2. 指导企业正确对待国外先进的管理理论和方法

西方的管理理论、技术和方法是人类长期从事生产实践的产物，是人类智慧的结晶。它同生产力的发展一样，具有连续性，是不分国界的，不能盲目的说它属于资本主义或属于社会主义。因此，我们在继承和发展我国科学的管理经验和管理理论的同时，应注意学习、借鉴国外先进的管理理论、技术和方法。根据我国的国情和企业实际，以我为主，借鉴为辅，融合提炼，兼收并蓄。掌握企业管理二重性原理，可以使我们正确评价资本主义的管理理论、技术和方法，去其糟粕，取其精华。对于资本主义企业管理理论中主要由自然属性决定的适合我国国情的部分，我们都应当放手大胆地予以借鉴和吸收；而对于那些主要由社会属性决定的、与我国社会制度不相容的部分，应坚决摒弃，以建立符合社会主义企业性质，能够维护社会主义生产关系，促进企业发展，促进社会主义社会生产力发展的科学的企业管理理论。

3. 活学活用，因地制宜，促进企业发展

管理技术和管理理论的发展总是有其时代背景的，也就是说，它是同生产力的发展水平相适应的。因此，在学习和运用企业管理理论、原理、技术和手段时，不能盲目学习，盲目吸收，必须结合企业内部各部门、各单位的实际情况，因地制宜，才能取得预期的效果。

2.1.4 企业管理的任务

1. 合理组织生产力

合理组织生产力是企业管理最基本的任务。合理组织生产力有5个方面的含义。一是使企业现有的生产要素得到合理配置与有效利用。具体地说，就是要把企业现有的劳动资料、劳动对象、劳动者和科学技术等生产要素合理地组织到一块，并恰当地协调它们之间的关系和比例，使企业生产组织合理化，从而实现物尽其用，人尽其才，不断开发新的生产力；二是不断改进劳动资料；三是不断改进生产技术，并不断地采用新的技术来改造生产工艺、生产流程；四是不断发现新的原材料或原材料的新用途；五是不断对职工进行技术培训，并不断引进优秀科技人员与管理人员。

2. 维护并不断改善生产关系

企业管理总是在一定的生产关系下进行的，一定的社会生产关系是企业管理的基础，它是从根本上决定着企业管理的社会属性，从全局上制约着企业管理的基本过程。因此，企业管理的重要任务之一就是维护其赖以生存和发展的社会关系。由于生产关系具有相对稳定性，在相当长一个历史阶段内，其基本性质可以保持不变，而生产力却是非常活跃、不断变革的因素，必然会与原有的生产关系在某些环节、某些方面发生矛盾。这时，为了保证生产力的发展，完全有必要在保持现有生产关系基本不变的前提下，通过改进企业管理手段、方法和途径对生产关系的某些环节、某些方面进行调整、改善，以适应生产力不断发展的需要。

随着现代商品经济的发展，企业管理的职能之间又以生产为中心的生产型管理发展为以生产经营为中心的生产经营型管理。因此，企业管理的任务不仅要合理地组织企业内部的全部生产活动，而且还必须把企业作为整个社会经济系统的一个要素，按照客观经济规律，科学合理地组织企业的全部经营活动。

2.2 企业管理的内容与方法

2.2.1 企业管理的内容

企业管理的职能体现在企业管理的各项具体活动之中。企业管理的内容有各种不同的划分方法，常见的方法是把企业管理的内容划分为以下几项：

1. 经营管理

企业是一个动态的开放系统。企业在生产经营活动中与外界存在着密切的联系。企业生产经营活动所需的资源要从外部获得，利用这些资源生产出的成品要到市场上去销售，去实现它们的价值，然后企业获得资金，取其部分投入企业继续新一轮循环。经营是商品生产者以市场为对象，以商品生产和商品交换为手段，为了企业生存和发展，使企业的生产、技术、经济活动与企业外部环境达成动态平衡的一系列有组织的活动。

经营管理就是对企业经营活动进行的计划、组织、指挥、协调和控制。经营管理的任务就是在环境研究的基础上，根据资源供应和产品需求的特点，指导企业正确决定生产经营内容和方向，保证企业适时地得到适当数量和种类的经营资源，成功地销售转换这些资源得到的产品，充分实现产品的价值。围绕市场需求做出决策，采取行动，首先必须重视市场信息，搞好市场调查和市场预测，这是企业经营活动的起点。根据市场需求组织产品的生产、销售和售后服务，这是企业经营活动的基本内容。经营计划是企业全部生产经营活动的综合规划和行动纲领。

2. 生产管理

生产管理是对企业日常生产活动的计划、组织、准备和控制，是和产品制造密切相关的各项管理工作的总称。生产管理的基本任务就是在生产活动中，根据经营目标和决策，以及企业外部环境和内部条件，运用计划、组织、准备、控制等职能，将输入生产过程的人、财、物、信息等生产要素有效地结合起来，以尽可能少的投入，生产出尽可能多的符合社会需要的产品或劳务，提高企业生产的经济效益。其中，生产管理的主要内容包括生产准备、生产组织、生产计划和生产控制等。

3. 科学技术管理

现代企业在生产力方面的一个显著特征就是将先进的科学技术以及体现先进科学技术的机器设备广泛地用于生产制造活动上。科学技术管理（简称科技管理）就是指对与生产活动同时进行，或体现在生产过程中的科学研究与技术开发等活动及其条件进行的管理。

科技管理的主要内容包括：组织与协调新产品的开发和研究；计划和安排生产手段的技术改造；研究与实施工艺方法和操作方法的革新；推动和促进群众性的合理化建议活动；制订和修订各种技术标准；收集、整理和储存各种技术情报以及工艺档案等。

科技管理的任务在于有计划地、合理地利用企业的技术力量和资源，把最新的科技成果尽快地转化为现实的生产力，以促进企业生产的发展。

随着科学技术的飞速发展，科技管理在现代工业生产中，越来越占有重要地位。只有加强科技管理，才能发挥科学技术在生产中的作用。

4. 劳动人事管理

劳动人事管理主要包括劳动工资管理和人事行政管理两方面内容。劳动工资管理是指对劳动组织、劳动定员、劳动定额、劳动保护、安全技术、环境保护以及工资、奖励、津贴等各方面的管理；人事行政管理是指职工的招收、录用、考核，干部的选拔、配备、人事档案、职工的业务技术培训以及集体福利事业等的管理。任何工业企业的生产经营活动都要依靠人来进行，只有通过人的活动，才能产生物的活动，通过人与物的关系、人与人的关系的处理，企业生产经营活动才得以顺利进行并达到预定的目标。劳动人事管理的任务是提高生产力，提高劳动者的素质，在生产过程中协调人与人之间的关系，充分发挥劳动者积极性，并保障生产过程及劳动者的安全和健康。

5. 财务管理

财务管理是指从资金运用的角度来计划和控制企业的生产经营活动，并评估和分析其合理性。财务管理的主要内容包括以下几个方面。

(1) 资金筹措管理。即根据企业组织日常生产活动和扩大生产能力的需要，编制资金筹措计划，利用适当的方式、渠道和代价，筹集足够数量的资金，以保证满足企业简单再生产和扩大再生产对资金的需要。

(2) 资金使用管理。即为企业的各项活动建立财务标准，进行日常的财务控制，分析资金使用效果，评价企业财务状况。

(3) 成本管理、销售管理和企业纯收入管理。成本管理是资金耗费方面的管理。销售管理和企业纯收入管理，是对资金收入和分配的管理。企业财务管理是以资金运动为对象，利用价值形式的综合性管理工作。因此，一方面，企业要做好资金的组织和供应工作，保证企业生产经营的需要；另一方面要精打细算，节约使用资金，搞好经济核算，提高经济效益，为企业生产经营进行资金积累。

2.2.2 企业管理的方法

管理方法，是指实现管理职能、保证管理过程顺利进行和达到管理目的的手段。管理方法是管理主体作用于管理活动客体的桥梁。管理方法只有在符合生产经营活动所固有的客观规律的条件下，才能达到管理的目的。企业管理的基本方法有以下几种。

1. 综合方法

综合方法是指综合运用行政、经济、法律、教育等各种管理方法。现代工业企业管理是复杂的社会实践活动，它受企业内部和外部多种因素的制约，包括经济的和政治的、社会的和心理的、上层建筑的和经济基础的等等多种因素的相互作用。因此，只有按照管理实践的特点和要求，善于运用多种管理方法，才能实现管理的职能，并达到预期的管理目的。

1) 行政方法。行政方法是指企业各级行政组织机构运用其权力，通过发布命令和指示，颁布规章制度、制订和贯彻企业计划等手段管理企业的方法。企业行政机构具有特定的权力，其行政方法具有强制性，企业所有人员都必须服从和执行。

2）经济方法。经济方法是指按照客观经济规律的要求，正确运用经济手段和经济责任制管理企业的方法。其内容包括：（1）正确处理好各种分配关系。根据按劳分配的原则，科学合理地确定工资、津贴、奖金和罚款；（2）根据市场需求和国家有关规定，合理确定产品的价格；（3）在国家政策和法律允许的范围内，合理分配企业的利润；（4）合理制订和贯彻落实经济责任制。经济责任制是以提高经济效益为目的，实行权、责、利相结合的经济管理制度，它是管理企业的有效方法。

3）法律方法。法律方法是指根据法律规范，运用国家法律维护企业利益和管理企业的方法。企业是具有独立经济利益的法人实体，国家通过立法，保障企业的经营自主权。如果合法权益受到侵犯，企业可以凭借法人的资格参加民事诉讼活动，寻求法律保护。企业要学会运用法律武器，既要遵守法律的有关规定，履行法律规定的企业的义务，同时也要依法维护企业合法权益，在法律允许的范围内，依法组织企业生产经营活动，保证企业各项活动的合法性。

4）教育方法。教育方法是指通过对企业职工进行政治思想、科学文化、生产技能和经营管理等方面的教育，提高员工素质，从而增强企业的生存和发展能力的管理企业的方法。

5）咨询方法。咨询方法是指利用咨询手段，改善企业生产经营管理，增强企业活力，谋求最佳经济效益的一种有效管理方法。

2. 系统方法

系统方法，是指按照事物本身的系统性，把研究的对象放在系统的形式中加以考察的方法。企业系统是个大系统，它是由经营管理、生产管理、科学技术管理、劳动人事管理、财务管理等子系统组成的。企业管理系统与物质生产系统构成企业系统的整体。物质生产系统是企业管理系统的基础，企业管理系统是物质生产系统的灵魂。企业系统同它周围的其他系统又组成一个大系统。企业内部的各系统构成企业的内部环境，企业外部各系统构成企业的外部环境。

用系统方法管理企业，应确立如下观点：企业管理必须适应外部环境的变化。企业管理是从属于外部环境的更大系统的子系统，是开放的系统。它从外部环境不断输入信息、物资等，如果失去了外部环境的各种输入，企业将难以生存。因此，企业管理应掌握外部环境变化的趋势，随时根据外部环境的不同变化，采取不同的对策和措施，以提高管理的有效性。

3. 优化方法

优化方法就是按照一定的准则，从解决生产经营管理问题的多种方案中选择最优方案，以求得最优解决效果的方法。优化就是要把企业有限的资源，最有效地转化为社会财富，以最大限度地提高企业的经济效益。优化方法，现在一般都与运筹学以及计算机应用相结合，这样不仅可以处理一些比较复杂的问题，而且还取得了较好的处理效果。下面介绍两种优化方法：

（1）经验判断法。经验判断法是指管理者根据实践经验和掌握的材料，对各种方案，经过比较分析而做出判断的方法。这种方法简便易行，工作量小。但容易受管理者个人经验、知识和能力的影响。

（2）数学模型法。数学模型法是指用字母、数字及数学符号建立起来的等式或不等式及图表、图像和框图等来描述客观事物的特征及其内在遴选的一种方法。它是进行定量分析的优化方法。在企业中，运用数学模型，确定最优投资方案，制订最优生产计划，选择用料最省方法和最短运输路线等等，都有利于经济分析的优化。

2.3 企业管理基础工作

2.3.1 企业管理基础工作的概念及其意义

企业管理基础工作是指为实现企业的经营目标和有效地执行各项管理职能，提供资料依据、共同准则、基本手段和前提条件等工作的总和。它是组织社会化大生产、实行科学管理的客观需要，是搞好企业管理的基础。

基础工作在整个企业管理系统中占有重要的地位，对提高企业经营管理水平和企业素质具有十分重要的意义。（1）企业管理基础工作是管理工作的起点和基石。企业管理基础工作的完善程度和巩固程度直接关系到管理水平和经济效益的高低。牢固的管理基础是管理工作的前提和保证。（2）企业管理基础工作与各项专业管理工作是企业管理工作的两大要素。企业管理基础工作和各项专业管理工作都包含于企业管理体系之中，它们互为条件、相互依存、相互制约、有机结合，组成了一个完整的科学管理体系。基础工作为各项专业管理提供数据、信息、标准和资料，是企业管理人员正确执行计划、组织、指挥、控制、协调等管理职能的客观依据。（3）企业管理基础工作是实现管理现代化的必要条件。实现管理的现代化需要准确可靠的数据资料、科学的定额、明确的标准和严格的制度。（4）企业管理基础工作是企业管理的依据。企业管理基础工作所提供的各项实际资料是企业进行经济核算、贯彻按劳分配的科学依据，也是正确处理国家、企业和员工三者之间经济利益关系的可靠基础。

2.3.2 基础工作的内容

1. 信息工作

信息是指对管理工作有用的资料的总和，一般包括原始记录、资料、数据和情报等。信息是企业经营决策的依据，是生产过程中控制和调节的工具，是沟通生产者和消费者的桥梁。按照不同的分类标准，企业信息可以分为以下几类，如表 2 - 1 所示。

表 2 - 1　企业信息的分类

分类标准	信息来源	信息产生过程	信息发出时间	信息稳定程度	信息的作用
信息名称	企业内部信息 企业外部信息	原始信息 加工信息	历史性信息 现实性信息 预测性信息	固定信息 流动信息	决策信息 控制信息 作业信息

信息工作则是指对信息的收集、加工、传递、存储、检索和输出等一系列管理活动的总称。其基本要求是要在信息的收集、加工、传递和储存中做到完整、准确、及时、适用和经济。（1）信息收集，信息收集是指原始材料的收集，是信息工作的起点。凡是生产经营活动，就有管理信息，并随着管理活动的发展，不断有新的信息需要进行收集。因此，信息收集不是一次就能完成的工作，它经常性地贯穿于管理工作的全过程。（2）信息加工，它包括对信息的分类、排序、计算、比较和选择等工作。从不同渠道收集到的信息，大部分是原始数据，需要从大量的、粗糙的原始状态信息中，去粗取精，去伪存真，在数量上加以浓缩，质量上予以提高，格式上满足要求，加工为系统化、有序的、相互联系的管理信息。（3）信息传递，任何信息都可以传递，管理信息的传递具有明确的目的性。它必须通过特定的传递通道，依照规定的方向，传递到指定的目的地。在信息传递中，要注意按照规定的路线传递，争取使其畅通、准确地传递到目的地，充分发挥其应有的效应。（4）信息储存，信息经

过加工或使用之后，需要将其储存起来，供日后参考使用。储存的信息要根据需要不断更新，建立档案，妥善保管。（5）信息检索，企业储存的信息随时间的推移会越来越多，为了能在储存的信息中迅速地查找到所需要的信息，就需要有科学的查找方法、方式和手段，这就是信息的检索。（6）信息的输出，企业把处理好的信息按照各种要求编制成各级管理人员所需要的形式，并将其输送出去，为有关人员提供决策、控制的依据。企业中的各种计划、报表、技术文件以及企业对外的广告宣传等都是输出的形式。

2. 标准化工作

标准是对重复出现的事物和概念所做出的统一规定，它以科学、技术和实践经验的综合成果为基础，经有关方面协商一致，由主管机关批准，以特定形式发布，作为共同遵守的准则和依据。标准化是指为了达到预期效果，从制订标准、贯彻标准到评价和修订标准的管理活动过程。而标准化作业是指对技术标准和管理标准的制订、执行和管理工作，按其管理范围不同可分为国家标准、部颁标准、行业标准和企业标准四种。其中，技术标准是指对标准化领域中需要协调统一的技术事项所制订的标准，它是企业标准体系中的重要内容；管理标准是指把重复出现的管理业务、工作责任，按有效的管理时间，提高工作效率的要求，对工作程序和工作方法所做出的统一规定，它是管理工作中共同遵守的行为准则。

3. 定额工作

定额是指在一定的生产和技术组织条件下，为合理利用人力、物力、财力所规定的消耗标准、占用标准等。它是编制计划的依据，是科学组织生产的手段，也是进行经济核算、厉行节约、提高经济效益的有效工具。定额工作是指对各类技术、经济定额的制订、执行、修订和管理工作。企业各种技术、经济定额是一个完整的体系，它主要包括劳动定额、物资定额、设备定额、生产时间与数量定额、资金占用定额、费用控制订额等。

4. 计量工作

计量是指为了达到统一的单位制，通过技术和法制相结合的手段，保证量值的准确一致。计量工作就是紧紧围绕企业目标，运用科学的方法与手段，对生产经营活动中的量的数值和质的程度加以掌握和控制，为完善企业经济责任制，搞好质量管理、能源管理和经济核算提供可靠的计量保证。

计量工作一般包括计量技术和计量管理两部分：计量技术是指计量方面的技术研究与应用，主要是研究计量标准及测量方法、测量手段和数据误差的分析与处理；计量管理是指对企业计量实行技术、经济、法制、行政和组织的管理，其中带有强制性的计量管理称作计量监督管理或法制计量管理，在工业企业中，它主要是对以产品为核心的计量单位的管理。

计量工作的基本任务包括四个方面：（1）统一执行法定计量单位，避免多种单位制引起的混乱、浪费和不必要的换算；（2）建立计量标准，满足本单位计量器具的检定、维修和生产流程中计量测试的需要；（3）建立健全计量机构，配备专职计量人员，根据企业规模、技术要求和计量测试任务的工作量，建立健全相应的计量机构，充分发挥监督、检查和考核的职能；（4）加强计量器具的管理，严格遵守检定规程，严格按照检定周期送检，认真做好计量定级、升级工作。

5. 规章制度

规章制度是指用文字形式对企业生产、技术、经济等活动所制订的各种条例、规则、程序和办法的总称。它是企业全体职工共同遵守的准则，具有一定的强制性。企业的规章制度内容繁多，又因企业的类型、规模不同而各异，从总体上而言，企业的规章制度可以归纳为以下4种类型：（1）基本制度，是指企业中带有根本性的制度。如企业领导制度、职工代表大会制度、民主管理制度等；（2）工作制度，它是指导企业进行各项活动的规范和准则，是对企业各项专业管理工作内容、程序、方法和要求的规定。如计划管理、生产管理、营销管理以及人力资源管理等各项管理制度；（3）责任制度，它是对企业内部各级组织、各类员工在其工作范围内应负的责任和应有权利的规定。各项规章制度要靠责任制度加以落实，因此，责任制度是规章制度的基础；（4）奖惩制度，它是为了巩固和加强企业规章制度，严格劳动纪律，充分调动广大劳动者的积极性所必须制订的科学有效的奖惩和考核办法。

6. 职工培训

基础的职工培训其实就是职工教育，亦称基础教育。它是指企业对每个员工所进行的从事本职业、本岗位工作所必需的道德品质和基本的技术业务等的培训教育。基础的职工教育的对象是企业的全体职工，一般可概括为两个方面：一是通过适当的途径，向职工灌输正确的思想，传授生产技术、经营管理知识和方法，提高职工的政治、技术和管理素质；二是对全体职工进行本职业的技术业务教育，包括“应知”、“应会”等基础性教育和基本功训练，还包括对全体职工进行直接的企业管理中各项基础工作具体内容的教育，以保障企业生产经营活动中的各项管理基础工作得到全面实施和加强。现阶段，企业职工教育的培训模式多种多样，如拓展训练、企业剧场等。

2.3.3　基础工作的特点

企业管理基础工作，就其内容来说，涉及面广、工作量大、变化较多、要求严格，一般具有以下特点：

1. 科学性

企业管理基础工作反映和体现了企业经营活动的客观规律，是一项具有科学内容的工作。企业各项经营管理活动要求建立与之相适应的基础工作，基础工作又保证各项管理职能的实现。只有科学的基础工作，才有科学的经营管理。

2. 客观性

企业管理基础工作是一种客观存在，是不以人的意志为转移的。尊重客观规律，加强基础工作，企业才能搞好。如果人为地削弱或取消基础工作，管理秩序必然混乱，企业经营功能就会遭到破坏，那么企业就不得不恢复和重建基础工作。

3. 群众性

企业管理基础工作贯穿于企业的生产经营活动之中，是企业全体职工共同参与的工作，因而要认真发动和组织员工，使企业管理的各项工作扎根于群众之中。

4. 经常性

企业管理基础工作是日常性的工作，它要靠日常收集信息，积累资料，并不断核查、修订、充实、逐步完善。只有坚持不懈地抓好基础工作，才能真正发挥基础工作的作用。

5. 先行性

企业管理基础工作要走在各项专业管理工作之前，为企业各项专业管理提供资料、准则、条件和手段，保证企业的经营决策和各项管理工作顺利进行。

6. 系统性

企业管理基础工作的各项内容，必须按照经营目标和各项综合管理、专业管理的要求配套组成一个完整的体系，哪一个环节不适应，内容不配套，经营目标就要落空。所以，现代企业管理基础工作必须从经营目标出发，从实现管理现代化的客观需要出发，逐步充实、深化、扩展和更新，并统筹安排、整体优化。

7. 先进性

企业管理基础工作的各项标准和规定，要保持合理的先进水平，适时补充、修改和完善。这样，对企业生产经营的发展才能发挥积极的推动作用。

复习题

1. 企业管理的概念及其注意事项。
2. 企业管理的性质。
3. 企业管理的内容。
4. 企业管理的方法。
5. 企业管理基础工作的内容。

案　例

黄敏杰——中国“吊带衫之父”的传奇

黄敏杰，广东潮州人，幼年生活十分贫困。1979 年，黄敏杰勉强读完中专，便到香港讨生计。几经周折，他到一家小型服装厂当上了学徒工，每月工资只有 300 港元，住的是工棚，吃的是方便面。

黄敏杰一连当了 3 年学徒工，不仅掌握了服装制作的流程，而且摸索出了一套企业管理经验。1981 年 7 月，他报了夜校，主修英语。

两年半工半读的时间过去了，黄敏杰学成后辞了工，自己开了间裁缝店。谁也没有想到，十多年后，这个小小的裁缝店竟成了香港服装业颇具影响的兴丽时装公司！

香港富翁变成穷光蛋

1997年10月，亚洲金融风暴突袭香港，整个香港经济出现了50年未有的负增长。黄敏杰的兴丽时装公司也受到了极大的冲击。

在那段梦魇般的日子里，黄敏杰始终没有突出重围，只好忍痛宣布公司倒闭。结完所有员工的工资后，他发现自己一下子变成了穷光蛋。而那时，一双儿女都在读书，正是用钱的时候。

这次变故，让黄敏杰一夜之间急白了头。1997年底，黄敏杰决定回深圳散心。当他携太太和儿女踏过罗湖桥时，麻木的神经一下子被这座活力四射的城市刺醒，他立即打消了散心的想法，就地对深圳的服装市场进行了调查，黄敏杰心里有了底，心情也豁然开朗。他决定回深圳进行第二次创业。

深圳打工仔当上工厂老板

1998年2月，黄敏杰只身回到深圳。此刻他全身上下只有6 000元港币。在借不到钱、银行贷款无人担保的情况下，黄敏杰决定先找一家制衣厂打工，积蓄力量以便东山再起。

年近不惑的昔日香港服装老板要和打工仔争饭碗，黄敏杰有些放不下面子。但是，摆在黄敏杰眼前的是生计问题。他到深圳布吉镇坂田一家服装厂当上了裁床师傅。在这里，他充分发挥了自己的特长。两个月后，他被厂里聘为车间主管。由于他做人做事都极为诚恳本分，老板和员工对他这个香港大佬十分尊重。

1998年10月，黄敏杰所在工厂的两个老板因投资意向发生了矛盾，一方撤资，另一方孤木难支，有了转让工厂的念头。这时，厂里的师傅们纷纷找到他说："黄哥，你在香港就做过老板，懂经营，再说兄弟们都服你，不如你牵头把这个厂子盘下来，兄弟们都跟着你干"。

原本心里就有此打算的黄敏杰，心中升起一股豪气。他动情地说："多谢兄弟们如此看得起我。我也不希望就这样跟大家各奔东西，只要大家抱成团，相信这件事能办成"。

要办成这件事，手里必须得有钱。为了筹钱，黄敏杰将自己位于香港青山道的住房以180万元港币转让了。转让房子的那天，黄敏杰情不自禁地洒下了热泪。这套房子，不仅是他在香港打拼多年的心血结晶，更是他在香港东山再起的根本啊，如今连这最后的窝也扔出去了，他怎能不心痛？

黄敏杰盘下了这家工厂，仍把这个厂定名为兴丽时装厂，以纪念自己当年在香港走过的激情岁月。工人还是老厂的原班人马，“盘”下这个厂子后，他手中再无一分钱的流动资金了。

正当黄敏杰焦头烂额之际，老工友们站了出来。他们纷纷把自己多年打工的积蓄拿出来交给黄敏杰，凑起来有15万元之多。捧着这笔钱，就像是捧着一颗颗滚烫的心，黄敏杰又落泪了。他知道这些钱都是工友们一分一分省出来的，黄敏杰在心里暗暗发誓：有朝一日自己成功了，一定加倍奉还这份深情厚谊。

2000年初，黄敏杰根据流行时装的发展趋势，预测到女式吊带背心将在沿海开放城市流行。他立即着手设计出了10个款式，准备批量生产。

他这一大胆的举动，震惊了全厂，管理层的老员工纷纷提出反对意见，认为风险太大，不如做来料加工稳当。在大家的竭力反对下，黄敏杰也动摇过，但为了证实自己的预测能力，他对本厂76名25岁以下的女员工进行了问卷调查，结果有90%以上的女员工在调查表上这样写道，如果大街上有一个人穿，我就敢穿。

看到这个结果，黄敏杰笑了，他当即拍板投入生产。结果，2000年夏天，女式吊带背心首先在深广两地流行，黄敏杰赚了近40万元，等其他服装厂回过神来，准备生产这种背心时，夏天已经过去了。

有了这次成功的经验，黄敏杰步子越迈越大。2002年5月份，黄敏杰听妻子说，他原先在香港转让出去的兴丽时装公司由于经营不善，又要再次转让。他立即赶回香港，以100万元港币购回了香港兴丽时装公司。至此，黄敏杰在香港和深圳两地的服装行业内名声大振。也就是在这个时候，黄敏杰迎来了他事业的第三个高峰。

“马天奴”助他登上时装航母

2003年3月9日，总资产达上亿美元、在东南亚名声赫赫的“马天奴”时装公司的老板吴穗平突然来到兴丽厂考察。吴穗平是东南亚服装业的“大鳄”，黄敏杰早就想和他结识，如今见他不期而至，不禁既惊喜又紧张，急忙把他请进了自己的办公室。

吴穗平在办公室坐了不到10分钟，便要到车间去转一转。黄敏杰立即起身陪同。走到车间门口，黄敏杰习惯性地换上拖鞋，而吴穗平却穿着皮鞋自顾自地往车间里走。见此情景，黄敏杰感到很为难，按规定，进车间必须换拖鞋，现在可怎么办呢？就在吴穗平一脚门里一脚门外的时候，黄敏杰还是下定决心叫住了他，礼貌地说：“吴总，对不起，进车间请换拖鞋。”吴穗平并没有生气，只是说声“忘记了”，就换上了拖鞋。

在车间里，吴穗平没有同黄敏杰说一句话，只是默默地走着。走到包装组时，他突然咳了一声，往地上吐了一口痰，就在他转身的时候，一个女工迅速掏出一块纸巾将痰擦掉。吴穗平没有再作停留，立即离开了车间。

不过 20 分钟，吴穗平就离开了兴丽厂。黄敏杰有点莫名其妙。

第二天，黄敏杰意外地接到了吴穗平的电话，请他做客。原来，吴穗平与新加坡一服装商签订了 60 万套服装。由于货期迫近，他打算拿出一部分交给其他服装厂加工，可一般的工厂，他不放心。吴穗平把深圳所有的服装厂想了个遍，最后把眼光放在了充满活力的兴丽厂上。通过实地考察，吴穗平打算和黄敏杰建立长期合作伙伴关系，把“马天奴”服装给他加工。黄敏杰激动地和吴穗平签订了协议。

2003 年 7 月份，吴穗平合并了黄敏杰的兴丽厂，组建了“马天奴”时装集团。在这个集团里，吴穗平占 51% 的股份，黄敏杰占 49% 的股份，并出任“马天奴”时装集团的总裁。上任不久，黄敏杰就大胆斥资百万元，在深圳五洲宾馆举办了一个名为“马天奴之夜”的全国性大型品牌服装洽谈交易会。这次会议影响极大，在全国有力地推广了“马天奴”品牌。

2004 年春节过后，“马天奴”在黄敏杰的打理下，发展势头蒸蒸日上，“掌门人”吴穗平放心地把“马天奴”时装集团的全权交给黄敏杰打理，自己移民到加拿大去了。

如今，这位历经风雨的香港硬汉，终于东山再起。他驾驭着“马天奴”这艘巨大的时装航母，劈波斩浪一路高歌前行。

资料来源：青年创业网，2007 年 9 月 2 日。

结合案例回答：

1. 黄敏杰管理公司注重哪些方面？
2. 如果你进行创业，应该注意哪些方面？

第 3 章

现代企业制度

本章要点

◇ 现代企业制度的内容

◇ 我国国有企业要建立现代企业制度需要具备哪些要素

1993 年 11 月，党的十四届三中全会通过了《中共中央关于建立社会主义市场经济体制若干问题的决定》，明确提出建立现代企业制度是建立社会主义市场经济的基础，是我国国有企业的改革方向。从此，我国的企业改革进入了一个新的发展阶段。这一阶段企业改革的基本任务，是以理顺产权关系，实行政企分开为核心，深化企业产权制度及相应体制的配套改革，逐步建立与社会化大生产和社会主义市场经济发展相适应的产权明晰、权责明确、政企分开、管理科学的现代企业制度，使国有企业真正成为自主经营、自负盈亏、自我发展、自我约束的独立法人实体和市场竞争主体，为建立社会主义市场经济新体制创造基础。

3.1 现代企业制度概述

3.1.1 现代企业制度概述

现代企业制度中的“现代”一词，包含丰富的历史内容，它有一个演变发展的漫长过程，是指以市场经济作为调节资源配置主要方式的时代。因此，现代企业制度是与现代市场经济相联系的，也可以说现代企业制度是市场经济体制的一个最基本的成分。

"制度"一词主要是指建立规则，建立秩序。制度包含两方面的意思：一是指一定历史条件下形成的社会、政治、经济等方面的基本制度；二是指要求人们共同遵守的办事规程或行为准则。企业制度属经济方面的范畴，它将随着经济体制的变化而变化，所以，不同时代、不同领域、不同国家有着不同的企业制度。根据上面的阐述可以看出，所谓的"现代企业制度"应该是指在现代社会主义市场经济环境下，为适应我国国有企业制度创新的需要而建立的以企业法人制度为基础，以企业产权制度为核心，以产权明晰、权责明确、政企分开、管理科学为基本特征的，由各项具体制度组成的，用于规范企业基本经济关系的制度体系。

现代企业制度主要有以下特征：

(1) 产权关系明晰。企业财产的终极所有权属于企业的所有者即投资者(股东)，企业作为法人实体，拥有全部的法人财产权，有权支配、使用、收益和分配投资者投入企业的资产，并享有民事权利，有能力承担民事责任。同时，公司还必须使投资人的所有权和法人财产权相分离，投资人只能以股东的身份享受股权的利益，而无权对自己投入企业的资产进行直接的管理和控制，只能运用股东的"手投票"或"脚投票"机制对企业的经营行为施加影响。

(2) 企业以其全部法人财产，依法自主经营、自负盈亏、自我发展、自我约束，照章纳税，对出资者承担资产保值增值的责任。

(3) 出资者按投入企业的资本额享有所有者的权益（即资产受益)、重大决策和选择管理者等权利。企业破产时，出资者只以投入的资本额对企业债务负有有限责任。

(4) 企业按照市场需求组织生产经营，以提高生产效率和经济效益为目的，政府不干预企业的生产经营活动，企业在市场竞争中优胜劣汰，长期亏损、资不抵债的应依法破产。

(5) 建立科学的企业领导体制和组织管理制度，调节所有者、经营者和职工之间的关系，形成激励和约束相结合的经营制度。

3.1.2 现代企业制度的内容

现代企业制度包含有极其丰富的内容，它不仅指企业组织形式本身，而且是适应现代市场经济体制的企业产权制度、企业组织制度、企业管理制度、企业领导制度、企业财务管理制度、企业法制制度、政企关系管理制度以及其他各种企业制度的统称。概括起来讲，现代企业制度的基本内容包括现代企业法人制度、现代企业管理制度和现代企业组织制度三个方面。

1. 现代企业法人产权制度

企业不是自然人，它本来在法律上无所谓权、责、利，但为了使企业能够在法律上承担相应的民事责任，我们在法律上就假定企业是一个非自然人的“人”，并赋予它特定的法律地位。《民法通则》第三十六条规定，法人是具有民事权利能力和民事行为能力，依法独立享有民事权利和承担民事义务的组织。这种被赋予了法律地位，依照法定程序组成，有固定的组织机构、场所和名称，有自己独立的财产或独自的经营管理的财产，从事商品生产经营，以股东财富最大化为目标的经济组织，就是企业法人。

企业法人的法律特征主要有：

（1）企业法人是依法设立的，因此，企业法人都拥有自己的名称、组织章程、组织机构和经营场所。

（2）企业法人必须拥有自己能够独立支配的财产，能够独立承担民事责任。独立的财产是企业法人自身存在和进行生产经营活动的物质基础，是取得法人主体资格、享受经济权利、承担经济义务的前提条件。企业以自己全部的财产（独立的法人财产）为限承担民事责任和财产责任，而不涉及投资者的其他财产。这就意味着两个方面：一方面是企业法人对其财产依法享有占有、使用、收益和处分的权利，而出资者、债权人对企业的资产有终极所有权，即他们只能凭借所拥有的资产份额享有资金价值形态的所有权和资产收益权，而无权控制已投入企业运营的资产；另一方面是企业法人财产与其投资人的财产是分离的，即投资人仅以投入企业的资金为限，对企业的债务承担有限责任。

（3）企业法人的行为具有自主性。由于企业法人拥有独立的财产权，所以，它对生产经营有完全的自主权，可以自由支配财产，并分配由这些财产所获得的收益，而作为独立的“人”，它又可以拒绝来自任何其他机构和个人的不符合法律程序的指令，其整个过程呈现出高度的独立自主性。

（4）企业法人是具有民事权利能力和民事行为能力的人格化的社会经济组织。作为独立的民事主体，企业法人享有法定的民事权利，并能够承担自己的行为结果。企业法人是由法律创制和认可的，是法律使它能够像自然人一样，作为社会经济细胞和市场经济运行载体参与市场经济活动。所以，企业法人对自己的行为结果负责，承担财产的风险责任和亏损责任，能够实行自负盈亏。

现代企业法人制度把原来的自然人产权制度转变为法人产权制度，明确了企业法人主体的地位，明晰了产权关系，比较恰当地解决了出资者的所有权与法人财产权的分离问题，从而为公司企业的顺利发展奠定了良好的基础。

2. 现代企业组织制度

在市场经济的发展中，公司企业已经形成了一套完整的现代企业组织制度。它是现代企业制度的重要内容，具体包括组织形式、领导制度和法人治理结构三个部分，其基本特征是：所有者、经营者和生产者之间，通过公司的决策机构、执行机构、监督机构，形成各自独立、权责分明、相互制约的关系，并以法律和公司章程的形式加以确立和实现。

公司是由许多投资者即股东投资设立的经济组织，必须充分反映公司股东的个体意志和利益要求。同时，公司作为法人应当具有独立的权利能力和行为能力，必须形成一种以众多股东个体意志和利益要求为基础的、独立的组织意志，以公司的名义独立开展业务活动。

公司组织制度坚持决策权、执行权和监督权“三权分立”的原则，由此形成了公司股东大会、董事会、监事会并存的组织框架，如图 3－1 所示。

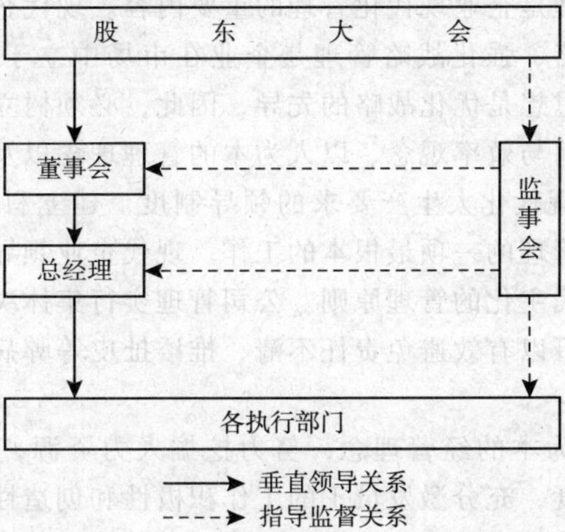

图 3－1　现代企业组织制度的具体结构

公司组织机构按其职能分别形成决策机构、执行机构和监督机构。（1）决策机构。股东大会及其选出的董事会是公司的决策机构，股东大会是公司的最高权力机构，董事会是股东大会闭会期间的最高权力机构。（2）执行机构。经理人员是董事会领导下的公司管理和执行机构。（3）监督机构。监事会由股东大会和职工代表大会选举产生，是对董事会及其经理人员的活动进行监督的机构。

这种组织制度既赋予了经营者充分的自主权，又切实保障了所有者的权益，同时又能调动生产者的积极性，因此，它是现代企业制度中不可缺少的内容之一。

3. 现代企业管理制度

科学的管理制度是现代企业制度的主要内容之一。所谓“科学的现代企业管理制度”，就是要以科学的管理理念，如企业组织生产要注重生产流程和流通流程的结合，注重公司外部环境与内部条件的结合，注重公司整体战略与具体战术的结合等理念为指导，科学合理地制订和完善企业的用工制度、薪酬管理制度、机构设置和财务管理制度等，并以市场需求为导向，积极运用现代科学技术成果，有效地进行管理，创造最佳经济效益，以适应现代生产力发展的客观规律，谋求企业的长期发展。

一般而言，现代企业管理制度包括以下几方面内容。

(1) 具有正确的经营思想和能适应企业内外环境变化，推动企业发展的经营战略。战略管理是企业现代化管理的重要内容。现代企业所处的经营环境复杂多变，制订战略、强化战略管理是企业在市场中立于不败之地的重要保证。而正确的经营思想是优化战略的先导，因此，必须树立市场观念、质量观念、竞争观念、时间与效率观念、以人为本的管理理念以及法制观念。

(2) 建立适应现代化大生产要求的领导制度。建立科学完善的企业领导制度，是搞好企业管理的一项最根本的工作。现代企业领导制度应该体现领导专家化、团队化和民主化的管理原则。公司管理实行集体决策、责任落实到人的管理制度。这样可以有效避免责任不清、推诿扯皮等弊病的发生，从而从制度上规避风险。

(3) 实行以人为本的经营理念，努力挖掘人力资源，建立约束、激励并存的科学的薪酬制度，充分激发员工的工作积极性和创造性。

(4) 建立符合本企业特点、保证生产经营活动高效率运行、权责利明晰的管理制度。

(5) 建立以企业精神、企业形象、企业规范等内容为中心的企业文化，营造良好的企业文化氛围，并在公司内部建立高度统一的协调机制，排除一切消极因素，增强企业的凝聚力和向心力。

(6) 在生产经营各个主要环境普遍地、有效地使用现代管理方法和手段，建立起比较完善的管理信息系统，推行现代生产方式。

一个企业的成败不仅取决于适应市场的应变能力，同时取决于其内部管理制度的科学性、完善性。现代企业管理制度是一个由许多子系统和因素构成的多层次、多元化系统。这个系统的优劣和整体效能的高低，取决于它与外部环境的协调以及它自身一体化的程度。同时还应注意到，现代企业管理制度是不断适应企业经营的内外部环境及有关因素的变化而动态发展的。

3.1.3 我国企业制度的发展历程

我国在 2 000 多年前已经出现了完整的私有财产制，并且受到国家立法保障。由于社会分工的优越性，我国早期的生产技术发展得特别快。我国的社会职能分工比欧洲早了至少 1 000 多年，主要的传统生产技术（工业革命前的非机器生产技术）在我国出现的时间也比欧洲早 800 ~1 000 年。由社会分工和私有财产控制所导致的活跃市场经济，是我国 2 000 多年来经济体制不变的根本原因。在殷商时期，不仅有个别氏族进行专业生产，国内贸易也已经盛行，这表明当时已有业主企业的最原始最简单的形式。到了周朝，专业氏族被网罗在政府之下，转化为官营手工业。而到了春秋战国时期，出现了生产规模大、使用工人多的大型矿业，如铜矿的开采和冶炼、铸造工业等。这种早期的采矿业采取了合股经营的方式，并在以后的封建王朝中均有存在。但由于当时及以后长期一段时间内实行“重农轻商”的政策，致使与商业经济发展密切相关的企业组织难以发展，早期的业主企业、合伙企业不能进一步演变成现代企业组织。直至西欧列强在我国开办公司，使公司组织纳入了我国的经济活动中。因此，可以认为，我国企业的发展是有源无流，公司组织的产生具有外生性和殖民性。

鸦片战争后，外国资本大举侵入我国航运业、金融业、近代工矿业、房地产业等，在我国建立了第一批现代公司。与此同时，清政府内的洋务派和民族工商业者也纷纷模仿西方公司创办企业。之后，北洋政府和国民政府也利用官僚资本投资兴建了一批公司，但由于我国正处于半殖民地、半封建社会和保障公司生存和发展法律制度的欠缺等因素的存在，旧中国的近代公司受到限制而发展缓慢。

新中国成立后，从根本上改变了我国经济发展的环境，为我国公司的发展奠定了基础。但由于众所周知因素的存在，这些公司只能算作行政性公司，而不是符合社会发展的现代企业。

1978年年底，我国开始了经济体制改革。进入20世纪80年代，随着改革的不断深入，公司在我国再度兴起。1980年7月，国务院颁布《关于推动经济联合的暂行规定》，提出要在自愿的基础上，允许打破行业、地区以及所有制和隶属关系的界限，组织联合体，从而为综合性公司的建立奠定基础。1993年11月，党的十四届三中全会通过了《中共中央关于建立社会主义市场经济体制若干问题的决定》，明确提出建立现代企业制度是建立社会主义市场经济的基础，是我国国有企业的改革方向。1993年12月，《公司法》的颁布更是在法律上确立了公司的地位。之后，公司有了迅猛发展，并出现了股份公司、有限公司等现代公司组织形式。至此，我国国有企业进入了以建立现代企业制度为目标、艰巨复杂的企业制度创新阶段。

在党的十五大会议上，江泽民充分肯定地指出："股份制是现代企业的一种资本组织形式，有利于所有权和经营权的分离，有利于提高企业和资本的运作效率，资本主义可以用，社会主义也可以用。不能笼统地说股份制是公有还是私有，关键看控股权掌握在谁的手中。"

现阶段，股份制公司已经成为了国有企业的基本组织形式，而国有企业股份制改革也取得了较大的成就，为我国经济体制改革的深化做出了应有的贡献。一般而言，国有企业股份制改造具有以下作用①：（1）推动了国民经济结构的战略性调整，缓解了我国经济发展中资金短缺的矛盾。股份制改革，可以使企业吸引外部资金和整合利用内部资金，有利于企业资本金补充机制的建立，有利于减低企业的资产负债率，可以提高企业的资信度。（2）股份制经济在国民经济中占有一定的地位，成为国民经济新的增长点。据有关部门统计，股份制公司有107家进入了全国500家最大的工业企业，有62家企业进入了全国500家最大服务企业。国有工业企业平均销售利润为456万元/家，而可统计的2 200多家股份有限公司平均销售利润为1 836万元/家。股份制公司的全员劳动生产率、利润率均好于国有工业企业，是国民经济的利税大户，成为国民经济新的增长点。（3）通过股份制改造建立现代企业制度，推动了企业制度创新。通过股份制改革，对原有企业的资产结构、产品结构、组织结构进行重组和调整，使企业轻装上阵，取得了较快的发展速度和较好的效益；企业投资主体实现多元化、分散化，使企业感受来自投资者的压力，可以强化经营者的自身约束力，促使企业加强企业管理制度创新。（4）增强了国有企业增值保值能力，巩固国有经济的主导地位。通过股份制改革，企业在增加新

① 葛素洁，杨洁等：《现代企业管理学》，经济管理出版社2001年版，第115~116页。

的资金来源的同时，增强了产权约束机制，国有企业保值增值能力显著增强。

3.2 股份公司

3.2.1 股份公司简介

1. 股份公司的概念

股份公司就是通过发行股票及其他证券，把分散的资本集中起来经营的一种企业组织形式。股份公司属于一种合资公司，它具有以下特征：(1) 股份公司的资本不是由一人独自出资形成的，而是划分为若干等额股份，由许多人共同出资认购构成的；(2) 股份公司的所有权不属于一个人，而是属于所有出资认购公司股份的人。

股份公司的这两个特征，使它具备了其他形式的企业组织所没有的优势。(1) 迅速实现资本集中。股份公司由出资人根据自己的资金能力认购股份，可以将较小的投资额化零为整，迅速地实现资本集中；(2) 满足现代化社会大生产对企业组织形式的要求。首先，股份公司可以通过招股集资的方式集中巨额资本，满足了社会化大生产对资本的需求；其次，股份公司所有权属于全体股东，同时又设立了股东大会、董事会、经理机构和监事会等机构，实现了经营权和所有权的分离，满足现代化社会大生产对企业组织形式的要求。

2. 公司的类型

由于各公司有不同的特征，因而可以划分为不同的类型。从广义的角度而言，主要有无限责任公司、有限责任公司、股份有限公司等；从狭义上讲，股份公司主要指的是股份有限公司。在此，重点介绍一下股份有限公司。

股份有限公司是资本分为等额股份，通过发行股票筹集资本，股东以其所持股份对公司承担有限责任，公司以其全部资产对公司债务承担责任的法人企业。股份有限公司主要有以下特征：(1) 股份有限公司是独立的经济法人组织；(2) 股份有限公司的股东人数不得少于法律规定的数目；(3) 股东对公司债务负有限责任，其限度是股东应交付的股金额；(4) 股份有限公司的全部资本划分为等额的股份，通过向社会公开发行的办法筹集资金，任何人在缴纳了股款之后，都可以成为公司股东，没有资格限制；（5）公司股份可以自由转让，但不能退股；（6）公司账目需向社会公开，以便投资者了解公司情况而进行选择；（7）公司设立和解散有严格的法律程序，手续复杂。

由此可以看出，股份有限公司是典型的"资合公司"。一个人能否成为公司股东决定于他是否缴纳了股款，购买了股票，而不取决于他与其他股东的人际人身关系。因此，股份有限公司能够迅速、广泛、大量地集中资金。另外，无限责任公司、有限责任公司的股票不能公开发行，股份也不能自由转让，证券市场上发行和流通的股票都是由股份有限公司发行的，因此，从狭义上讲，股份公司指的就是股份有限公司。

3. 股份有限公司的设立条件

股份有限公司是一种产权明晰、权责明确、管理规范的公司制企业组织形式。对于股份有限公司，各国一般都规定了严格的设立条件，只有符合法定的设立条件，才允许股份有限公司依照法律规定的程序组建。在我国，股份有限公司的设立应符合以下条件。

1）发起人符合法定的资格，达到法定的人数。发起人的资格是指发起人依法取得的创立股份有限公司的资格。股份有限公司的发起人可以是自然人，也可以是法人，但发起人中须有过半数的人在中国境内有住所。

设立股份有限公司，必须达到法定的人数，应有5人以上的发起人。国有企业改建为股份有限公司的，发起人可以少于5人，但应当采取募集设立方式。规定发起人的最低限额，是设立股份有限公司的国际惯例。如果发起人的最低限额没有规定，一则发起人太少难以履行发起人的义务，二则防止少数发起人损害其他股东的合法权益。对发起人的最高限额则无规定的必要。

2）发起人认缴和向社会公开募集的股本达到法定的最低限额。股份有限公司须具备基本的责任能力，为保护债权人的利益，设立股份有限公司必须达到法定资本额。我国股份有限公司的资本最低限额不得低于1 000万元人民币。对有特定要求的股份有限公司的注册资本最低限额需要高于上述最低限额的，由法律、行政法规另行规定。

发起人可以用货币出资，也可以用实物、工业产权、非专利技术、土地使用权作价出资。发起人以货币出资时，应当缴付现金。发起人以货币以外的其他财产权出资时，必须进行评估作价，核实财产，并折合为股份，且应当依法办理其财产权的转移手续，将财产权同发起人转归公司所有。

3）股份发行、筹办事项符合法律规定。股份发行、筹办事项符合法律规定，是设立股份有限公司所必须遵循的原则。股份的发行是指股份有限公司在设立时为了筹集公司资本，出售和募集股份的法律行为。这里讲的股份的发行是设立发行，是设立公司的过程中，为了组建股份有限公司，筹集组建公司所需资本而发行股份的行为。设立阶段的发行分为发起设立发行和募集设立发行两种。发起设立发行是指由公司发起人认购应发行股份的一部分，其余部分向社会公开募集，并由社会公众认购该股份的行为。

股份有限公司的资本划分为股份，每一股的金额相等。公司的股份采用股票的形式。股份的发行实行公开、公平、公正的原则，且必须同股同权、同股同利。同次发行的股份、每股的发行条件、发行价格应当相同。

以发起方式设立股份有限公司的，发起人以书面认足公司章程规定及发行的股份后，应即缴纳全部股款。

以募集方式设立股份有限公司的，发起人认购的股份不得少于公司股份总数的35%，其余股份应当向社会公开募集。发起人向社会公开募集股份时，必须依法经国务院证券管理部门批准，并公告招股说明书，制作认股书，由依法批准设立的证券经营机构承销，签订承销协议，同银行签订代收股款协议，由银行代收和保存股款，向认股人出具收款单据。招股说明书应载明下列事项：(1) 发起人认购的股份数；(2) 每股的票面金额和发行价格；(3) 无记名股票的发行总数；(4) 认股人的权利、义务；(5) 本次募股的起止期限及逾期募足时认股人可以撤回所认股份的说明。

4）发起人制订公司章程，并经创立大会通过。股份有限公司的章程，是股份有限公司重要的文件，其中规定了公司最重要的事项，它不仅是设立公司的基础，也是公司及其股东的行为准则。因此，公司章程虽然由发起人制订，但以募集设立方式设立股份有限公司的，必须召开由认股人组成的创立大会，并经创立大会决议通过。

5）有公司名称，建立符合公司要求的组织机构。名称是股份有限公司作为法人必须具备的条件。公司名称必须符合企业名称登记管理的有关规定，股份有限公司的名称还应标明“股份有限公司”字样。

股份有限公司必须有一定的组织机构，对公司实行内部管理和对外代表公司。股份有限公司的组织机构是股东大会、董事会、监事会和经理。股东大会做出决议；董事会是执行公司股东大会决议的执行机构；监事会是公司的监督机构，依法对董事、经理和公司的活动实行监督；经理是由董事会聘任，主持公司的日常生产经营管理工作，组织实施董事会决议。

6）有固定的生产经营场所和必要的生产经营条件。这是公司作为企业法人所必备的条件，也是从物质形态上对设立公司提出的要求。

3.2.2 股份公司的整合、解散与清算

1. 股份公司的重整

当股份公司财务困难或有破产危险时，为维护公司的存在并使之振兴复苏以及保护公司债权人的利益，经法院裁定而进行的停业整顿叫做公司的重整。

公司重整必须向法院提出申请。具有申请人资格的为本公司股东，或者连续6个月以上持有已发行股票10%以上股份的股东，或者拥有相当于公司已发行股份总金额10%以上债权的公司债权人。公司重整一经法院裁定就发生法律效力。

公司在重整期间，公司权力移交重整人，停止股东大会、董事会、监事会的职权，重整人负责经营公司业务，管理公司财产，拟定和执行重整计划，召集重整后的股东大会，向法院申请做重整后的裁定。重整人由法院委派，一般是董事，但法院认为不适当时，可从债权人或股东中委派。

由法院选派监督重整人执行重整职务的人为重整监督人。重整监督人具有监督权、关系人大会召集权、申请解除重整人重整权等权限。

关系人会议是重整债权人及股东为参与重整程序所组成的法定议事机构，是公司重整的最高权力机构。首次关系人会议由法院决定召集，以后的关系人会议由重整监督人召集，开会时重整监督人任会议主席。

重整债权人及股东为重整关系人，应出席关系人会议，重整人列席会议，并就重整问题接受质询。关系人会议的主要内容是：听取重整报告，审议及表决重整计划。其中，重整计划由重整人拟定，连同公司业务及财务报告，提交关系人会议审查。经关系人会议通过后，报请法院审议。重整计划在重整监督人的监督下，由重整人执行。发现重整过程中出现违法行为，重整监督人可申请法院解除重整人职务，另行委派。重整计划完成后应召集股东大会，宣布重整完成，并报请法院做重整裁定。

2. 股份公司的合并

公司的合并是指两个或两个以上的公司按照法律规定或合同约定而合并为一个公司。公司的合并一般采取两种方式：（1）吸收合并。这是指在两个或两个以上公司的合并过程中，其中一个公司继续存在，而其他公司则在消灭原

有法人资格后归入前一公司；（2）新设合并。这是指在合并过程中，参加合并的所有公司都失去原有法人资格而形成一个新的法人实体。

公司因与其他公司合并而解散，董事会应将合并而解散的主要内容通知各股东，如果有无记名股东，还应发布公告。董事会同时应向各债权人分别通知或公告，指定3个月以上的期限，声明债权人可在期限内提出异议。合并时，董事会还必须编制资产负债表和财产目录。

股东如不同意参加合并，可在股东大会上反对或放弃表决权，而请求公司按市价收购其股份。其程序一般是：（1）在股东会召集前，股东就董事会提交的公司合并契约以书面或口头方式提出异议；（2）不同意合并的股东应从合并决议形成之日起在一定期限内提出记载有股份种类和股份数额的书面请求；（3）如果股东与公司已就股份价格达成协议，公司应在一定期限内支付价款；若未就价格达成协议，股东可请求法院裁定，公司依裁定支付现款。

3. 股份公司的解散

股份公司的解散是公司法人资格被取消的法律程序和公司、业务经营活动终止的法律事实。公司解散后，公司的法人资格并没有马上消失，还要经过清算程序，只有完成清算程序，公司才正式消失。

公司解散大致有以下原因：（1）公司所经营的事业已经完成或不能完成、公司所订的章程关于解散的事由发生、股东大会决议解散；（2）合并，即新设合并或吸收合并中被吸收的公司；（3）破产，公司宣布破产时，公司应马上解散；（4）政府主管机关宣布命令解散；（5）法院裁定解散。

4. 股份公司的清算

股份公司的清算是指股份公司在解散过程中，为了终结公司现存的各种法律关系和了结公司债务，而对公司的资产、债权和债务关系等进行清理、处理的行为。一般而言，除因合并、破产而解散外，其他各种方式的解散都必须进行清算。这是因为合并而解散的公司的权利义务已转移到存续的公司或新设的公司，故不必清算。公司因破产而解散，其财产处理的方法须依照“破产法”的规定处理。公司破产后不会有剩余财产，因为全部财产不足以抵偿债务才叫破产，因此，它只是满足债权人的权益，而不是股东的利益。公司的清算可以分为两种：普通清算和法定清算。无论是普通清算还是法定清算，基本的任务和目的都是了结公司的现有业务，收取债权、偿还债务和分配剩余的财产，都是在法院的监督下进行的。不过法定清算受法院监督更为严格。股份公司解散，首先要确定清算人，即在公司解散业务中从事清算事务、处理公司财产和债权债务的执行人。清算人的产生一般有以下几种情况：（1）公司董事担任清算人；（2）公司股东大会选举产生清算人；（3）法院指定清算人。

清算人编造清算期内会计报表，提请股东大会审核承认。在股东大会承认会计报表后一定期限内，清算人向法院申请进行清算终结的登记。一经法院核准清算终结登记，清算程序即告终结，公司法人资格即告消失。

3.2.3 我国国有企业改革历程

一般而言，国有企业改革分为以下几个阶段①。

1. 放权让利（1979~1986年）

这一阶段主要是改革政府和企业之间的关系，使企业从政府的附属物向具有一定自主权益的相对独立经济实体转变。这一阶段具体包括以下环节。

1）以利润分成为主的放权让利改革。进行利润分成改革的目的主要是为了扩大企业的财权，加强企业的经济责任，把国家、企业和职工个人三者的利益有机结合起来，进一步调动企业和职工的积极性和主动性。四川省的部分国有大型企业成为我国放权让利改革的试点，而扩大企业自主权则是该阶段的较早的探索。利润分成、扩大企业自主权的规定内容主要包括：（1）企业必须保证完成国家下达的各项经济计划；（2）实行企业利润留成；（3）逐步提高固定资产折旧率；（4）开征固定资产税，实行固定资产有偿占用制度；（5）实行流动资金全额信贷制度；（6）鼓励企业发展新产品；（7）企业有权向中央或地方主管部门申请出口自己的产品，并按国家规定取得利润分成；（8）企业有权按国家劳动计划指标择优录用职工；（9）企业在定员、定额内，有权决定自己的机构设置和任免中层以上干部；（10）减轻企业额外负担。

通过这些规定，划分了国家和企业之间的权责利关系，有助于国有企业解决所有权和经营权相分离的格局；有助于企业获得自我积累、自我发展的能力；职工的工资和奖金取决于企业利润留成的数额，有利于提高员工的工作积极性。但是由于当时的宏观政策未能配套进行改革，政府赋予企业的各种权利实际上不可能真正落实，所以，该阶段改革仍不完善。

---

① 张颢翰，张明之，王维：《从经营国有企业到管理国有资产》，社会科学文献出版社2005年版，第184~225页。

2）推出实行“利改税”。由于传统的高度集中的计划经济体制，市场信号几乎不发挥作用，企业的自主权并没有真正到位，国家、企业、职工之间的利益关系及其协调成为进一步改革的主要矛盾，其中，国家与企业之间的利润分配问题是重中之重。基于此，1983 年中央批发财政部《关于国营企业利改税试行办法》，决定实行“利改税”。所谓“利改税”，是指将国有企业过去交给国家的利润改为上缴所得税，税后利润由企业支配，其目的是使国有企业能够独立经营、自负盈亏，把国家与国有企业的分配关系通过税收的形式固定下来。“利改税”又分为两步：第一步利改税初步区分了税收和利润之间的关系；第二步利改税则完善了第一步利改税，由“税利并存”逐步过渡到完全的“以税代利”，充分发挥税收杠杆的作用。

经过两步利改税，国家可以通过税收杠杆缓解价格不合理带来的矛盾，使企业摆脱“条条”“框框”对其的行政约束。虽然在实践中，两步利改税取得了一定的成效，但由于企业创利大部分上缴国家，“鞭打快牛”，因而也极大地影响了企业职工的积极性，影响了企业自筹资金进行技术改造的积极性，影响了企业的活力和发展的后劲。

2. 转化经营机制（1987～1994 年）

放权让利和利改税等改革措施在增加企业活力、提高经济发展质量方面已经难以取得实质性进展，国家作为国有企业的所有者遭受了不应有的利益损失，人们的目光便转向了企业经营机制的转换上。

1986 年 12 月 5 日，国务院在颁布的《关于深化企业改革，增强企业活力的若干规定》中提出，要“推行多种形式的经营承包责任制，给经营者以充分的经营自主权”。1988 年 2 月 27 日，国务院颁布了《全民所有制工业企业承包经营责任制暂行规定》，并在其中解释了经营承包责任制。该规定指出，经营承包责任制是在坚持企业的社会主义全民所有制基础上，按照经营权和所有权分离的原则，以经营承包合同的形式，确定国家与企业的权责利关系，使企业真正做到自主经营、自负盈亏的经营管理体制。

经营承包责任制使企业的所有权和经营权适当分离，使企业获得了较多的自主经营权；经营承包责任制进一步明确了国家企业之间权责利关系，并用合同的形式固定下来，使双方行为受到法律的约束；逐步将企业推向市场，提高了企业的竞争力。但企业没有明确的财产权，企业没有取得真正独立的市场主体地位，所以，经营承包责任制不能彻底解决政企不分的痼疾。另外，因为监控机制的不健全，不少企业经营者利用职务之便为个人和单位谋求利益，导致了国有资产的第一次大流失。

3. 建立现代企业制度（1994~2002年）

放权让利、承包经营等改革措施虽然使国有企业的整体面貌发生巨大变化，但由于企业制度并没有取得突破性进展，国有企业仍然有许多缺陷。因此，理顺企业产权关系，确立企业法人财产权，建立现代企业制度便成为国有企业改革的必然趋势，而其中，以理顺企业产权关系为崭新的现代企业制度创新是国有企业改革的重中之重。

1993年11月，党的十四届三中全会通过了《中共中央关于建立社会主义市场经济体制若干问题的决定》，明确提出建立现代企业制度是建立社会主义市场经济的基础，是我国国有企业的改革方向。1999年9月，中共中央十五届四中全会通过了《中共中央关于国有企业改革和发展的若干问题的决定》，第一次提出到2010年，国有企业改革要适应经济体制和经济增长方式两个转变和扩大对外开放的要求，基本完成战略性调整和改组，建立比较完善的现代企业制度，使国有企业在国民经济中更好地发挥主导作用。如前所述，股份制是现代企业制度中比较典型的形式。

4. 确立国有资产管理制度（2002年至今）

改革开放以来，国有企业在改革和调整中不断发展，产业结构得到优化，国有资产规模不断扩大，到2002年年底，我国国有和国有控股企业15.9万家，资产总额达到18.02万亿元，净资产总量达到118 299亿元。但由于体制上的原因，国有资产的管理和运营一直存在着诸如国有资本运营效率低下、政资结构不分、管理混乱等问题。党的十六大报告指出，“改革国有资产管理体制，是深化经济体制改革的重大任务”，“国家要建立中央政府和地方政府分别代表履行出资人职责，享有所有者权益，权利、义务和责任相统一，管资产和管人、管事相结合的国有资产管理体制。……中央政府和省、市（地）两级地方政府设立国有资产管理机构。”这也就是季晓南（2003）所提出的“国家所有，分级产权”制度。

2003年，十届人大一次会议通过国务院机构改革方案，决定成立国有资产监督管理委员会，由其代表国家依法对企业的国有资产进行监管，依法履行出资人职责，进而克服由于“所有者缺位”而导致的各种国有企业顽症。随后，省、市两级政府也先后成立了相应的国有资产管理机构，由此，“三级国有资产监管体系”初步形成。为保证各级国有资产监管机构的设立和运行能够自上而下依法有序的进行，2003 年 5 月 27 日，国务院又颁布了《企业国有资产监督管理暂行条例》。

十六届三中全会《决定》进一步指出，建立健全国有资产管理和监督体制，要：（1）坚持“政府公共管理职能和国有资产出资人职能分开”；（2）国有资产管理机构要对“授权监督的国有资本依法履行出资人职责，维护所有者权益，维护企业作为市场主体依法享有的各项权利”，要“督促企业实现国有资本保值增值，防止国有资产流失”；（3）建立国有资本经营预算制度和企业经营业绩考核制度；（4）积极探索国有资产监督和经营的有效形式，完善授权经营制度；（5）建立健全国有金融资产、非经营性资产和自然资源资产等的监督制度。这为深化和健全国有资产管理的监督体制提供了充分的制度保障，制约我国国有企业改革深入进行的国有资产管理和监督体制的建设和改革进入了全新的阶段，必将推进和加速国有企业的创新发展。

党的十七大提出，完善基本经济制度，加快形成统一开放竞争有序的现代市场体系，国有企业改革就要：（1）在“坚持和完善公有制为主体、多种所有制经济共同发展的基本经济制度”的前提下，以“坚持平等保护物权”为基本原则，“鼓励、支持、引导非公有制经济发展”；（2）健全现代企业制度，国有企业需要深化公司制股份制改革，并“优化国有经济布局和结构”，以“增强国有经济活力、控制力、影响力”；（3）为提高国有资本经营科学性，就要“加快建设国有资本经营预算制度”，就要“完善各类国有资产管理体制和制度”。

3.3 建立现代企业制度与加强企业管理

3.3.1 现代企业制度的环境保证

建立现代企业制度必须要有相应的环境条件作保证，否则，整个工作都将会徒劳无功。与现代企业制度相对应的环境条件主要包括如下内容。

1. 完善的市场体系

现代企业制度是市场经济和社会化大生产发展的产物。我们建立的现代企业制度是以规范和完善的企业法人制度为主体，以有限责任制度为核心的新型企业制度。在现代企业制度下，企业是自主经营、自负盈亏的独立法人实体，按照市场需求组织生产经营，政府不得直接干预，企业直接面对市场。因此，企业需要一个良好的流通渠道和竞争性的市场环境，即一个相对健全的市场体系，主要包括商品市场、金融市场和劳动力市场。只有完善商品市场，才能使企业成为独立的商品生产者和经营者；只有完善金融市场，才能形成其特有的产权体制，进而形成以商品市场为基础、以金融市场为主导的经营与运行机制；只有完善劳动力市场，才能形成合理的人才流动机制，使企业真正享有劳动用工、人事管理和工资、奖金分配等权利，最大限度地调动企业职工的积极性。

2. 健全的法律制度

市场经济与市场法制有着内在的联系。公平竞争、等价交换是市场经济的本质要求。有竞争就需要有规则。市场本身就是一种全方位开放的竞争场所。现代企业制度的确立将使这种竞争更加激烈，如果没有规则，市场将会发生混乱。市场经济中，经济主体之间的契约化与多元化、经济活动的自主化、公平竞争的有序化、宏观调控的间接化，以及经济管理的制度化，都必须通过系统、完备、成熟的法律制度来调节、制约和规范。因此，市场经济的发展，现代企业制度的建立，都必须有健全的法律制度。其主要内容主要包括：确立市场主体的法律制度，如《公司法》等；确立市场运行规则的法律制度，如《破产法》、《反垄断法》等；确立宏观调控机制的法律制度，如《信贷法》、《税法》等；确立社会保障机制的法律制度，如《社会保障法》、《就业法》等；以及确立有关特定经济行为的法律体系，如《合同法》、《专利法》等。

3. 建立社会保障体系

社会保障既是对公民基本生存权利的保障，也是社会经济体制运行的一种保障，因此，它被誉为社会的“安全网”和“减震器”。要建立现代企业制度，就要为企业创造一个良好的社会环境，其中，最重要的内容之一就是要建立和健全有效的社会保障体系。包括建立失业保险制度、养老保险制度、工伤保险制度、医疗保险制度，以及死亡保险制度等。其主要有以下作用。

（1）有利于落实企业劳动用工权。企业要成为独立的生产经营者，应有权根据自身的任务和经营特点，对劳动力的数量和质量提出要求，有权根据法律、法规等有关规定解聘、辞退甚或开除员工。但是，对这些被解聘、辞退或开除而失去生活来源的人，国家和社会有责任提供失业保险，以保证其基本生活，以解除企业和职工的后顾之忧。这样，企业要用的人进得来，不用的人出得去，企业才能拥有真正的用工自主权。

(2) 有利于为企业创造公平的竞争条件。我国一直存在着企业办社会的现象。由于企业发展历史不同，所有制性质不同，企业内部职工年龄构成不同，从而使得企业间的负担差异显著，严重影响了它们在同一起跑线上的平等竞争。只有健全养老保险制度及其他社会保险制度，才能保证企业间的平等竞争。

(3) 有利于人才合理流动。劳动者有权根据自己的专长和爱好选择企业和工作，但由于目前我国各项社会保险制度的实施和管理基本上由企业包揽，成为“企业行为”，社会保险变成“企业保险”。这样，由于各企业经济效益不同，职工的保险待遇不同，在不同所有制企业间差别更大，从而使企业间职工的流动极为困难，只有实行社会保险的社会统筹，推行不分所有制、不分用工形式，统一项目、统一标准的一体化的社会保险制度，才能从根本上消除这一弊端，为职工的全方位流动创造条件。

4. 转变政府职能

要建立现代企业制度，发挥市场在经济运行中的调节作用，必须转变政府的职能，使之由直接管理企业转变为间接宏观调控。首先，从主要管理国有企业转向面对包括国有企业、集体企业、私营企业及个体工商业者等在内的各种经济成分，并通过政策引导和依法收税进行管理。其次，从主要管企业转向主要管市场。即政府主要用税收、价格、利率等经济杠杆调控市场和建立市场规则，以维护市场秩序，保证公平竞争。再次，从主要利用行政手段直接控制、干预企业的生产经营活动，转向综合利用经济、法律、行政手段进行宏观管理、调控，引导企业按社会经济发展的要求和全社会利益进行市场经营活动。

3.3.2 建立现代企业制度与加强企业管理

国有企业改革与企业管理既有着十分密切的关系，又相互区别。企业改革与管理的目的都是为了企业的发展。一个企业的经济效益不仅仅取决于企业的改革，还取决于该企业的管理水平、技术进步状况及其他一系列复杂的因素。加强和改进企业管理是国有企业改革的重要基础。针对企业面临的新形势和新任务，要以企业走向市场、适应市场、提高企业的市场竞争力为中心，把加强和改进企业管理贯穿于改革、改组、改造的始终，以人为本，管理创新和制度创新、技术创新并举，在实践中建立起与社会主义市场经济体制和现代企业制度相适应的科学的管理体系，顺利实现由传统意义的企业管理向适应市场竞争的企业管理的转变。为此，应结合本企业的实际，探索和建立科学的管理体系。国有企业公司制改造以后，其管理制度也要做相应的变革与调整。企业管理与企业改革具有十分密切的关系。

首先，企业改革与企业管理不是相互排斥的关系，而是一种相互促进的关系。通过加强、改善企业管理，有利于为企业改革创造良好的条件，可以使企业改革所形成的企业新机制得到良好的运行，从而推动企业的进一步发展；而进一步深化企业改革，推行现代企业制度，则有利于促使企业加强和改善企业管理，为加强和改善企业管理创造良好的经营机制。

其次，企业管理与企业改革在内容上具有一定的交叉关系。如前所述，现代企业制度中的现代管理制度主要是指涉及企业生产关系属性的管理制度，如企业用工制度、企业领导制度、企业分配制度、企业财务会计制度等。而进行主要涉及这些企业生产关系属性方面的企业管理制度的变革本身也是建立现代企业制度、深化企业改革的重要内容之一。

再次，推进企业改革与加强企业管理具有同样的目的。无论是加强企业管理还是推进企业改革，其本身都不是目的。加强企业管理与推进企业改革的目的都是为了促进企业的发展。

最后，企业管理与企业改革都具有开放性和动态性。无论是通过建立现代企业制度去深化企业改革，还是加强企业管理，都意味着我们要吸取人类在组织与管理社会生产方面的一切有用的成就，为我所用。这种成就是人类的共同财富，不存在资本主义、社会主义之分。同时，企业管理与企业制度本身就处于发展、变化、进步之中，并没有一种固定不变的模式。

但是，无论人们找出多少企业管理与企业变革的相互交叉点，企业管理与企业改革毕竟还是两回事，不能把二者混为一谈。

第一，企业管理与企业改革具有不同的内涵和性质。企业管理是对企业的生产经营进行计划、组织、指挥、协调、控制的过程。而此处所讲的企业改革则是为了使企业适应社会主义市场经济体制而对企业制度和相应的企业经营机制以及企业与企业、企业与投资者、企业与政府、企业与员工、企业与社会等关系的变革过程。

第二，企业管理与企业改革具有不同的对象。企业管理的对象是企业的生产资料、劳动对象和劳动者的结合与组织，是对企业系统的投入、转换和产出这一循环过程的组织；而企业改革的对象则是决定企业的生产资料、劳动对象和劳动者的结合与组织状态的经营、运营机制，是决定企业系统的投入、转换和产出这一循环过程的组织状态的机制。

第三，企业管理与企业改革具有不同的性质。加强企业管理、对企业的管理进行变革，也就是对企业的劳动资料、劳动对象和劳动者的结合与组织过程进行调整、变革、强化，是对企业系统的投入、转换和产出这一循环的组织过程进行调整、变革、强化，或者说是对企业的生产经营的计划、组织、指挥、协调、控制的过程进行调整、变革、强化；而企业变革的限制或实质则是对企业制度及其相应的企业经营机制的调整、变革。企业改革的过程更具有革命性的意义。

第四，企业管理与企业改革具有不同的范围。企业管理与企业改革的过程都既涉及生产关系的因素，又涉及到生产力的因素，但二者所涉及的范围实际上是不一样的。企业管理所涉及的范围及因素主要是企业内部，企业在既定的经营机制和既定的或权变的外部环境和内部环境下，在企业内部对企业的生产经营进行计划、组织、指挥、协调、控制。企业管理主要是企业内部的事务和职责；而企业改革则既涉及企业的内部，更涉及到企业的外部。既涉及到企业的生产力因素，更涉及到企业的生产关系属性。企业改革不仅仅是企业的内部事务，更是政府有关部门的事务。企业改革涉及对企业制度和相应的企业经营机制以及企业与企业、企业与投资者、企业与政府、企业与员工、企业与社会等关系的调整与变革，更涉及到对整个经济体制的调整与变革；涉及政府职能的转变，甚至涉及到对有关企业的法律制度的调整与变革。

总之，企业改革所涉及的范围与内容远比企业管理要来得广泛。企业管理与企业改革具有十分密切的关系，但二者不是一回事，企业管理不等于企业改革。

复习题

1. 现代企业制度具体包括哪几部分？结合自己的所观略谈一下。
2. 股份有限公司的成立需要具备哪些条件？
3. 要建立现代企业制度，企业除了具备一些内部因素外，还应该注意哪些外部因素？为什么？
4. 根据本章内容以及自己身旁的一些案例，思考回答：为什么说建立现代企业制度是国有企业改革的方向？

案　例

国企该向“哈啤”学什么

8月12日，上海一家媒体公布了一年一度“全国食品饮料50强”名单，哈啤集团以58亿元的市值位居啤酒行业之首。其年生产能力也高达15亿升。但是就在几年前，哈啤还是一个生产能力不足20万吨/年的小厂。哈啤如何取得如此大的成就？作为昔日的大型国有企业，现在哈啤集团已经成为世界最大的啤酒公司美国AB公司的控股企业。哈啤的改制之路对我们的国企改革有什么启发？

哈啤成长的关键几步：

作为哈尔滨大型骨干国有企业，哈啤也曾有高度的计划经济体制。政企不分、产权不清、责权不明、管理不善等等老国企有的问题它都存在。但是哈啤把改革走在了前面。哈啤集团让产权走向了市场，通过产权改革，哈啤的资金多了，先进的管理方法也被引入了，而这些变化带来的就是企业的长足发展。

哈啤的成功经历了合资壮大、境外收购、香港上市直至国有股份出售给境外战略投资者等几个阶段。从而成功实现了体制转换，为企业发展和参与国际竞争奠定了重要基础。

哈啤的改革从1995年开始，当时，在有关部门积极协调下，哈尔滨啤酒厂与新中港酿酒有限公司成立了合资企业“哈尔滨啤酒有限公司”。哈啤与新中港的合资，是哈啤发展史的重要转折点，合资公司迅速转变了经营理念、管理模式，调整企业发展战略。经过几年的资本运作，哈啤公司收购和改造了4家小型啤酒厂，其产量猛增到47万吨。

站稳了国内啤酒市场，哈啤把目光瞄准了海外。2001年哈啤集团成功收购奥海北方啤酒控股公司，进一步扩大了生产规模和市场份额，成为全国啤酒行业的排头企业。

拓宽融资渠道，实现在香港主板市场上市是实现哈啤全面腾飞最为重要的一步。2002年6月，哈啤集团在香港联交所挂牌上市，募集资金3.78亿元。这次上市，不但在国际啤酒行业提高了哈啤的知名度，而且为哈啤全部国有股份成功转让给境外战略投资者，奠定了重要基础。

国有股退出：靓女先嫁

在向市场经济转型过程中，东北很多企业虽然在产品方面基本实现了市场化，但资金、技术、人力等生产要素的市场化程度均过低，尤其是最为核心的产权要素，尚远远不能做到在市场上自由转让和流动。但是哈啤却迈出了国企产权改革破冰之履——国有股全面退出。

国企改革要着眼于长远发展，选好战略投资者，解决国有资本所有者虚置问题。哈啤与美国 AB 公司的联姻，无疑是让哈啤选择了最好的合作者。2003 年 8 月，哈啤集团将 2.915 亿国有股转让给 GCHL 基金公司。不久，AB 公司从 GCHL 手中购入 29.07% 的哈啤股份。之后 AB 公司又收购了哈啤在美国的部分股权。目前 AB 公司已获得哈啤已发行股份 99.66% 的股权。

通过此次股权收购，哈啤在国际上的知名度大大提高，同时，股权转让给世界啤酒“老大”AB 公司，使哈啤从地方品牌直接跃上冲刺“世界企业”目标的跳台。而对于政府来说，转让哈啤国有股，成功实现了国有资本从啤酒行业这一竞争性行业退出，在改制过程中实现了国有资本大幅增值。

改革的一根准绳：经济规律

哈啤改革并不是没有人反对，毕竟是哈尔滨的大国企，转眼成了国外的控股公司很多人一时是很难接受的。

哈尔滨一位哈啤的忠实消费者说：“哈尔滨啤酒是从 1900 年开始搞的老牌子，在老百姓特别是哈尔滨人中是很有感情的。从感情上我不愿意看到被并购，毕竟那是哈尔滨的骄傲。但市场是无情的，我们必须要遵守市场规律。因为那样更有利于哈啤的发展。我们只希望以后的啤酒能比现在的好喝。”

哈尔滨发改委陈瑞之主任认为，改革肯定是有代价的，但关键是要出成效。哈啤的改革让我们看到，国企改革的核心是产权制度改革。这给我们一些启示

启示一：

通过产权改革，企业内部确立现代企业制度，企业在观念、机制、经营理念等方面都发生根本性变化。这些变化使企业的发展符合市场规律。其他国有企业应该借鉴哈啤的经验，积极吸引外资、民间资本、社会资本，扎实推进产权制度改革。

启示二：

政府要在国企改革中发挥主导作用，解决国有资本所有者虚有问题。对竞

争性国有企业改革政府要从资产所有者和授权者的角度，发挥各方面积极性，克服阻力，加强对国有资本的控管，全力推进对外合作。

启示三：

国企改革要着眼于长远利益，选好战略投资者。好的投资者不但带来资金，更为重要的是带来了先进的经营理念、管理模式及市场影响力。总之，改革最重的就是改变原来不适合生产力发展的部分，让企业按市场经济规律来经营。

产权改革让哈啤由小到大、由弱到强，到现在枝繁叶茂、名扬天下。在全国上下都关注着国企改革，关注着振兴东北的时候，哈啤的改革让我们看到产权改革才是改革的核心。也只有在产权方面进行彻底的改革，企业其他方面的改革才能顺利进行，才能出成效。

资料来源：孙仁渊：《国企该向“哈啤”学什么》，载《科技时报》，2004 年 9 月 14 日。

结合案例回答：

1. 借鉴“哈啤经验”，思考一下，在现阶段，国有企业改革需要注意什么？企业如何建立现代企业制度？

2. 在国企改革中如何加强企业管理？

第二篇　企业战略管理

在企业的经营中，摆在管理者面前的最核心问题是：要想在市场竞争中取得优势，应该将企业带领到何方？应该在何处做出优秀业绩？如何做出优秀业绩？企业战略管理就是寻求这些问题的解决之道。经营企业要先制订出计划、规划好未来（确定战略），然后集中力量去实现它。企业战略管理就是制订战略和实施战略的一系列管理决策和行动。如果把商场比成战场，那么，企业战略则是决定企业能否取得最终成功的重要因素。

第 4 章

企业总体战略

本章要点

◇ 企业发展的基本战略

◇ 一体化战略和多元化战略

◇ 战略联盟

◇ 国际化经营战略

如前所述，公司战略主要解决的问题是确定经营范围、经营方式以及在相应的经营方式下进行资源配置。它由企业的最高管理层确定，并且有较长的时限。而企业总体战略就是通过企业的内部条件和外部环境分析，根据企业宗旨和战略目标，依据企业在行业内所处的地位和水平，确定其在战略规划期内的经营方式以及相应的资源配置方向。

4.1 企业总体战略概述

4.1.1 企业发展战略的选择

战略选择（Strategy Selecting）的实质是企业选择适当的战略，从而扬长避短，趋利避害和满足顾客①。而企业可供选择的战略类型主要有：基本战略、成长战略以及防御战略。不管什么样的战略，其主要目的就是为了创造价

① 周三多，陈传明：《管理学》，高等教育出版社 2000 年版，第 110 页。

值，促进企业更快、更好地发展。基于这一目标，即使企业总体采取扩张性的战略，但是在不同的经营领域、不同的经营时期以及生产与销售环节等方面，企业仍然可以采用不同的战略，即企业可以选择多种发展战略。如，多元化战略和一体化战略都可以采取成本领先或特色优势战略姿态，而多元化战略也能既实现成本领先的战略姿态，也可以实现特色优势的战略姿态。图 4－1 表示了企业可选择的各种战略类型。

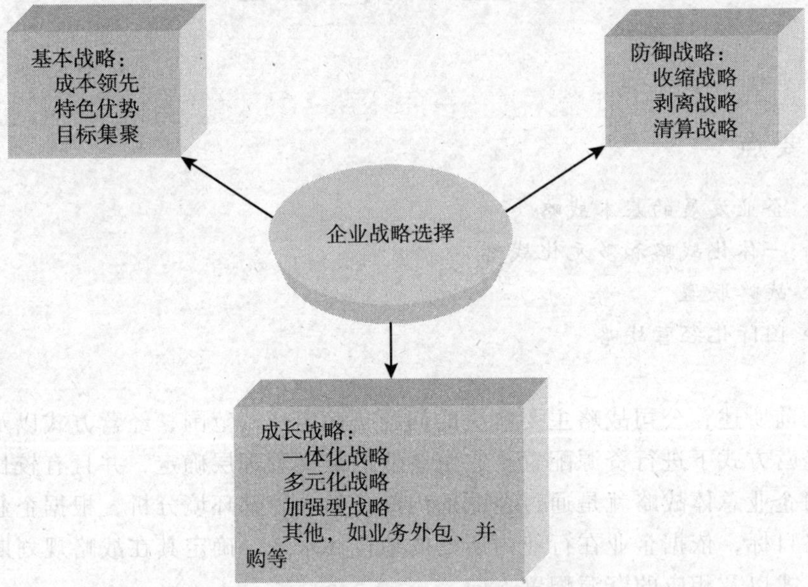

图 4－1　企业战略选择示意

4.1.2　企业稳定发展战略

1. 企业发展的基本战略姿态

从创造价值的角度而言，企业可以采取三种基本战略姿态中的任一种，但因为企业在组织、管理、文化等自身资源上的特殊性，既追求成本领先又追求特色优势的战略注定要失败，世界上最大的叉车制造厂——克拉克公司失败的案例就是典型代表。表 4－1 列出了选择基本战略所需遵循的基本原则。

表 4－1　　基本战略选择的基本原则①

基本战略	基本原则
成本领先战略	先发制人； 良好的投融资能力； 能够大规模化的生产技能； 对工人严格监督； 低成本的分销系统； 结构清晰，权责明确； 严格以定量目标为基础的激励制度； 严格的成本控制以及经常、详细的控制报告。
特色优势战略	既可以先发制人，又可以后发制人； 强大的生产营销能力； 活跃的创新精神以及强大的研发能力； 具有质量或技术领先的公司声誉； 悠久的或者独特的业务组合； 重视创新，注重主观评价，而不仅仅以定量指标为基础的激励制度； 轻松愉快的工作环境和企业文化，吸引高技能人才。
目标集聚战略	一种自我约束能力的战略； 公司实力不足以在产业内更广范围内竞争； 公司能在某一狭窄的顾客群内以更高的效率、更好的效果获得竞争优势； 针对不同的成本或特色目标，相应地组合上述原则。

资料来源：周三多，陈传明：《管理学》，高等教育出版社 2000 年版，第 112 页。

2. 企业发展的防御性战略

在发展的道路上，企业经常采取一些防御性战略，以退为进，以迂为直，以使企业更加健康地成长。常采用的防御性措施有收缩、剥离和清算等方式。战略选择原则如表 4－2 所示。

表 4－2　　防御性战略选择原则②

防御性战略	选择原则
收缩战略	企业具有明显而独特的竞争优势，但在一定时期内并未充分发挥其优势； 企业在特定行业的竞争中属于弱者； 企业管理出现失误或其他原因致使企业业绩较差，且已持续了一段时间； 企业已经快速发展成为大型企业，从而需要大规模地改组。

① 周三多，陈传明：《管理学》，高等教育出版社 2000 年版，第 112 页。

② 弗雷德·R. 戴维，李克宁译：《战略管理》，经济科学出版社 1998 年版，第 75～76 页。引者在语言上稍作修改。

续表

防御性战略	选择原则
剥离战略	企业采取了收缩战略但是没有收到成效； 分公司为保持竞争优势而所需资源投入超出了公司的供给能力； 分公司管理失误或者分公司管理结构、组织形式等与公司其他组织不相适宜，使企业总体业绩不佳； 政府反垄断法以对公司构成威胁。
清算战略	公司已经采取上述战略，但均未成功； 公司除清算外的唯一选择是破产； 公司股东可通过出售企业资产而将损失降至最小。

资料来源：周三多，陈传明：《管理学》，高等教育出版社 2000 年版，第 113 页。

4.2 企业发展战略

4.2.1 加强型战略

企业在原有的业务范围内，应该充分挖掘企业在市场方面的潜力以取得竞争优势。基于这种目标的战略一般被称为加强型战略，它包括市场渗透、市场开发以及产品开发等，有时这种战略也被称为密集型战略。

1. 市场渗透战略

市场渗透（Market Penetration）是企业通过加强市场营销力度，以提高现有产品或服务在现有市场上的份额的战略。如前所述，此战略可以与其他战略相结合应用，亦可以单独使用。一般而言，市场渗透战略主要应用于以下几种情况：

（1）企业产品所服务的市场空间尚未饱和。

（2）整个行业的业务需求量增长的同时，企业的主要竞争者的市场占有量下降。

（3）当前市场相对饱和，但若企业进一步细分市场并采取一定的措施，企业业务量亦可增长；或者企业拓展规模也可取得竞争优势并进一步占据市场。

如果在上述情形下，企业可以实施相应的市场渗透战略以拓展本企业的产品或服务的空间。具体而言，主要可以采取以下几种方式：

(1) 转变传统的营销模式，吸引潜在的顾客，把产品卖给从来没使用过本企业产品的用户。

(2) 提高产品质量、降低价格、巧妙宣传、差异化定位，吸引竞争对手的顾客，拓展本企业的产品空间。在市场经济环境下，企业如果能够给顾客提供非一般的享受，则必能吸引顾客。

(3) 采取各种方式与顾客互动，增进消费者对企业的信任，增强消费者的忠诚度。例如，企业可以优化产品品质，增加产品特点，改进产品的样式，增加产品的新用途，促进消费者更加频繁的使用本企业产品。

如果企业在相应的市场空间内应用合适的战略，则定会在一定程度上提高本企业的销售额，在当前市场获得竞争优势。

2. 市场开发战略

市场开发（Market Development）是指企业以市场创新为主导，将现有产品或服务打入新的区域市场。企业可以考虑采取增加新的销售渠道，寻找新市场上的潜在用户等措施以将本企业原有产品打入从未进入过的市场，另外，企业在进行市场开发时也可以采取市场渗透措施以吸引原有市场主要竞争者的顾客。一般而言，市场开发战略适用于以下几种情况：

(1) 企业存在过剩的生产能力，或者企业拥有扩大经营所需要的各种资源。

(2) 当前市场空间竞争激烈，而同时又存在未开发的市场。例如，在20世纪，西方发达国家的一些企业把在本国已被淘汰的产品销售到发展中国家。

(3) 企业在当前所经营的领域非常成功，而这种优势可以延伸到其他的区域市场。

(4) 转变传统的营销模式，把产品卖到以往企业没法销售到的地方。例如，改变传统的营销模式，开展网上营销。顾客在网上定制产品，而企业将业务适度外包，利用发达的物流渠道销售产品到企业营销点未到达的地方。

一般而言，企业开发战略比市场渗透具有更广阔的发展空间，但是成长风险也将增大，甚至会有失败的风险。进入新市场，必然会有一定的障碍，这会要求企业增加营销成本；而同时，面对原有经营企业的报复行为，会使企业在一定期间内利润很少，甚至没有利润。

3. 产品开发战略

产品开发（Product Development）是通过改进或改变产品或服务而提高销

售的战略。企业只有不断地推出新产品，进行产品开发以应对市场的变化才能保持企业的持续发展。所以从某种意义上说，产品开发战略才是企业加强型发展战略的核心。一般而言，产品开发战略适用于以下几种情况：

（1）企业拥有非常强的研发能力。

（2）企业当前所在的行业快速发展，产品新陈代谢速度非常快。在这种情况下，若企业不能及时应对市场需求的变化，则企业的竞争优势将是昙花一现。

（3）企业在某一行业拥有极高的美誉度，依靠这种美誉度，企业可以吸引老用户试用企业研发的新产品。例如，我国的海尔集团公司在冰箱行业享有极高的美誉度，在这种美誉度的支撑下，海尔积极拓宽自身的产业链，向电视机行业，甚至医药行业发展。

在狭窄的市场空间上，企业要面对不同的竞争情形要使用不同的加强型战略，为保证竞争战略的成功度，大部分企业常常结合上述三种战略一块使用。

4.2.2 一体化战略

一体化战略是指企业充分利用自己在产品、技术、市场上的优势，向经营领域的深度和广度发展的战略。一体化战略主要有三种类型，一是前向一体化；二是后向一体化，两者统称纵向一体化；三是横向一体化。一体化战略有利于企业深化专业化协作，提高资源的综合利用效率而取得发展：一是深度发展，主要是指企业采取纵向一体化战略取得的发展，可使企业获得对销售商和供应商的控制；二是广度发展，是指企业采取横向一体化战略取得的发展。

1. 纵向一体化战略

纵向一体化战略就是将企业的活动范围在同行业中向前扩展到最终产品的最终用户或者向后扩展到供应源。例如，索尼、三星等公司在20世纪90年代中期投资生产某些电子产品核心部件而不再从三洋电机购买的策略就是在本行业的价值链中向后扩展的后向一体化战略。而戴尔计算机公司在2003年开始在希尔斯这样的商店中建立直销网点就是一种前向一体化战略。纵向一体化战略可以是全线一体化（参与行业价值链的所有阶段），也可以是部分一体化（进入整个行业价值链的某些阶段）。而加强公司的竞争地位是公司动用自己的资源进行一体化经营的一个唯一的理由[①]。前向一体化战略可使公司获得对销售商的控制，而后向一体化战略可使公司获得对供应商的控制。

1）前向一体化。前向一体化战略是指取得对分销商或零售商的所有权或控制权的战略。目前，越来越多的制造厂商建立专门的网站而向用户直销以实现前向一体化。在能够实现提高生产能力利用率或者加强品牌形象的情况下，制造商有时可以自己投资建立一些下列销售机构来获取更大的利益：分销机构，特许经营。目前，有很多公司都有自己的分销机构。特许经营因成本和机会分散到大量的个人而可以帮助公司迅速扩展业务。

适合采用前向一体化战略的情况有：

（1）企业现有的销售商成本较高或者不能满足企业的合理需求。

（2）可利用的高质量的销售商数量有限，采取前向一体化企业将获得竞争优势。

（3）企业参与的产业正处在快速成长时期。

（4）企业拥有进行前向一体化的技能和业务能力。

（5）现在利用的分销商和零售商能获得较高的利润，这意味着通过前向一体化，企业在销售自己的产品中获得利润。

2）后向一体化。后向一体化战略是指取得对供货方的所有权或控制权的战略。当公司现有的供货方成本较高、质量不高或者不能满足公司的需要时，比较适合采用后向一体化战略。

后向一体化可以排除依靠供货方来提供关键零件或支持性服务带来的不确定性，以及降低主要供货方抬价时公司所面临的脆弱性。

适合采用后向一体化战略的情况有：

（1）企业现有的供应商成本较高或者不能满足企业的需要。

（2）供应商数量少而需方竞争者数量较多。

（3）企业参与的产业正处在快速成长期。

（4）企业拥有进行后向一体化的资金和人力资源。

（5）企业现在利用的供应商利润丰厚。

2. 横向一体化

横向一体化战略是指获得与企业竞争的公司的所有权或控制权的战略。竞

---

① 卡斯瑞恩·R·哈里甘：《将垂直一体化和竞争环境匹配起来》，载《战略管理》1986 年，第 535～536 页。

争者之间的合并、收购和接管提高了规模经济和资源与能力的流动。适合采用横向一体化战略的情况有：

（1）企业在一个成长的产业中进行竞争。

（2）企业具有成功管理组织的资金和技能。

（3）规模的扩大可以提供很大竞争优势。

4.2.3 多元化战略

20世纪60、70年代，随着市场多元化和企业竞争的加剧，美国以及其他国家出现了大规模的多元化经营趋势，企业把业务扩张至其他行业和产品领域。日本和韩国的经济奇迹也得助于企业多元化经营的发展。多元化战略是企业最高层为企业制订多项业务的组合，是为公司涉足不同产业环境中的各业务制订的发展规划，包括进入何种领域，如何进入等。当企业拥有额外的资源、能力及核心竞争力并能在多处投入时，就可以实施多元化。当然，一个企业是否进行多元化战略，以及进行多元化经营后企业经营效益的好坏和风险的大小取决于一系列复杂的因素。

1. 多元化经营的动机

1）提高资源配置效率。多元化经营将本属于很多企业经营活动组合在一个企业内进行，为企业管理阶层创造了一个协调管理不同经营部门的机会，减少了交易成本，提高了资源配置的效率。

在20世纪60、70年代，西方进行多元化经营的联合型大企业主要是那些研究与开发密集型企业。这些企业从事研究与开发活动拥有了大量的专有知识，但这些专有知识却并不具备技术专用性特征。由于信息的不对称性，这种知识形式通过市场转让的成本往往很高，但它又具有公共品特征，一旦生产出来，在企业内部应用的边际成本很小。因此，通过兼并与收购活动进行多元化经营，被认为可以将研究成果便利地通过非市场形式在企业内部推广与应用。

同时，这些大企业还拥有另一种知识形式，即管理才能。管理才能也具有非企业专用性的特征。管理才能一旦形成，就可以有效地应用于不同产品、行业和经营活动的管理。实施多元化经营可以发挥管理才能和资源配置的规模经济优势。

处于少纳税的考虑，是企业多元化的一个推动因素。税法对多元化经营的影响不仅包括个人税的影响，也包括公司税的影响。一些公司拥有大量的超过利润再投资后的现金，应该以红利的形式分给股东。然而在 20 世纪 60～70 年代，红利税要比个人所得税高得多。于是，股东更愿意公司留有这些资金用于购买和新建业务前景好的公司。如果经过一段时期后股票升值了，股东可以从这些资金中受到比红利更好的回报。一般来说，并购增加了公司固定资产折旧的抵扣，增加的折旧降低了应纳税收入。

2）分散经营风险。根据财务管理的相关要求，"不要把鸡蛋放在一个篮子里"是企业避免投资风险的一个基本原则。而在企业经营里，很多企业通过多元化经营，把企业业务分散在不同行业中以有效地分散企业的经营风险，使企业的收益更加稳定。通过多元化经营，企业经营某一产品或某一行业的亏损可以从其他产品或行业的盈利中得到补偿，从而可以有效降低企业收益的波动，规避某个行业的特定风险。

彼得（Peter）和沃特曼（Waterman）对企业的忠告是，"坚守自己的主业"，不要偏离企业的主要竞争领域太远。然而，多元化经营有时仍旧是适当的战略，当企业在一个不具吸引力的领域参与竞争时尤其如此。当菲利浦·莫里斯公司总裁哈米什·马克斯韦尔（Hamish Maxwell）看到自己公司所销售香烟的数量在下降，而且一些投资者拒绝购买本公司股票的时候，他积极带领公司实施多元化战略，进入消费产品领域。

3）管理者的多元化动机。委托代理理论认为，多元化经营的主要动机是企业管理阶层追求自身利益的结果。哈佛大学经济学家 Jensen（1987）认为，经理们追求的是权利和社会声誉，他们热衷于通过多元化促进企业规模的扩大以可以管理更大的公司，获得更多的权利①。多元化可以降低管理风险，既可以降低管理者的失业风险和减薪风险，又可以让公司的管理者享受到只有他们可以得到而股东们却享受不到的好处。多元化使公司规模扩大，公司规模越大，高级经理的薪资福利越高。因此，在一定条件下，企业经营者会引导公司经营向多元化发展。

2. 多元化经营的条件

杰克·韦尔奇本着"要在所进入行业排行第一或第二"的原则进行多元化而获得成功，而奥克斯于 2004 年 2 月盲目进入汽车行业，却在一年时间内损失 4 000 余万元后慌忙退出汽车业。何时进行多元化，部分取决于企业具有

① 黄速建，黄群慧：《现代企业管理—变革的观点》，经济管理出版社 2002 年版，第 116～119 页。

的动机的强度大小，部分取决于公司在其现在市场中的增长机会，部分取决于在其他市场领域综合利用其资源、专有技能和能力的现有机会。那些在当前经营中增长乏力，并拥有可以转向其他经营领域的能力以及扩展到其他行业领域所需的资源和管理水平的公司是最适合进行多元化经营的公司。

迈克尔·波特（1987）认为，企业要进入多元化，前提是企业在多元化下能够运作更好的业务。他认为，判断一个多元化经营决策是否正确，应该进行三种检验。

（1）吸引力检验。选择进行多元化经营的行业必须有足够的吸引力，使投资连续得到良好回报，一个行业是否有吸引力主要取决于是否存在有利的竞争条件和利于长期获利能力的市场环境。

（2）进入成本检验。进入目标行业的成本必须不能高到侵害获利潜力的地步。行业吸引力越大，则进入该行业的成本越高，新创业公司的进入壁垒几乎总是很高——如果壁垒低，大群的新进入者会很快侵蚀高的获利潜力。而购买一家已在这一经营领域的公司经常要承担一笔很高的并购成本，因为这一行业具有很强的吸引力。

（3）状况改善检验。多元化经营的公司必须为它进入的新的经营业务带来一些竞争优势的潜力，或者新的经营业务必须增加公司目前经营的竞争优势。在以前不存在竞争优势的领域创建持久的竞争优势的机会也意味着提高获利能力和增加股东价值的机会。状况改善检验需要检查有潜力的新的经营业务，以决定它们是否拥有与公司现存业务互补的有价值的价值链。这种互补可以提供消减成本、将技能和技术从一种经营转化到另一种经营的机会，或者提供创造有价值的新的生产能力、或有效地利用现存资源的机会。如果没有这种互补作用，企业应该慎重考虑将两种经营或多种经营放在一起的战略①。

3. 多元化经营的类型

多元化经营战略分为三种主要类型：相关多元化战略、不相关多元化战略以及混合型多元化战略。

1）相关多元化战略。相关多元化战略是企业为了追求战略竞争优势，增强或扩展已有的资源、能力及核心竞争力而有意识采用的一种战略。实行这种战略的企业增加新的、但与原有业务相关的产品与服务，这些业务在技术、市

① 迈克尔·波特：《从竞争优势到公司战略》，载《哈佛商业评论》，1987年第3期，第46～49页。

场、经验、特长等方面相互关联。通过这种战略，企业可以合并相似的价值链活动获得规模经济性，获得具有更大潜力的竞争优势。例如，海尔现在在电视机、空调、洗衣机等多种家电产品中进行多元化经营。从这种意义上来讲，前述纵向一体化也是相关多元化的一种形式。适合采用相关多元化经营战略的情况主要包括以下六种①：

（1）企业参与竞争的产业属于零增长或慢增长的产业。

（2）增加新的、但却相关的产品将会显著地促进现有产品的销售。

（3）企业能够以有高度竞争力的价格提供新的、相关的产品。

（4）新的、但却相关的产品所具有的季节性销售波动正好可以弥补企业现有生产周期的波动。

（5）企业现有产品正处于产品生命周期中的衰退阶段。

（6）企业拥有强有力的管理队伍。

2）不相关多元化战略。不相关多元化就是公司进入与原有行业不相关的新业务，公司经营的各行业之间没有联系。像前几年，娃哈哈进军石油产业就是一例。而海尔进军医药行业也是不相关多元化的一种战略实施。企业通过这种战略可以分散经营风险，使企业获利能力更加稳定。适合采用不相关多元化战略的情况主要包括以下四种：

（1）通过采用新的、不相关的产品，企业从现有产品和服务中得到的盈利可显著增加。

（2）企业参与竞争的产业属高度竞争或停止增长的产业，其标志是低产业盈利和低投资回报。

（3）企业可利用现有销售渠道向现有用户营销新产品。

（4）新产品的销售波动周期与企业现有产品的波动周期可互补。

3）混合多元化经营战略。混合多元化战略是增加新的、与原有业务不相关的产品或服务。通用电气公司是实行高度混合多元化经营的典范。该公司既生产火车车头，又经营发电厂，还发行信用卡，种种领域业务、服务等都是互不相关的。在以下五种情况下，特别适合采用混合多元化经营战略：

（1）企业的主营产业正经历着年销售额和盈利的下降。

（2）企业拥有在新产业成功竞争所需要的资金与管理人才。

（3）企业有机会收购一个不相关的但有良好投资机会的企业。

（4）收购与被收购企业间目前已存在资金上的融合。请注意，相关多元

---

① 弗雷德·R. 戴维，李克宁译，《战略管理》，经济科学出版社 1998 年版，第 163 ~ 167 页。

化和混合多元化经营的主要区别就在于前者可基于市场、产品和技术等方面的共性，而后者则更处于盈利方面的考虑。

（5）企业现有产品或服务的市场已经饱和。

4.3 企业并购与重组

前面几节叙述了企业战略的发展问题。但是，对于这些可选择的战略和方向而言，每一个都有不同的开发方案。具体而言，企业实现多元化经营可以通过内部开发、企业并购、企业重组以及合作战略等方式完成。

4.3.1 内部战略

内部开发又称为内部增长战略，是指企业通过建立新的生产设施和营销网络，将业务延伸至其他行业和产品领域，从而实现企业多元化经营的方式。例如，IBM公司就是于20世纪80年代用内部开发的方式进入家用电脑市场的。

企业采用密集型发展战略时，常常采用内部增长方式。一般而言，企业采用内部增长战略进入新领域时，需要考虑如下问题：

（1）行业处于不平衡状态，竞争结构还没有完全建立起来，如新生行业。

（2）行业中原有企业所采取的报复性措施的成本超过了由此所获得收益，使得这些企业不急于采取报复性措施，或效果不佳。

（3）企业由于现有技术、生产设备同新经营项目有一定的联系，导致进入该领域的成本较低。

（4）企业进入该领域后，有独特的能力影响其行业结构，使之为自己服务。

（5）企业进入该领域，有利于发展企业现有的经营业务，如提高企业形象、改进分销渠道等。

采用内部开发方式的企业，多元化是企业经营活动的自然延伸，是企业原经营活动的副产品，一般通过两种途径来实现。

一是，外延式的多元化发展道路，通过增大资金投入力度或通过建立新厂来发展自己。一般而言，在企业规模较小的时候，大多数企业生产市场所需要的产品，而不是自己研发产品，这样一来，企业就会增加企业产品的种类，采取外延式发展，建设新厂或增加投入等。

二是，内涵式的多元化发展道路，即在不新建厂房、不增加大量设备的基础上，通过革新改造促进企业发展。在企业规模很大的时候，为了在市场竞争中取得领先的地位，企业往往注重自己研发新产品，采取内涵式发展。而在这时，如果企业开发生产全新产品，而这些全新产品和原产品又工艺相近、结构相似，则企业不需要建立新厂也可以实现多元化。

4.3.2　企业并购

1. 并购的概念

并购是合并和收购的简称，两者运作方式很是接近，所以，业界常常用并购来表示企业间的合并或收购。合并是指两家公司在相互对等的基础上将相互业务进行整合。通常其拥有的资源和实力合在一起能够比各自独立发展产生更强的竞争优势。具体而言，合并又可以分为两种意思，一是兼并，二是联合。兼并是指一家公司接管另一家或另几家公司控制权的交易，使被兼并公司成为其事业群中的辅助事业从而更有效地利用其核心竞争力。被兼并公司将不复存在，它的资产、负债等将由兼并后的存续公司接管；而联合是指两家或两家以上公司通过联合后组建新公司，原有的公司全都不复存在，其资产、负债将由新组建的公司接管。收购指的是一家公司通过购买另一家公司的部分或全部股权，将被收购公司的业务纳入其战略投资组合，从而更有效地利用其核心竞争力的目的。

2. 并购的原因

企业并购的主要原因是希望通过并购来加强企业核心竞争力以更快更好地发展，取得竞争优势。

1）加强市场力量。实施并购战略的首要原因是为了增强市场力量。很多公司可能拥有核心竞争力，但却由于规模不够而无法充分利用其资源和能力，因此，很多公司通过收购竞争对手，收购供应商、销售商或者与该行业高度相关的业务来获取更强的市场力量，从而使公司在原有行业中进一步巩固核心竞争力以获得竞争优势。具体而言，企业为增强市场力量而实施的收购主要包括：横向收购、纵向收购和相关收购等。

（1）横向收购。横向收购是企业收购与其处于同一行业的竞争者的行为。因同行业公司在包括战略目标、管理模式和资源配置模式等方面具有相似性，所以，横向收购更容易产生规模效益，从而降低生产成本和增加销售额。

（2）纵向收购。纵向收购是指企业收购其某一种或多种产品和服务的供应商或分销商以及配送渠道等的行为。企业通过纵向收购可以控制价值链上的其他重要环节，从而更有效地整合其业务范围，配置资源。另外，企业在实施纵向收购的时候必须注意正确地平衡其预期的收益和潜在的风险。

（3）相关收购。相关收购是指企业收购与其行业高度相关的公司的行为。相关收购可以增强或扩展企业已有的资源、能力及核心竞争力，从而获得竞争优势。

2）克服行业壁垒。市场进入壁垒指的是市场或在该市场中已经存在的企业的业务活动将给试图进入该市场的新公司带来困难或增加其进入成本。面对市场进入障碍或差异化产品的市场，新进入者采取收购市场中已有的公司以迅速进入市场，要比以挑战者身份进入市场向消费者提供他们不熟悉的商品或服务显得更有效率。尽管收购的成本有时会非常巨大，但它的确能让市场的新进入者迅速占领市场。在我国加入 WTO 之后，外国行业巨头纷纷采用并购国内某一行业排头兵（舆论界常称之为“斩首行动”）的策略以进入我国市场并迅速占据领先地位。

3）降低进入市场风险并加快进入市场速度。通过企业自身的力量在企业内部开发新产品并将其推向市场往往需要耗费企业大量的公司资源，同时因为市场的不可预知性，这种行为还伴随着一定的经营风险。据多数企业管理者推测，约有 88% 的新产品不能给企业带来收益；66% 的创新产品在企专利保护期四年内便会遭到竞争者的仿造。而通过并购，快速进入市场和推出新产品，企业可以占据有利的市场位置。另外，通过对并购目标企业的经营状况进行评估后更容易估计并购效果，而且也更精确，降低了投资风险。

4）适应产品多元化的需要。美国著名经济学家施蒂格勒曾说过，没有一个美国大公司不是通过某种程度的、某种方式的并购而成长起来的，几乎没有一家大公司主要依靠内部扩张成长起来的。因此，企业往往不会通过自己推出新产品来达到其产品多元化的目的，而并购是企业实现多元化经营常用的方法。当企业实施多元化战略，向多个领域发展时，在产品开发、市场研究与开拓等方面的困难要远远大于在本行业经营，特别是不相关多元化。因此，企业进入新市场或调整投资组合，最有效的途径是并购。

5）重构企业的竞争范围。行业内部的竞争程度是影响企业盈利的重要因素。为了减轻剧烈的行业竞争对公司财务状况的影响，企业会采取并购战略来降低企业对某种单一产品或市场的依赖程度，从而在更大范围内增强企业的竞争力。另外，企业通过并购生产相近产品或提供相似服务的公司，可以拓宽行业空间，增大竞争成功的概率。

3. 阻碍并购的因素

（1）企业整合问题。企业并购后，如何进行整合是一个很重要的问题。这些问题包括：两个及以上公司文化的融合、不同财务和管理体系的联结、有效工作关系（特别是两家公司的管理风格不同时），以及如何处理被收购公司原有管理层人员的地位问题等。研究表明，整合阶段可能是决定能否创造股东价值的唯一最重要的因素，若不进行整合，新公司有可能会出现多元化的财务状况，但却得不到相应的股东收益。如果收购者和被收购者的整合非常迅速，将有利于形成两者之间的良好关系，从而使整个收购获得成功，反之，就有可能阻碍兼并后新公司的运行。例如，一个作风严谨的德国公司兼并了一个相比较而言比较散漫的美国公司，如果不能很好地解决两个公司的经营理念差异，就有可能导致并购的失败。

（2）超值购买。如果企业未对收购对象进行充分评估，不了解并购对象公司的市场价值、财务状况等就实施并购策略，有可能支付高昂的甚至是超额的并购费用。所以，在并购之前，企业应该评估目标企业包括被并购企业的财务状况、并购两方的企业文化差异、并购带来的税务问题以及整合各自员工队伍的费用花费在内的诸多问题。应该注意的是，目标企业的现有股东在卖出他们的股票时往往要求得到超过现有股票 40% ~60% 的溢价。索尼购买 CBS 磁带公司时支付了 28% 的溢价，而索尼购买哥伦比亚图片公司支付了 60% 的溢价。

（3）高成本。有些公司通过大量借贷进行并购，一方面，高负债能约束经营者，使其不能进行其他的投资，有利于激励经营者为股东争取最大利益；另一方面，高负债可能使企业背上沉重的财务负担，增加破产的可能性。20 世纪 80 年代进行的许多并购都给并购企业带来了沉重的债务负担。那时产生了一种称为垃圾债券的创新。垃圾债券是指一种用货币（债务）解决风险并购的新财务方式，这些货币（债务）为贷款者提供了高回报。但没有和作为附属担保的特定资产联系起来，因而存在着风险，也因此，垃圾债券的利率高达 18% ~20% 。例如，1988 年，加拿大的 Campeau 公司以负债融资所得 65 亿美元兼并了 Federated 连锁购物中心。当 80 年代后期经济衰退消减了零售运作中的现金流，带来了利息支付和债务偿还方面的问题时，Campeau 面临严重的财务问题①。

(4) 公司规模过大。多元化有利于实现规模经济，提高创新能力和经营效果。然而，当规模过大时所产生的各方面问题会增加企业运营成本，降低公司的竞争力。高层领导者不具备各种专业知识，很难对每个业务部门的目标和战略在深度和广度上都有深刻理解，因此很难从长期利益和战略角度评价各部门的成果，而有可能仅以财务指标为依据，这样一来，将会引起部门经理的短视行为，以牺牲必要的长期投资追求短期利益，从而降低公司整体战略竞争能力；另外，在面对由于规模过大而产生的一系列问题时，企业为保证公司各部门统一思想、统一行动，往往会倾向于制订标准化和规范化的规章制度，随着时间的推移，标准化和规范化的规章制度有可能导致管理僵化，企业缺乏灵活性，跟不上外部环境的变化。

(5) 管理上的精力消耗。一项积极的并购成长战略常常需要管理者的时间和精力，例如，寻找各种收购对象，高效、勤勉地完成各个步骤以及准备谈判等。这样就使管理者将注意力从日常经营活动中分散出来，而使过分关注收购行为的经理们常常不能客观地评价通过并购战略所取得成果，降低了企业经营效率。另外，由于收购造成的不确定性，大多数公司的管理层担心会被并购企业评价不好，造成并购以后被解雇而不太愿意做有长期成果的决策。

(6) 创新能力减弱。公司采用并购战略可能始于用并购来作为创新的替代。公司间紧密联系成为一个自我加强的循环体。从历史上看，很少有并购能带来创新活动。当一个公司在某一市场上遭遇到激烈的竞争并失去竞争优势时，它就会寻求兼并其他公司获得创新机会，这进一步加强了公司以兼并替代自我创新的这一循环，从而加大对外部的依赖性，降低了市场竞争力。

4. 有效并购

并购是一种具有较高风险的战略，有效地并购可以增强企业的竞争力。但前提是实施并购战略要遵循一定的决策和行为模式。表 4－3 列出了成功并购的要点②。

(1) 资源互补。在大多数情况下，成功地并购强调目标企业拥有与并购公司互补的资产与资源。当被并购公司与并购公司结为一体时，就会产生积极的协同效应。事实上，两个公司的融合通常能产生独特的资源，而并购企业则

① ［美］谭劲松，［中］张阳：《战略管理》，中国水利水电出版社 1998 年版，第 227～230 页。

② 顾天辉，杨立峰，张文昌：《企业战略管理》，科学出版社 2004 年版，第 88 页。

应继续把重点放在其核心业务上并用被并购企业的互补资源来加强那些核心业务。同时，在并购中，可以出售与并购方业务没有什么互补性的资源或出售一部分运营不良的自有资产。

（2）注重创新。创新是一个企业保持竞争力的源泉，而不断地产品创新和技术创新则是企业整体战略的一部分。所以，实施并购战略的同时要注重对研究与开发活动的投入，要注重自我创新能力的维持。

（3）保持灵活性和适应性。如果并购企业和目标企业都有管理变革方面的经验，他们就能更加熟练地在新环境中发挥他们的潜力。同时，相互适应的技能使两个公司能够更迅速、更有效率、更有效力地结合这两家公司的资源，最终使合并后的企业能比预期中更快地开拓产生积极的协同效应和潜力。另外，强调友好并购，反对敌意接管。友好并购能够更好地促进两家公司的融合，促进两方协同工作，获得积极的协同效应；而敌意接管则有可能会使敌意充溢整个新组织，影响工作和其他人员的情绪，可能还会失去许多人才，阻碍公司的整合。

表4－3 成功并购要点

要点	结果
1. 选择目标企业并与之建立合作关系	有利于整合和提高协同效应
2. 有互补性的资源	提高竞争优势
3. 有良好的财务状况	易以低成本获得融资
4. 中低程度的负债水平	低成本、低风险
5. 管理者有灵活性与应变性	加速有效整合
6. 注重创新	保持竞争优势
7. 善意并购	通力合作、有效整合

资料来源：顾天辉，杨立峰，张文昌：《企业战略管理》，科学出版社2004年版，第88页。

4.3.3 企业重组

20世纪80年代末90年代初掀起的重组浪潮，改变了许多国际公司的组成。尽管它只是许多美国公司在该期间采取的一个极其普通的战略，但它还是迅速扩散到了世界上的其他国家，如德国和日本。重组是一种公司用于改变其业务范围或财务结构的战略，是对业务组合中业务的种类及其所占比重进行根本改变的一种战略。重组的主要原因是经营业绩不佳，同时纠正过度多元化，另外是为了适应公司内外部环境的变化。

1. 重组适用情况

企业一般在以下情况会考虑使用重组战略：

(1) 在公司发展战略中，长期业务组合包含了太多增长缓慢、正在下降或竞争力缺乏的业务单元而使其失去吸引力时。

(2) 一种或多种主要业务陷于困境。

(3) 新的领导者上任，并决定重新确定公司发展战略。

(4) 公司为了在一个潜在的巨大的新行业中建立一定的地位而需要对现在的业务进行改组。

(5) 公司实施并购后必须出售现存的业务单元以筹集大笔资金。

(6) 当公司某些业务的市场或技术的发展方向、趋势产生不一致，需要将其分成独立公司时。

2. 重组战略类型

(1) 精简战略。公司重组中一种很普遍的方式就是精简。精简是减少雇员的数量，有时也减少运营部门的数量，可能会改变也可能不会改变公司的业务组合。精简的目的是要使公司变得更加精干而富有效力。但据调查，89% 的公司希望通过精简达到节省费用的目的，但只有 46% 的公司达到了此目标；71% 的公司精简目标是要提高生产率，但只有 22% 的公司认为它们达到了提高生产率的目的；67% 的公司表示它们精简的目标是要增强竞争优势，但只有 19% 的公司认为它们达到了目标。虽然如此，85% 的《财富》1 000 强企业还是把精简作为重组战略，希望通过消减费用和提高运营效率来改善盈利能力。

(2) 收缩战略。和精简相比，收缩战略对公司的表现有更正面的影响。收缩是指剥离、分立或者其他一些消减公司非核心业务，以使公司战略重新集中于公司核心业务上的方法。但是收缩战略并不裁减其核心业务的关键人员，以免影响其核心竞争力。这样，公司规模随着收缩战略而趋向于变小，公司变得相对更专一，企业高层管理团队就能更好地掌握和理解余下的业务，就能更有效地管理公司。

(3) 杠杆收购。杠杆收购是一方为了将公司私有化而购买公司全部资产的一种重组战略。公司被少数几个收购者用大量的债务资金买下后，公司的股票不再公开交易。通常，新的公司所有者也将在购买完成后，卖掉相当数量的资产，消减公司的经营范围以使公司管理者专注于核心业务。研究证明，杠杆收购在那些相对缺乏效率，并且不需要对研究和开发或其他保持战略竞争力的行动进行大量的投资的成熟行业中最成功。在这种情况下，提高经营效率就能提高公司的经营业绩，短期定位的危害也小，因为在成熟行业要保持战略竞争力，研发显得不那么重要。

管理层收购（Management Buyouts，MBOs）、职工收购（Employee Buyouts，EBOs）和公司整体收购是杠杆收购的三种方式。

3. 重组结果

三种重组战略及其短期和长期效果如图 4－2 所示①。最成功的战略应该是那些有助于最高管理层重新获得公司业务战略控制权的行动。因此，收缩战略无论在短期还是在长期都比精简和杠杆收购更会产生正面效应，因为它重新将重点集中于公司的核心业务，同时又减少了核心业务，多样化程度更低，经理们能够预测行业的战略行动，并运用更多的知识技能来安排相应业务；而精简战略则有可能导致低回报，从长期来看则会导致优秀人才的流失；而杠杆收购中，大量的债务增加了公司的财务风险或者公司缺少研发投入或其他提高公司核心竞争力的必要投入。

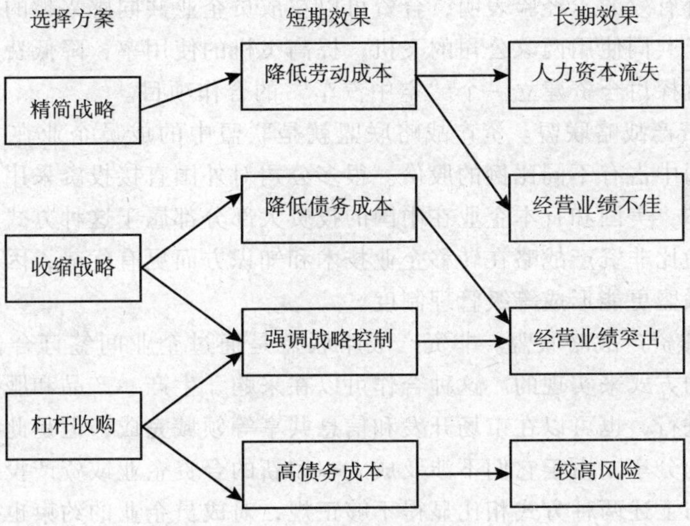

图 4－2　重组及其结果

① ［美］谭劲松，［中］张阳：《战略管理》，中国水利水电出版社 1998 年版，第 248 页。

4.3.4 合作战略

21世纪，市场的格局要求企业通过不同的发展战略，或者采用现有战略的不同实现方式来提高企业的竞争力。在前面几节，我们一直讨论企业间的竞争并且认识到企业的竞争优势是可以通过将企业的核心竞争力最大化和将企业的弱势最小化获得。在本节，我们讨论企业如何通过与其他企业合作来获得竞争优势。

1. 合作战略的种类

战略联盟是合作战略最基本的形式，它可以让企业对其自身资源进行调整来实现战略目标。战略联盟就是企业之间形成一种合作伙伴关系，使它们的资源、能力和核心竞争力都能结合在一起共同使用，从而获得两者在设计、制造、产品或服务发送上的共同利益。它主要分为以下几种基本形式：

（1）合资。合资就是两家或者两家以上企业拿出它们的部分资产来共同成立一家独立的企业。合资对于建立长期合作关系和共同分享成员企业内部新技术是十分有效的。经验表明，合资可以在成员企业共同感兴趣的任何项目中实施。为了共同使用两家公司的飞机，提高飞机的使用率，降低费用，通用和克莱斯勒就探讨合资建立一个“空中汽车”的合作项目。

（2）资产战略联盟。资产战略联盟就是联盟中的成员企业在共同投资成立的新公司中占有不同比例的股份。很多公司对外国直接投资采用的就是这种方式，例如，美国和日本企业在中国的投资大部分都属于这种方式。资产战略联盟被认为比非资产战略在转移企业技术和知识方面更有优势，因为它们比非资产战略联盟更能形成等级管理制度。

（3）非资产战略联盟。非资产战略联盟是通过企业间签订合作协议而不涉及资产的方式来实现的。这种合作可以在采购、生产、产品和服务的分销等各个领域进行，也可以在市场开发和信息共享等领域完成，但是此合作不涉及任何资产的分享。由于它们不涉及成立一家新的合资企业或资产投资，非资产战略联盟与上述两种方式相比显得不够正规，对成员企业的约束也更少，因此这种联盟不适于一些复杂的项目，尤其是这些项目的成功与成员企业间新技术、信息的有效共享和转让有关时。

2. 企业发展战略联盟的原因

企业之间形成战略联盟有多种原因，在不同的市场环境下，企业间的合作也会基于不同的考虑，如表 4－4 所示①。

表 4－4　　不同市场企业发展战略联盟原因列表

市场类型	原　因
长周期	获得进入限制市场的渠道 在新市场建立特许经营 保持市场的稳定性（例如，建立行业标准）
标准周期	争取彼此的市场地位（减少行业过剩生产力） 彼此之间可以互补资源 克服行业壁垒 应对其他竞争者的挑战 为大型投资项目获得各种资源 学习新的运营技术
短周期	加快新产品（服务）开发进度 加快新产品（服务）进入市场速度 保持市场领先地位 形成行业技术规范 减少市场的不确定性 分担产品研发所需大量投入的风险

资料来源：迈克尔·A·希特，R·杜安·爱尔兰，罗伯特·E·霍斯基森：《战略管理—竞争与全球化》，机械工业出版社 2002 年版，第 343～344 页。

1）长周期市场。长周期市场主要是指那些受保护的、或者近乎垄断的市场。通常这些企业会相互合作以发展行业标准。但经验表明，在长周期市场要形成企业战略联盟非常困难，行业的垄断通常是由一家企业形成和保持的，而不是通过企业间的联盟做到的。

在长周期市场中，企业采取战略联盟的原因主要有：

（1）企业致力于寻找如何进入已被限制进入的市场，或力图在新市场中建立特许经营。例如，美国、日本等发达国家的公司通过运用战略联盟进入中国、拉丁美洲等新开发市场，并力图建立近乎垄断的特许经营。阿尔卡特电讯公司通过与中国当地企业的合资而在当地市场上占据了强有力的地位。

（2）在发达国家，企业通过战略联盟来增强自己的市场竞争力。

① 迈克尔·A·希特，R·杜安·爱尔兰，罗伯特·E·霍斯基森：《战略管理—竞争与全球化》，机械工业出版社 2002 年版，第 343～344 页。

2）标准周期市场。标准周期市场中的企业合作通常来源于企业希望避免生产力过剩，强调增强企业的市场竞争力而不是增加市场机会。在标准周期市场，企业采取战略联盟的主要原因是：

（1）企业通过合作将彼此的资源、能力和核心竞争力融合在一起形成规模经济效应，来取得最佳效益。

（2）将供应方、生产方以及分销商联合起来，可以提高工作效率，降低成本。

（3）在标准周期市场，企业也可能通过联盟来获得相应的市场地位或筹集资金来满足投资的需要。

3）短周期市场。短周期市场是由创新型企业形成的，在该市场环境中的企业所提供的产品的生命周期都较短。在这样一个经济结构发生巨大转变的时期，企业依靠自己的能力根本不能，而只好组成战略联盟的形式来共同创造价值。在短周期市场，企业采取战略联盟的主要原因是：

（1）可以帮助企业更快地进入市场。

（2）可以使自己在市场上以异于其他公司的方式进行竞争。例如，对全球性互联网通讯阻塞的回应，环球纵横公司和和记黄埔组成和记环球纵横公司在互联网市场上销售互联网的基础设备和数据空间，而不是通常所见的网站内容和媒介服务。

3. 合作战略所带来的竞争风险

合作战略并不是全无风险的，合作战略带来的风险主要有：（1）有的企业抱着一种投机的心态。如果合作协议不对这种投机行为进行约束，或者企业之间的合作只是建立在相互信任的基础上，那么当这种信任不复存在时，投机行为就有可能出现。对未来合作伙伴参与合作真实意图的了解将会有助于降低合作中的某一方出现投机行为的可能性；（2）有时合作的一方发现另一方并未给联盟带来其所期望的可以带来利益的竞争力也将导致合作的解体。尤其是在合作的一方表示它可以将某一无形资产作为对合作的贡献时，例如，对本地市场情况的深刻了解就是一种合作的一方经常无法传递或贡献的无形资产；（3）企业为了形成其认为更有价值的合作关系时，也有可能会下决心结束某一合作关系。前几年，墨西哥电信不惜购买其与 Sprint 通讯合资体中的 Sprint 所拥有的全部 50% 股权，也要和另一电讯巨头结成更为有利的合作关系；（4）合作的一方没有将互补资源与另一方共享。这一风险最常发生在合作双方处于不同的国家。一旦一家外国公司已经在与当地企业所形成的合作体中投入了资金，并开展了工作，当该国对国外企业在本国投资没有任何法律保护时，当地企业就有可能将国外企业的投资扣留；（5）联盟运作时采用的管理方法不够有效，或者合作者之间在管理风格上存在差异，也有可能导致合作体的解体。企业是否有能力与其他企业合作，并有效地管理这样一个合作体是企业合作能否顺利展开的重要一点。

4.4 国际化战略

4.4.1 国际化经营战略分析

1. 国际化经营的目的

国际化战略是指在本国市场以外销售公司产品。公司采取国际化的传统动机不外乎获取主要资源、获取廉价劳动力以及降低生产成本等。而雷蒙德·弗农（Raymond Vernon）认为，如果一个公司在本国市场上推出一项创新产品，在其他国家的市场上就会产生对这个产品的需求，于是就会有产品出口。当国外市场上的需求增长到一定程度，在国外市场上有了跟进者，本国市场就会投资到国外市场生产产品。而后，随着产品标准化，这个公司就会追求经营的合理化，把工厂移到生产成本最低的地方。由此可知，在新形势下，公司实施国际化战略是基于以下几点：

1）扩大市场规模。通过进入国际市场，公司有时可以迅速地拓展潜在的市场。对于受本国市场发展条件限制的公司来说，进入国际市场有巨大的吸引力，尤其是存在发展迅速的国外市场时。我国加入 WTO 后，很多外资巨头纷纷涌入中国，瓜分中国市场这块蛋糕。

2）尽快收回投资成本。大市场对于工厂、主要设备和研发等大量投资的回报很重要，因此，许多需要大量研发的行业都需要国际化。例如，航空业需要大量投资来开发新机型，为收回投资，就需要在本国市场和国际市场上销售新型飞机。另外，技术发展速度的加快，使产品寿命周期缩短，而且不同国家专利保护法各不相同，新产品被仿制的可能性增加，这些都要求公司应该实施国际化以尽快收回投资。

3）规模经济和学习效应。企业国际市场扩张后，会使企业规模进一步扩大，有可能取得优化的规模效应，如汽车工业。国际市场也为企业转移核心竞争力提供了机会，它为跨越国界的资源和知识共享创造了条件。此外，不同的市场和不同的实践为跨国公司提供了很多学习机会，包括发达国家的企业也能从新兴市场的运行中学习新的知识。

4）区位优势。公司可以在其他国家设立工厂以降低产品和服务的成本。例如，他们可以很容易获得低廉的劳动力以及各种资源。另外，企业采取国际化还可以获得主要的供应商和消费者（客户）。在某种情况下，如果不在所在地经营也许就无法获得特定的资源和客户。

2. 国际竞争优势分析

国际化战略有两种形式：业务层国际化和公司层国际化。公司希望通过实施这两种形式战略取得竞争优势。但是因为一些不可预期因素的存在，企业国际拓展有可能产生风险而无法获取竞争优势。所以，企业在进行国际化经营时，需要分析自己的竞争优势。

波特教授在1990年研究了10个国家100个行业成功和失败的原因，建立了一个模型来描述国家或地区内的公司在全球范围内取得竞争优势所需要的四个因素，如图4－3所示①。这四个因素分别是：

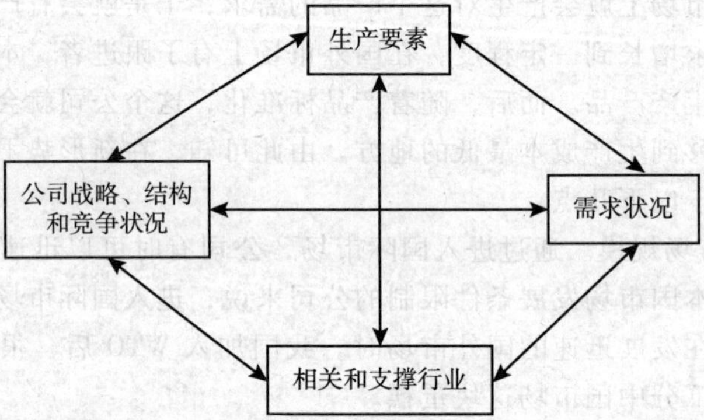

图4－3 国际优势的决定

1）生产要素。生产要素是指任何行业要发展所必需的要素，如劳动力、土地、资本和基础设施（如公路、通讯系统等）。当然，这些要素有基础（如

① 迈克尔·A·希特，R·杜安·爱尔兰，罗伯特·E·霍斯基森：《战略管理—竞争与全球化》，机械工业出版社2002年版，第309页。

自然和劳动力资源）和高级（如通信系统和优质人力资本等）之分，也有一般（如公路和资本市场）和特殊（特殊行业的熟练工人等）之分。这些要素都能促进一个国家的企业在国际上获取竞争优势。如，日本的创新型人才在一定程度上弥补了其基础资源的不足，使得它可以在许多制造业领域取得竞争优势。

2）需求状况。需求状况主要体现在本国市场内购买者对产品或服务需求的性质和大小。销售份额的绝对大小可以带动形成具有规模效益的生产能力，这种效益又导致在其他国家该行业中占有主导地位。同时，特殊的需求也可以越过国界而产生很多机会。另外，如果一个国家消费者精明而且挑剔，则会使该国企业主动创新和提高产品质量，从而使得该国企业在国际化竞争中获得竞争优势。正是因为日本本国消费者对低消耗汽车、电子产品的高质量要求，日企才重视这方面研发的投入，日系汽车、电子产品才能畅销全球。

3）相关和支撑行业。相关行业和支撑行业是指国内是否有具备国际竞争能力的供应者行业以及相关的行业。以本国为基础的具有国际竞争能力的供应者行业可以以各种形式为下游产业创造竞争优势。20 世纪 80 年代中期以前，美国在半导体工业的领先地位为美国在个人计算机的成功发展提供了基础。同样，意大利在制鞋业的领先地位离不开皮革处理业的支持。

4）公司的战略、结构和竞争。公司的战略、结构和竞争是指一个国家里公司的战略、组织结构以及竞争状况。有些管理理念对企业建立竞争优势有帮助，有些则没有；有的战略在某段时间内会大大促进公司的发展，而有时又会阻碍公司的发展；“在狼追赶下生存的鹿才能活得长久”，竞争激烈的国内行业环境会促使企业设法提高自身的生产效率，并进一步增强企业的竞争力。

进行跨国经营的公司可利用此模型分析企业在国内的优势劣势，利用企业面临的机会，规避企业面临的风险，适时使用成本领先、差别化、集中成本领先、集中差别化或综合成本领先和差别化等战略以在全球竞争中获得具有竞争力的领先地位。

4.4.2　国际化经营战略

上面讨论的业务层战略在某种程度上依赖于公司遵循何种国际公司层战略。一些公司战略给予各国的分公司制订自己战略的权力，而另一些公司战略则要求各国公司的业务层战略与上级命令折中处理，而且要求各单位之间协调完成产品和标准化的资源分配。在产品宽度和地理多样性上，公司层国际化战略与业务层国际化战略有明显不同，当生产复杂性扩大至需多行业、多国家或地区协调的阶段时就需要公司层国际化战略。企业根据对国际竞争优势的判断，以及不同国家地区的特点，可以选择的国际化经营战略主要有三种类型，如图 4-4 所示①。

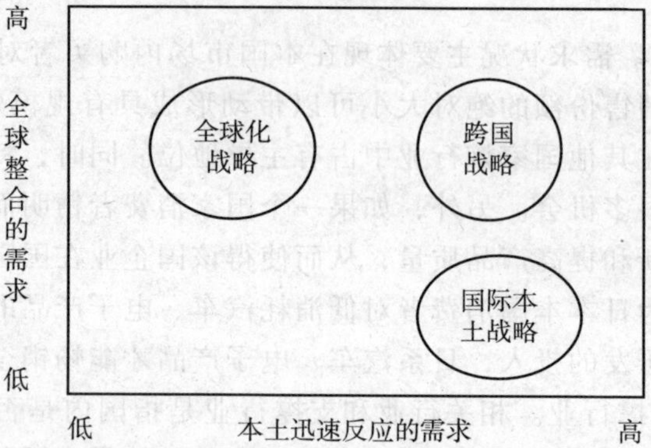

图 4-4 国际化战略的选择

1. 国际本土战略

国际本土战略是以国家界限划分市场，注重每个国家内的竞争，一个国家市场上的竞争同另一个国家市场上的竞争相互独立，以每个国家作为一个战略业务单元制订战略。

1）国际本土战略的特征。国际本土战略的依据是多国竞争。不同国家的消费者需求特点不相同，国家之间的竞争是相互独立的，公司在一个国家的声誉、顾客群和竞争地位对它在另一个国家的竞争能力、效果不会产生太大的影响甚至不会产生影响。因此，公司在某一个国家的强大力量以及这种力量所产生的某种竞争优势只限于这个国家，而不会转移到公司其他的经营地区。多国竞争特色非常明显的行业有：啤酒、人寿保险、服装以及食品行业等。

多国战略是采取特定的战略方式适应不同国家的文化环境、经济环境、政治环境和竞争环境，注重本地顾客的需求，一般以扩大本地市场份额为目标。为准确地反映市场需求特性，最好地适应顾客的需求和相对于竞争对手寻找自己的定位，公司可能在某些国家寻求广泛的市场目标，在另一些国家狭窄地聚焦于特定的市场点，国家之间的变动越大，公司的整体国际战略就越有可能成

① 迈克尔·A·希特，R·杜安·爱尔兰，罗伯特·E·霍斯基森：《战略管理—竞争与全球化》，机械工业出版社 2002 年版，第 313 页。

为单个国家战略的集合。多国战略最适应那些国际本土型竞争占统治地位的行业。

2）国际本土战略优劣势。国际本土战略可以将公司的战略策略与各国家的环境相匹配。其目标是追求对当地国家的环境做出更好的反应，从而建立相对其他国际竞争厂商和当地国家公司的竞争优势，取得国家性的领导地位。

国际本土战略是在不同的国家市场上采取不同的战略，因而增加了整个公司的不确定性。另外，此战略很难跨越国家边境，利用和转移公司的资源，不利于实现规模效应及降低成本，同时不会促进建立统一的竞争优势。

2. 全球化战略

全球化战略是指公司在所有国家的战略策略基本一致。在全球范围内对公司的战略行动进行统一和协调，在不同国家市场销售标准化产品。

1）全球化战略的特征。和国际本土化相反，全球化战略认为不同国家市场的产品更趋于标准化，于是公司竞争战略更集中，由总公司制订和控制并加以协调，以取得全球性的领导地位。在全球竞争环境下，跨越国家市场的价格及竞争环境有着很强的联系，形成了真正的国际市场；一个全球性的竞争公司在一个国家的竞争地位既影响到它在其他国家的竞争地位，也受到它在其他国家竞争地位的影响，例如，海尔花费大量的人力、物力、财力也要进入美国市场就是基于这一考虑。

在全球竞争环境下，公司的整体优势来自于公司全球的经营和运作，公司在本土所拥有的竞争优势同公司来自于其他国家的竞争优势有着密切的联系，一个全球公司的市场竞争优势同它的地区竞争优势组合成正比。全球竞争存在于以下行业：汽车、电视、复印机、手表等。

2）全球化战略的优劣势。与国际本土战略相比，全球化战略有以下优势或劣势①。

一方面，全球化战略加强了在各个国家之间的统一协调性，能够集中于建立资源强势以获取相对竞争对手的持久的低成本或差异化为基础的优势。全球化战略注重规模效应，能够最有效率地利用全球性公司在国家之间分配资源的能力，创新顾客服务体系。同时，能够加深和拓宽公司的战略强势和能力，以一种只在国内经营的公司所办不到的方式协调公司的分散的活动，降低成本或提高产品的差异化程度，分散经营风险。

---

① 顾天辉，杨立峰，张文昌：《企业战略管理》，科学出版社 2004 年版，第 128～129 页。

另一方面，全球化战略对各个国家市场反应迟钝，由于在当地市场中缺乏辨别机遇的能力或者产品需要本地化，公司可能忽略当地市场的发展机遇，而且全球资源需要跨越国界协调战略决策，增大了管理难度。因此，有效实施全球化战略需要资源共享以及强调跨国合作。

表 4－5　国际本土战略和全球化战略之间的差异

	国际本土战略	全球化战略
战略地区	选择几个目标国家和贸易地区	绝大多数国家都是产品的关键市场，至少是北美、欧共体以及太平洋沿岸国家
业务战略	制订特殊的战略以适应每个国家的具体形势，国家之间的协调很少或者几乎没有	在全球范围内推行相同的基本战略；国家之间的调整和变动虽然很必要，但很小
产品线战略	进行调整以适应当地的需求	在全球范围内的属性、模型、款式的种类几乎一样
生产战略	生产工厂分散于很多的国家	生产工厂的布置是以竞争优势为基础的（在低成本的国家；紧靠主要的市场；利用少数世界级工厂以获取最大化的规模经济）
原材料和零配件供应源	优先采用当地国家的供应	位于全球任何地方的有吸引力的供应
市场营销	针对每个国家的惯例和文化进行调整	更多的全球调整；在必要的情况下针对各国的形式进行较小的调整
公司组织	组建子公司管理在每个国家的经营运作；每个子公司都部分自主地运作以适应当地环境	所有重大决策由总公司进行严密协调；公司运用全球组织结构来统一每个国家的经营和运作

复习题

1. 企业发展有哪几种战略可以选择？
2. 简述企业发展的基本战略。
3. 简述加强性战略。
4. 比较分析一体化战略和多元化战略，回答它们的适用条件。
5. 什么是企业重组？回答企业重组的适用情况和战略类型。
6. 简述企业发展战略联盟的原因。
7. 国际化经营战略的类型。

案 例

收购印度 GTL——法国电信实现亚洲市场突破

从 2002 年出台“FT Ambition 2005”复兴战略，到 2005 年推出“Next”转型战略，法国电信近几年一直在竞争激烈的电信市场不断创新、大胆尝试，做一个国际化的综合型服务提供商是其转型的具体目标。日前收购印度 GTL 有限公司企业及管理式服务部门之举，可以说既有其眼前的利益，也是为其未来的亚洲市场拓展进行的一个尝试，是其转型之旅的一个小小里程碑。

由于语言、地域及文化差异的原因，法国电信的国际化战略一直聚焦欧洲和非洲市场，在亚洲市场，法国电信之前仅在研发领域与部分运营商合作，包括与中国电信的战略合作、成立合资研发公司等。通过此次对 GTL 企业及管理式服务部门的收购，法国电信在亚洲的国际化战略有了切实的落脚之地。从眼前利益来说，本次收购有助于实现法国电信的客户延伸，随着亚洲发展中国家经济的崛起，一些国际化的大型企业纷纷落户印度、中国等经济增长较快的市场，这其中不乏法国电信的企业客户。法国电信对 GTL 的部门收购，毫无疑问会加强其为跨国企业客户提供服务的能力，同时也提升了法国电信旗下 Orange Business Services 品牌在亚洲市场的认知度和影响力。从长远眼光来看，法国电信可以以此次收购为契机，以印度为桥头堡，真正开始在亚洲市场的电信运营活动，并不断拓展新的本地用户群，扩大业务覆盖范围，积累在亚洲市场运营经验，为其以后大举进军亚洲其他国家市场奠定基础。

并购是企业实现国际化拓展的最迅速有效的手段，但需要注意的是并购对象及其所在地域的选择。并购对象所在地域的选择是非常重要的，需要考虑国家政治、经济、文化、语言、电信监管政策等种种因素。法国电信之所以选择 GTL 作为并购对象，也是综合考虑各种因素，更重要的是考虑到其客户对地域的选择倾向，因为客户延伸往往是国际化进程的第一步。正如其 Orange Business Services 行政总裁 Barbara Dalibard 表示：“印度对我们客户来说是一个充满潜力的市场，收购 GTL 企业及管理式服务部门能大大提升我们的能力，更有效为印度、亚太区以至全球客户提供一流的企业服务方案，另外这项投资显著加强了 Orange Business Services 在网络相关服务的覆盖率，以及在亚太区的整体业务发展，并进一步巩固我们作为全球领先电讯服务供货商的策略。”

另外，并购对象的选择也要非常谨慎，最好是与企业形成优势互补。法国电信对GTL企业及管理式服务部门的收购可以说是较为成功的选择。GTL有限公司于1987年成立，是印度最大型的网络服务公司。GTL企业及管理式服务部门2006～2007财政年度收入接近2 100万欧元，年增长率为34%。该部门现有591名员工，包括200名注册工程师，服务客户包括花旗银行、渣打银行、德勤华永会计师事务所、WNS及First Source等跨国企业及印度企业。这些数据可以说明，法国电信收购的是GTL的优质资产并附带着优质客户，这些不仅会增强其在印度的客户覆盖范围，亦会在短期内取得投资回报，可以说是一桩比较划算的买卖。

作为一个国际化的运营商，法国电信已经在英国、西班牙、波兰、罗马尼亚、约旦、塞内加尔、马里、埃及等国家提供电信服务，如今，法国电信拥有的1.6亿户用户中有超过1亿户在法国以外的市场。

同时，它也在继续寻求海外扩张的新机会，并把目标逐渐放在非洲、中东和亚洲等发展中国家市场，在印度市场立足之后，更具潜力的中国电信市场很可能成为其下一个进攻目标。我国运营商在立足国内市场积极实施转型的同时，也需关注这些国际一流运营商的动向，未雨绸缪，做好迎接国际竞争的准备。

资料来源：张晶：载《通信信息报》，2007年8月29日。

结合案例回答：

1. 法国电信收购印度GTL的原因？
2. 中国企业如何才能成功“走出去”，实现国际化。

第5章

企业竞争战略

本章要点

◇ 企业基本竞争战略
◇ 同一行业竞争战略
◇ 不同行业竞争战略

企业的战略能否成功，关键是看企业战略是否根植于其成功竞争优势之上。一旦一家公司在吸引顾客和防御竞争方面相对于竞争对手而言都拥有优势，那么我们可以说该公司拥有竞争优势。要想在建立竞争优势基础上取得成功，一个公司的战略必须以此为目标：为购买者提供他们认为最有价值的价值——好产品低价格或者支付更高价格的更好的产品。这就意味着公司要从不同于竞争对手的角度以不同于竞争对手的方式展开经营，同时还要注意联系行业以及竞争环境的特点，对比观察公司自己的资源和竞争能力、市场地位等，以建立竞争对手不轻易能够与之匹配的竞争能力和资源能力。

5.1 企业基本竞争战略

企业一般竞争战略又称为经营战略，迈克尔·波特（1980）在其《竞争优势》一书中指出，企业为了获取相对竞争优势，可以选择的三种不同类型的一般竞争战略，即成本领先、差异化和集中化战略①。

① 迈克尔·波特：《竞争战略》，自由出版社1980年版，第35~40页。

5.1.1 成本领先战略

成本领先战略的核心是使企业的产品成本比竞争对手的产品成本低，也就是在追求产量规模经济效益的基础上降低成本，使企业在行业内保持成本的领先优势。具体而言，企业之所以要采取成本领先战略，主要源于其将给企业带来的战略优势。

（1）如果公司所在的市场上，购买者对价格很敏感，那么，即使行业内存在很多竞争对手，具有低成本战略的企业仍可获得高于行业平均水平的利润，努力成为行业中总成本最低的供应商就是一个很有力的竞争途径。

（2）如果企业采取了低成本战略，那么，它可以防御来自竞争对手的竞争。首先，因为其较低的成本意味着当其他的竞争对手由于对抗而把自己的利润消耗殆尽以后，它仍能获得适当的收益；另外，它还可以有效地应对来自替代品的竞争。其次，无论是规模经济还是在其他成本优势方面，导致成本领先的因素也是行业潜在进入者的进入障碍。

（3）企业的低成本战略可以对抗强有力的买方，因为买方的讨价还价能力只能迫使价格下降到下一个在价格上最低的对手的水平，也就是说，买方的讨价还价的前提是行业内仍有其他的企业向其提供产品或服务，一旦价格下降到下一个最有竞争力的对手的水平，购买者也就失去了与企业讨价还价的能力。

正因为成本领先优势具有此等好处，所以，企业很愿意采用成本领先战略进行竞争，一般而言，企业实施成本领先战略可以通过以下方式：

（1）控制成本。即企业对已有的成本支出进行控制。控制成本的重点应放在占整个产品成本比重较大的成本项目上，或与标准成本（计划成本）偏差（超支）较大的成本项目上。

（2）采用先进设备。企业采用先进的专用设备，可以大幅度提高劳动生产率，但是要求企业具备足够资金以及市场的支持，只有企业生产和销售的产品批量足够大，形成规模效益，才能最终降低产品的单位成本。

（3）建立注重成本的企业文化。成功的低成本供应商通常不厌其烦地寻求降低成本的途径，从来不忽视任何一个有潜力的领域——日本制造商所取得的成功在很大程度上是因为他们不懈地探索在经营运作的各个层面不断降低成本的方法。一般来说，低成本生产商通常拥有一种很注重成本的企业文化，职员广泛参与成本控制，不断地将自己的成本同某项活动的最优秀员工进行标杆学习，深入审查运作费用和预算要求，制订各种不断改善成本的方案，经理人员的额外福利也不多，各种设施充足但并不浪费。

虽然成本领先战略可以给企业带来竞争优势，但采用这种战略也面临一定的风险。首先，技术的迅速变化有可能会使企业花费在降低产品生产成本上的投资失效；其次，管理者过度关注成本控制，而忽视了消费市场的变化；再次，企业单纯为降低产品成本而改造企业生产流程，致使企业失去灵活性和适应能力。

5.1.2 差异化战略

1. 差异化战略是指企业在行业范围内向顾客提供独具特色的产品或服务

由于产品独具特色，因而它可以带来额外的加价。如果购买者偏好的多样性太强，标准化的产品难以完全满足或者说具有相同能力的卖方厂商难以完全满足他们的需求，那么，差异化战略就成了一个很有吸引力的竞争战略。如果想在采取差异化战略时取得成功，那么企业必须注意两个方面：（1）企业必须了解自己拥有的资源和能力，及其能否创造出独特的产品；（2）从需求的角度，必须深入了解顾客的需要或偏好，以便决定将一种或多种差异化特征结合在一个独特的产品中，达到所需要的产品特性。

企业所能提供的独特性与顾客需要的吻合是取得差异化优势的基础和前提。采用差异化竞争战略生产经营差异产品的企业，需要投入特殊的而不是通用的生产工艺、技术和机械设备，所以要支付比实行低成本战略生产、销售标准产品（批量产品）更高的成本。但企业之所以要采用差异化战略，主要是基于差异化战略能带来以下的益处：

（1）产品差异化可以使顾客形成品牌忠诚，并降低对价格的敏感性，从而明显削弱顾客的讨价还价能力。由于顾客缺乏可比较的选择对象，因而不仅对价格的敏感性低，而且更容易形成品牌忠诚。

（2）差异化本身可以给企业产品带来较高的溢价。这种溢价不仅足以补偿因差异化所增加的成本，而且可以给企业带来较高的利润，从而使企业不必去追求成本领先地位。产品的差异化程度越大，顾客越愿意为这种差异化支付较高的费用，企业获得的差异化优势也就越大。

（3）采用差异化战略的企业在对付替代品竞争时比其竞争对手处于更有利的地位。这是由于顾客更注重品牌与产品形象，一般情况下不愿意接受替代品。

2. 差异化优势往往会给企业带来相应的竞争优势，然而，在某些条件下，追求差异化的企业也会遇到一定的风险

（1）顾客选择差异化产品和服务，不仅取决于产品和服务的差异化程度，也取决于顾客的相对购买力水平。当经济环境恶化，人们的购买力水平下降时，顾客将把注意力从产品和服务的差异化特色转移到一些实用价值和功能上来。

（2）竞争对手的模仿可能会减少产品的差异化程度。从这点上说，企业能否通过差异化取得竞争优势，在一定程度上取决于其技术和产品是否易于被模仿。企业的技术水平越高，形成产品差异化时需要的资源和能力越具有综合性，竞争对手模仿的可能性越小。

对企业来说，产品的差异化主要体现在产品实体的功能、售后服务以及通过广告等市场营销手段、以商标等的差异作为产品差异的市场管理等方面。一般来说，差异化战略在以下情况下最有效：（1）可以有很多的途径创造公司的产品和竞争对手的产品之间的差异，而且购买者认为这些差异有价值。（2）对产品的需求和使用多种多样。（3）采用类似差异化战略的竞争对手很少。（4）技术变革很快，市场上的竞争主要集中在不断地推出新的特色产品。所以，企业应该首先考虑在产品实体的功能和售后服务上形成差异，而市场管理则是形成产品差异的最后的、并且有一定风险的手段。

5.1.3 集中化战略

集中化战略是指企业通过设计一整套行动来生产并提供产品或服务，以满足某一特定竞争性细分市场的需求。包括某一特定的购买群体，某一特定的产品细分市场，或某一特定的地理市场。成本领先战略和差异化战略二者是在整个行业范围内达到目的，但集中化战略是在较窄的市场目标范围内来提供比对手更为有效或效率更高的服务。成本领先战略、差异化战略和集中化战略这三种一般竞争战略的差别如图 5-1 所示。

企业可以采用以低成本为基础的集中成本领先战略和以差异化为基础的集中差异化战略。其中，集中成本领先战略是指从某些细分市场上成本行为的差异中获取利润，企业要做到服务于某一细分市场的成本比竞争对手低，此战略取决于是否存在这样一个购买者细分市场，满足他们的要求所付出的代价要比

		竞争优势	
		顾客觉察到的独特性	成本领先地位
竞争范围	全行业范围	差异化	成本领先
	特定细分市场	成本集中	差异化集中

图 5－1 三种一般竞争战略的差别

满足整体市场其他部分的要求所付出的代价要小。集中差异化战略是指从特定细分市场中客户的特殊要求中获取利润，此战略取决于是否存在这样一个购买者细分市场，他们想要得到或需要特殊的产品属性。从这点而言，集中化战略对中小型企业而言可能是最适合的战略。

1. 集中化战略也能在本行业中获得高于一般水平的收益。主要表现在：

（1）集中化战略便于集中使用整个企业的力量和资源，更好地服务于某一特定的目标。集中化战略的目的是通过利用其核心竞争力以满足某一特定行业细分市场的需求或很好地服务于某一特定的目标，是在较窄的市场目标范围内来取得低成本或差异化的。

（2）将目标集中于特定的部分市场，企业可以更好地调查研究与产品有关的技术、市场、顾客以及竞争对手等各方面的情况，做到“知彼”。

（3）战略目标集中明确，经济成果易于评价，战略管理过程也易于控制，从而带来管理上的简便。

2. 集中化战略也有相当大的风险，主要表现在：

（1）竞争对手可能会寻找可与集中化战略相匹敌的有效途径来服务于特定细分市场。

（2）特定细分市场上购买者的偏好和需求可能会转向大众购买者所喜好的属性。

（3）集中化战略所集中的细分市场非常具有吸引力，以至于各个竞争厂商蜂拥而入，瓜分竞争市场的利润；如七喜公司原来将产品定位于柠檬——宜母子饮料，使其成功地成为所在柠檬汽水细分市场的领先者。但后来可口可乐公司进入该细分市场，最终导致七喜失去了细分市场。

（4）产品销量可能减少，产品要求不断更新，造成生产费用的增加，使得采取集中化战略企业的成本优势得以削弱。

3. 集中化战略在以下情况下能够取得最好效果：

（1）定位于多细分市场的竞争厂商很难满足目标细分市场的专业化或特殊需求，或者如果要满足这个市场的专业化需求的话，其代价往往非常昂贵。

（2）没有其他的竞争厂商在相同的目标细分市场上进行专业化经营。

（3）一家公司如果没有足够的资源和能力进入整个市场中更多的细分市场，整个行业有许多小市场和细分市场，从而使得一个集中化厂商能够选择与自己的强势和能力相符的有吸引力的目标特定细分市场。

5.2 同一行业竞争战略

一般一个行业内都会存在着行业领导企业、一般企业和弱小企业，其规模、经营状况、竞争优势及市场竞争力决定了其在行业中的竞争地位。显然，不同竞争地位的企业应依据自身特点选择竞争战略。

5.2.1 行业领导者的竞争战略

行业领导者已取得市场领先地位与竞争优势，它们一般都享有盛誉。地位强大而且稳固的行业领导者所执行的战略也很成功（当然，其基调可能是低成本领导地位战略，也可能是差异化战略）。但是它们仍然面临众多竞争对手（特别是资源能力强的企业）的挑战。因此，行业领导者要依据环境状况进一步采取合适的竞争战略，防止竞争对手的攻击，否则虽然在行业中取得了竞争地位，如果不继续采取一系列进攻性和防御性战略措施加大市场份额，巩固已有地位，公司的市场地位就会被侵蚀和削弱。

行业领导者关注的主要问题是：如何维持公司的领导地位，同时也许还有一个目标——成为一个占统治地位的领导者而不是单纯的领导者。对行业领导地位和自己大的市场份额的追求具有很大的重要性，因为随着时间的推移，一个行业最大的领导者可以随着时间的推移形成很可观的竞争优势和盈利能力。

基于此，行业领导者可以采取三种不同的竞争战略[①]：

1. 进攻战略

这个战略所遵循的原则是：最好的防守就是进攻。行业领导者进攻的主要目的是保持公司的竞争优势（低成本或差异化），加强竞争地位。例如，追求低成本的生产商积极地追求降低成本，而差异化公司则不断地采取新的措施使自己的产品同竞争对手的品牌区分开来，甚至使企业制订的产品标准成为行业的标杆标准，从而进一步吸引消费者，加强竞争优势。进攻战略的主题是不断地改进和革新开发出独特的竞争能力，以在和竞争对手的进攻中取得竞争优势。

(1) 尽力首先推出新产品、更好的性能特色、质量的提高、改善的顾客服务以及降低成本的方式不仅可以帮助一家行业领导者避免自满，而且可以使竞争对手处于被动的防守位置。

(2) 企业积极作为以扩大整个行业需求，为公司的产品发现新的用途，吸引产品的新用户，促进用户更加频繁的使用产品。如，企业积极寻找各种途径来使潜在的购买者更加简单地、以更低的成本将他们的购买选择从二流公司转向自己的产品。

(3) 在主要竞争对手的核心地区新建大型的生产工厂，扩大生产线，挤压竞争对手的生存空间。

当然，采取进攻战略是需要一定的条件限制的。如果一个行业领导者在市场份额所占据的统治地位还不足以给公司带来政府采取反托拉斯行动的威胁(60%以下的市场份额通常是比较安全的)，那么，行业领导者所采取的进攻战略就意味着竭尽全力做到公司的成长率比整个行业的成长率要快，只有这样才能从竞争者那里攫取市场空间；如果一个行业领导者的增长率不等于或者低于行业的平均水平，那么，它就会把自己地位拱手让给竞争对手。

2. 防御战略

对于行业领导者而言，采取此战略的核心思想是使新公司的进入难度提高，使挑战者扩大地位的难度提高，降低被攻击的风险，减弱任何已有竞争性行动所产生的影响。其目的在于牢牢保持现有的市场份额，加强现有的市场地

---

① 阿瑟·汤姆森，斯迪克兰德，段盛华，王智慧等译：《战略管理》，北京大学出版社 2004 年版，第 175～180 页。

位，捍卫公司最有价值的资源和能力不受模仿，保护公司所拥有的一切竞争优势。

具体的防御行动有：

(1) 提高广告费用，提高顾客服务质量，扩大研究与开发费用，尽可能提高挑战者和新进入者的赌注。

(2) 推出更多的产品型号或者模型跟上挑战品牌的产品属性，或者弥补竞争对手可能忽略的细分市场。

(3) 增加个性化的服务以及其他能够提高顾客忠诚度的项目，并且使产品和服务的价格合理，提供顾客满意的质量，及给用户提供免费或低成本的培训，使顾客转向竞争对手的难度、成本增加。

(4) 投入足够的资本保持成本优势或追求技术进步以保持差异化战略的顺利实施，超前于市场需求建立新的供应能力，阻碍比较小的竞争厂商增加生产以及进入特定细分市场的能力。

(5) 创新产品的产销流程，同最好的供应商、分销商和特约经销商签订独占性合同，增加竞争对手获取同等质量零部件的难度；提高提供给特约经销商和分销商的融资服务，避免同那些同样服务于竞争对手的供应商打交道。

(6) 创新企业管理模式，提高公司资源资产和能力的灵活性，使公司适应新的发展态势的敏捷性比竞争对手相应的敏捷性要强。

(7) “攻心为上”，打击潜在竞争者进入的信心。例如，公开宣告公司将维持公司现有的市场份额；公开宣告公司计划兴建足够的生产能力来满足而且可能会超过行业容量的预计增长；公开宣告公司将执行能够与竞争对手的条件或价格相匹配的政策；或者提前公布有关新产品、技术突破以及计划推出的重要新品牌的有关信息，以假乱真，希望竞争者将会推迟其研发行动并确认该公告的可信性等措施。

采取防御性战略的条件是：公司已经获得了行业的统治地位，同时也不希望冒政府采取反托拉斯行动的风险，或者因为行业的成长前景黯淡，企业进一步扩大市场份额无利可图时。

要保证防御战略的成功，公司必须尽可能在任何情况下取得与行业一致的增长率，避免市场份额的下滑，而且要求在业务中投入足够的资金以保护行业领导者的竞争能力。

3. 跟随领导者战略

执行这个战略的时候，行业领导者在符合伦理道德的前提下公平地利用它的竞争力量，促使一般公司做一个满足的跟随者而不是积极的挑战者。当比较小的竞争对手通过削价或者采取威胁行业领导者地位的新市场进攻行为来搅乱市场竞争的时候，行业领导者会竭尽全力予以反击。行业领导者可以采取的反应措施有：快速跟上甚至在有些时候超过竞争对手的削价，利用大规模的促销行动来反击挑战者所采取的旨在获取市场份额的行动，为那些特别的公司提供更加优越的条款。行业领导者还可以“讨好”分销商，阻止它们销售竞争对手的产品，为销售人员提供有关竞争者产品缺陷的有关信息，通过给淘汰出局的竞争对手的优秀经理人员提供更好的条件来吸引他们而尽量弥补自己公司中的空缺位置。如果一家行业领导者不懈地对那些试图进入企业外的任何行动都采取报复性的材料予以反击，那么，它实际上就发出了一个清晰的信号：对行业领导者的地位所发起的进攻性行动会遭到行业领导者迎面的反击，它们的进攻和攻击得不到什么回报。不过，当比较小的竞争对手相互之间攻击各自的顾客群，而不会影响行业领导者，那么，行业领导者也可能采取袖手旁观的姿态，不做出强烈的反击。

5.2.2　一般企业的竞争战略

一般企业是指在一个行业中竞争力位于领导者之后居于中游的企业，其市场份额比行业领导者小，也称为二流公司。一些一般公司是未来的市场挑战者，实施进攻性的战略来攫取市场份额以及建立更加强大的市场地位；一些一般企业则是满意的市场竞争厂商，愿意坚守它们现有的市场地位，因为它们觉得现在的利润已经足够了。对前者而言，挑战者厂商需要实施一个旨在建立自有竞争优势的战略，而进攻性战略的一个基本原则是：不管一家市场的非领导者拥有什么样的资源和能力，都要避免采用一个模仿性的战略而应该直接同行业领导者展开竞争。因为通过模仿行业领导者的战略，一家一般公司几乎不可能提高公司的竞争地位。而且，如果一个挑战者有着5%的市场份额，而要赢得诱人的利润则需要20%的市场份额，那么，它就需要实施一个更具有创造性的策略参与竞争，而不仅仅是“尽力而为”。而对后者而言，它们只需要紧盯下面这个问题就够了：行业领导者正在采取的战略变动有哪些？要跟随行业领导者我们要采取什么样的行动？

具体而言，一般企业的竞争战略由其所在行业的特征来决定，我们根据两种行业特征来分析竞争战略。

1. 具有规模经济的行业的竞争战略

如果一个行业内，大规模就能降低单位成本，就能为大份额的竞争厂商带来重要的竞争优势，那么，在这个行业中的小份额厂商就只有两个可行的战略选择：模仿进攻性行动获得销售额和市场份额（从而可以建立达到大型竞争厂商所享有的规模经济所必需的产量）；从业务中撤退（逐渐或者迅速）。

1）低成本战略。采取联合行动，既降低成本，又降低价格，从而由弱小、高成本的竞争厂商那里吸引顾客；小份额竞争厂商可以采取下列措施降低成本：将价值链中的一些薄利活动除掉，寻找各种途径更好地管理成本驱动因素，提高经营运作的效率，同竞争对手合并或者并购竞争厂商（联合产量可能会达到与规模相关的经济性所需的规模）。但是低成本战略成功的条件是行业的一个领导者作为低成本生产商的地位还不够强大。

2）差异化战略。实施以下列因素为基础的差异化战略：质量、技术优势、更好的顾客服务、最优成本、变革。

如果行业中的大规模是一个关键的成功因素，那么，行业中市场份额很低的公司就有一些需要克服的障碍：（1）在制造、分销或促销活动中获得经济性的可能性比较小；（2）很难获得顾客的认知；（3）不能大规模地提供大众媒体广告；（4）在资金提供方面有困难。

在通常情况下，规模小所存在的缺陷可以克服，同时还可以通过采用下列措施建立竞争地位：（1）将自己的力量集中在那些可以产生某种竞争优势的细分市场上；（2）发展那些可能被顾客高度重视的专有技能；（3）先于竞争对手将新产品或者更好的服务推向市场，建立一个产品领导者的形象；（4）使公司比变化很慢的市场领导者更加灵活、更具创造性，从而对变化的市场环境和顾客期望做出调整。一般在下列情况下，一般企业会有机会很快地提高公司的市场份额：公司大跨度地开拓了一项技术突破、公司首先销售某种新产品或者大幅度改善了产品或服务，而行业领导者遭受到巨大的失败或者满足于现状。否则的话，必须不懈地从领导者那里慢慢地攫取销售量，通过一定的时间间隔建立公司的销量。

2. 不具有规模经济的行业的竞争战略

如果规模经济很小，大的市场份额并不能或者产生很小的成本优势，那么，一般企业就有比较大的灵活性。

1）空缺市场点战略。此战略是指将公司的精力集中到市场领导者忽略的顾客或者最终产品领域。一个最理想的空缺市场点应该拥有足够的规模和范围为公司赢得利润，有一定的成长潜力，很适应公司自己的资源和能力，同时又不足以激起行业领导者的注意。如，区间商业航空公司。现在美国很多大型的航空公司都对能带来丰厚利润的国际航线感兴趣，而忽视了国内航线，西南航空公司就注意到了这一点，从区间商业航线做起，逐步发展到了现在航空巨头的地位。

2）专业战略。专业战略一般将竞争行动集中在一个特定细分市场上：某个产品、某项特定的终端使用、需求特殊的购买者。其目的在于通过产品的独特型、特殊产品方面所拥有的专业技能或者专业化的顾客服务而建立竞争优势。

3）卓越产品战略。这个战略的基础是卓越的产品质量或独特的属性。公司选择的消费群体是对质量敏感和以性能为导向的购买者。精湛的技艺、卓越的质量、频繁的产品革新、同顾客签订紧密的合同以吸引他们参与公司开发更好的产品是此战略实施成功的关键。

4）满意跟随者战略。跟随者公司往往不特意模仿领导者的战略行动，也不积极地从领导者手中夺取顾客，而是采用不至于激起报复行动的策略，如它们常常采取差异化战略而不是跟随领导者的主流行动。这种公司更喜欢防御而不是进攻，它们只是做出被动反应而不去模仿和挑战。公司有意识地将其能力集中于特定顾客群的特定产品用途上，集中于利润而不是市场份额上，或者集中于谨慎而有效的管理上从而保持已有的竞争地位。

5）并购战略。有一个加强公司地位的途径是同比自己弱小的公司合并或者将它们并购过来，组建一个有着更多竞争强势和更大市场份额的公司。例如，达能在中国饮料市场上舞动资本大棒并购中国本土饮料巨头，在中国形成了一个强势群体，加强了其竞争优势。

6）特异形象战略。有些一般的企业用一些能够使公司自己与竞争对手相比凸显出来的方式来制订自己的战略。如：创造价格最低的声誉；设计独特的产品属性；引领时尚，在推出新产品方面成为领导者；设计独特的创造性广告等。

5.2.3　弱小企业的竞争战略

竞争力量薄弱或经营困难的小公司根据不同状况有四种战略选择。如果公司有一定的财务资源，就可以采取进攻性的转变战略，其基础可以是低成本主体，也可以是注重“新”的差异化主体，注入足够的人力、物力和财力，在行业排名中上升一到两位，在5年左右的时间内成为一个很好的行业竞争厂商。公司可以采取防御战略，对现有的战略做变动竭尽全力保持现有商品的销售额、市场份额、盈利水平以及竞争地位。公司可以选择“马上放弃”或被称为被收购的战略脱身于公司的业务，其方式是将公司的经营和运作变卖给其他的公司，如果没有发现买主，也可以关门。公司可以采取收尾战略，将再投资降低到最低限度，采取各种行动将短期的现金流提高到最大程度，为有序地撤出行业做好准备。在这四种战略中，防御战略和被收购的战略前面已有所述，在此将转变战略和收尾战略着重分析一下。

1. 转变战略

如果公司拥有一定的资源和能力，那么，当企业某项值得挽救的业务陷入危机时，企业就可以采取转变战略，尽可能快地遏制和逆转公司的竞争和财务劣势。企业首先应该寻找造成业绩低的根源。公司经营不良的原因主要有：承担的债务太多；对销售增长的前景估计过于乐观，忽略了某些通过降价等过于积极的行动来“购买”市场份额而导致的一些会降低利润方面的影响；由于不能充分利用生产能力而导致固定费用过高，投入大量资金用于研究与开发以提高竞争地位和盈利能力却无成果；或者对公司进入新市场的努力估计过于乐观，频繁变动战略等。转变战略可以采用以下方式实现：

1）改变战略。如果公司糟糕的业绩是由企业制订的战略引起的，那么，则需要重新分析制订战略。企业可以采取SWOT方法分析行业环境，公司的资源优势和劣势，竞争能力以及危机背后的机遇等等，重新制订战略。具体可以采用以下战略：（1）转向一个新的竞争途径，重新建立公司的市场位置；（2）彻底检查企业内部活动、资源能力、职能战略，以便更好地支持原料的业务战略；（3）与同行业公司合并，优势互补，制订新战略；（4）实现收缩战略，关闭工厂，减少人员，减少产品和顾客，以便更加紧密地与公司资源能力、优势相匹配。

2）提高收入。为提高收入而采取的努力其目的在于不断提高销量。在下列情况下，企业应该采取措施提高收入：（1）在业务活动中，削减费用同时又确保盈利的余地很小或没有余地；（2）恢复盈利水平的关键是提高对现有生产能力的利用。提高收入的选择很多：削价、促销、加强营销改进、快速改善产品质量等。如果因为产品差异化而使顾客对价格不特别敏感，则提高短期收入的最快途径就是提高价格而不是选择提高销量的削价行为。

3）削减成本。企业在实施削减成本战略时，除了常用的紧缩战略外，还有以下措施：精简机构，削减管理费用，清除非关键和低附加值的活动；对现有的设备实现现代化以提高生产率；进行债务重组，推迟非关键性资本花销，减少利息成本和延长偿付期，如企业可以变卖部分资产，解除衰退业务的负担，而且还可以遏止现金的流失，挽救和加强部分业务活动。在下列情况下，企业采取削减战略应该有效：不景气公司的价值链和成本结构有着足够的空间允许进行大的手术；公司可以确定并矫正经营运作的缺陷；公司的成本中有着明显的“肿块”，同时有很多的地方能够快速实现成本节约等。

5.2.4　收尾战略

收尾战略是一个渐渐退出所在行业的战略，是处于维持现状和尽可能快地退出该行业之间的一种状态。它以牺牲市场地位来获取更大的近期现金流或利润，其最核心的财务目标是收回尽可能大的现金流以便用于开拓其他业务。

1. 收尾战略适用条件①

行业的长期前景没有吸引力；搞活原来的业务成本和代价很大，或者最多是能够获得很薄的利润；维持或保护公司的市场份额所付出的代价在上升；竞争上的松懈不会导致销售很快和直接下降；公司可将回收的资源投入到回报更高的机会中去；对于多元化公司，原来的业务不是其整体业务组合的关键或者核心部分（一项附属性业务被放弃的概率要远远大于一项核心业务或者主营业务被放弃的概率）；对于多元化公司，原来的业务并没有给公司的业务组合贡献什么上等的特色，做出独特的贡献（如销售稳定性、声誉、一个能够给公司产品或服务中的其他产品或服务提供补充的产品等）。

2. 收尾战略的具体实施

经营预算削减到最低程度；在原来业务中的再投资降低到最低程度，采取一定的措施尽量延长现有设备的寿命，不再拨款购买新设备的资本支出或者将它的优先度降到最低（除非更新的需求很紧急）；慢慢提高价格，渐渐降低促销费用；不明显地降低产品质量，减少非关键性的服务等。虽然这种行动可能会导致销售额和市场份额的降低，但如果费用降低的幅度更大，那么，此举将

---

① 菲利普·科特勒：《弱小产品的收尾战略》，载《商业展望》1978 年第 5 期，第 17～18 页。

可以提高税后利润或现金流，利大于弊。

5.3 不同行业竞争战略

企业战略是否适用于企业，要看企业战略与行业以及外部环境、内部资源以及竞争能力、市场地位等的匹配程度。同一竞争战略在不同行业环境中实施效果是不同的。不同行业在其特点、竞争状况等方面的差异使企业在竞争战略制订、选择时要依据具体的行业环境。我们在分析时，将此行业环境分为三个典型的行业环境进行分析。

5.3.1 新兴行业中的竞争战略

新兴行业系指通过一些因素产生的那些新形成的或重新形成的行业，这类因素包括技术创新、相对成本关系的变动、新的消费需求的出现，或其他经济及社会方面的变化致使某种新产品或某项新服务得以提高到一个潜在的、可行的营业机会的水平。一个新兴的行业正处于早期的形成阶段，通常存在需要解决的重大产品设计和技术问题。同时新兴行业中的大部分公司都处于初创阶段，而扩大公司的员工队伍，通过并购或者直接新建各种设施以增加产品的生产，尽力扩大分销和获得顾客的认可是新兴行业中公司具体关注的问题。

从战略制订的观点看，新兴行业的基本特征是没有“游戏规则”，新兴行业的竞争问题是全部规则都必须建立，使企业可以遵循并在这些原则下发展繁荣，缺乏规则既是风险又是机会的来源。

1. 新兴行业的结构特征

尽管各新兴行业可能在其结构方面大不相同，却仍有某些共同的结构因素，这些因素是许多行业处于这一发展阶段中的特征。其中绝大多数的因素，要么与缺乏已确定的竞争基础或其他竞争规则有关，要么与行业的初期小规模和新生程度有关。

1）技术上的不确定性。在一个新兴的行业内，存在着大量的技术上的不确定性。因为企业的生产技术还不成熟，有待于继续创新和完善；企业的生产经营也没有形成一整套的方法和规程，什么样的产品构造将最终证明是最佳的？哪一种生产技术将证明是最有效的等都不能确定。

2）战略上的不确定性。与技术不确定性有关，但在原因上是更为广泛的不确定性是由行业参与者正在试用的各种各样的战略方法造成的。没有什么“正确的”战略曾被明确地加以识别过，各厂家正在摸索各种不同方法来实行产品或市场定位、市场销售、服务，以及其他战略方式，并且正在对不同的产品构造或生产技术“下赌注”。与这问题密切相关的是，厂商往往在有关竞争对手、客户特点，以及处在新兴阶段的行业条件等方面缺乏足够的信息，也无法知道竞争对手都是哪些人，而且无法经常获得有关行业销售额及市场占有率等方面的可靠资料。

3）初始成本虽高但成本急剧下降。相对于一般行业可达到的成本，小批量及新产品通常会在新兴行业内产生高成本。这是因为有关技术的学习曲线先是表现为高成本，后以极高的比例下降。工艺改进、工厂布置以及其他方面形成的种种设想迅速在实际中应用、工作熟悉程度的增加、销售额的增长导致的规模与累计产量的大幅度增加，企业生产效率会大幅度提高。一般来说，当处于新兴阶段行业的技术在开始时比最终情况劳动密集程度更大时，这些因素的作用更加明显。如果学习收获能与行业增长时不断增加的获得规模经济的机会相结合，则成本下降会更快。

4）萌芽企业和另立门户。行业新兴阶段伴随着极大比例的新成立企业，因为此阶段没有成型的游戏规则和规模经济的障碍。萌芽企业是相对于已立足企业中新成立单位的新企业。另外，还存在许多另立门户企业，即从那些已立足企业中出去的雇员创立的新企业。另立门户现象源于许多因素：一是在迅速发展和充满机会的环境中，与立足企业工资相比，权益投资的收益更具有吸引力；二是由于新兴阶段技术和战略的流动性，使立足企业的雇员具有良好的条件去获得新的更好的想法，并能充分利用其对行业的接近，这些想法可能由于在原有企业因为转换成本过大而无法实现，如可能会与不愿意采用他们想法的上级发生冲突，或可能会对企业过去的已投资的资金造成损失。

2. 新兴行业的发展障碍

新兴行业在其发展过程中，会不同程度地面临着限制或问题。有早期进入障碍，也有发展阶段的一些障碍。

1）早期进入障碍。早期进入障碍很少源于需要掌握巨大资源，一般不是规模经济、资本或品牌效应，更多是源于承担风险的能力、技术上的创造性及做出前瞻性决策以及储备投入物资与分销渠道的能力等。因此，率先进入新行业的企业可能要为资金付出更多的机会成本甚至是沉没成本，并经常对在行业发展早期阶段必然存在的技术和产品风险缺乏准备。常见的早期进入障碍有：(1) 专有技术，很大一部分技术诀窍由于是开拓性公司内部开发出来的，所以往往是专有的；(2) 获得分销渠道，由于所有的客户都是第一次购买，所以企业应该采取有效措施克服顾客对产品质量等的顾虑而获得销售渠道；(3) 得到适当成本和质量的原材料和其他投入；(4) 经验造成的成本优势由于技术和竞争不确定性使其更为显著；(5) 风险使资金的有效机会成本增加，从而增加了有效资本壁垒。

2）新兴行业的发展障碍。企业在新兴行业中立足之后，要想发展，需要依靠经济实体以外的其他因素，以及需要引导购买者购买其产品作为替换。

(1) 原材料等资源短缺。一个新兴行业的发展要求出现新的上游供应商以满足行业发展的需要。这是一个动态的慢慢适应的过程，在这过程中，会出现原材料或者配件等的短缺。另外，在这个过程中，因为供需不平衡，需求大于供给，那么，重要原材料的价格会上涨。受利润的影响，具有很强财务资源、到处寻找机会的行外公司进入该行业并充当供给者角色时，原材料的价格会很快下降。

(2) 产品、技术标准缺乏。由于新兴行业中产品和技术没有统一标准，企业还没有条件完成流水线作业生产产品，存在产品和技术水平的不确定性。而很多潜在的购买者期望产品能够很快得到改善，所以他们会将购买延迟到技术和产品设计成熟的时候，这在一定程度上就会加剧企业竞争，加剧原材料和互补产品的问题，并有可能阻碍成本下降。同时新兴行业经常面临由于缺乏基础设施而引起的问题，如分销渠道、服务设施、专业技巧等问题。

(3) 行业形象的确立。新兴行业竞争很激烈，各个公司都拼命使市场认可自己的技术、产品设计、市场营销等。对于几种相互之间竞争的技术产品哪一种将获胜以及哪一种产品属性将获得购买者最大程度的青睐，新兴行业内部常常存在相互矛盾地判断。这种矛盾可能增加顾客的购买风险并限制行业发展。同时，由于技术标准缺乏，新型产品的质量不稳定，即使是少数现象，也会给全行业的形象和声誉造成不好影响。这些因素又会影响行业的形象和可信任度，从而影响行业取得低成本融资的能力。而在市场力量将这些因素确定之前，公司之间的产品质量和性能一般都会存在很大的差异。

(4) 被替代产品的反应。在面临被新产品替代的威胁的时候，老产品生产企业往往会采取各种有效措施降低损失风险。例如，投资建设产品线，以规模求效益，降低单位产品的边际成本，迫使新兴行业中与价格相关的下降目标持续下降，增大新兴行业的发展风险。如果在顾客对价格敏感的市场环境中，老企业采取的这种措施往往会给新兴行业的企业带来很大麻烦；如果该市场中，顾客在意产品的差异化享受，那么这种措施不会给新兴行业的企业带来太多麻烦。

3）新兴行业中企业面临的关键问题。新兴行业中的公司所面临的两个关键问题是：（1）在公司的销售腾飞之前怎样为业务的初创和初始运作筹集资金；（2）如何获取和确保一个领导地位，公司应该追寻哪些细分市场和竞争优势。

以低成本或差异化为基础的竞争战略通常是可行的。集中化战略应该在公司的财务资源有限以及公司可以追求的技术资源比较多的时候选用。由于一个新兴的行业没有既定的游戏规则，行业的参与者也运用各种各样的战略，所以公司有着强大的资源和明确的战略规划，它就可以制订行业的规则，并成为行业的领导者。

3. 新兴行业的战略制订

如前所述，新兴行业竞争较量的规则大部分还没有明确，行业结构动荡不定而且还可能发生变化，竞争者也较难判别。然而，所有这些因素背后有另一方面的性质——一个行业发展的新兴阶段可能是战略自由度最大的时期，并且在确定行业业绩方面也是通过良好的战略选择所产生的杠杆作用达到最高的时期。因此，新兴行业的战略制订必须与行业发展这个时期内的不确定性及风险相适应。

1）塑造行业结构。在新兴行业中压倒一切的战略问题是厂商使行业结构趋于稳定而且成型。通过战略选择，厂商应该尽力在像产品政策、市场营销方法以及价格策略等领域内确定竞争规则。从长期来看，在行业根本的经济实力及财力的约束下，厂商应该以形成其最强有力的地位的方式来寻求划定行业内的竞争规则，以获得长期的行业竞争优势地位。

企业在促进行业结构形成的努力中，能使自己企业在产品政策、营销方式、定价战略等方面的规则较多地成为行业规则或行业规则的基础，使自己企业成为行业结构中的关键成员。为了促进行业结构的形成，企业需要为行业发展做出一定的主动贡献，例如，促进行业标准的形成，协调供应商、政府、消费者等各集团与行业的关系，将自己企业的某些做法进行宣传，大量进行广告，对消费者进行教育，承担行业分析预测，积累行业统计数据并进行分析处理等。这些工作都会引起企业相关成本的上升，但这些活动都是企业为了渗透市场而必须开展的，如果企业能因此而主导行业结构的形成，就能长期享受由此带来的经济和非经济效益。

2）注重行业发展的标准化。在某个新兴行业内，一个主要的战略问题是厂商如何在行业宣传和追求利益两者之间达到平衡。由于在新兴阶段中的行业形象、信誉以及买主的混乱状态等潜在问题，厂商自身的成功部分依赖于行业内的其他厂商以及行业的发展。行业压倒一切的问题是引入替代品并且吸引首期买主，在这个阶段内帮助促进标准化、整顿不合规格的产品质量及无信用的生产商往往是符合厂商利益的，还可以形成针对供应商、客户、政府以及金融界的统一战线。

3）对付竞争对手。在某一新兴行业内对付竞争对手可能是一个难题，特别对那些作为先驱者的厂商和已享受到主要市场占有率的厂商来说尤其如此。新形成的进入者以及脱离母公司的厂商的激增会引起不满，从而厂商必须会面临先前提到的外部因素，这些因素使其为了行业的发展而部分地依赖于竞争对手。

（1）不断创造独特的供、销渠道和规则。新兴行业供、销关系是不稳定的，企业必须不断地创造出符合行业目前特征的供销关系。例如，随着行业规模的扩大，经验的积累，供应商不但愿意，而且有能力对行业的特殊要求（如对投入物品种的要求、对服务的要求、对交货时间和条件的要求）做出反应。这时，行业的社会协作系统也在逐渐形成，部分由企业自己承担的工作可以更经济地由供应商承担。从分销方面看，专业分销商的形成会在广告、销售设施等方面承担部分本来由企业从事的活动，而且专业、集中的活动效率比企业单个的活动效率要高。在整个引进阶段，供、销关系一直在变化，企业必须能识别这一变化的趋势，在利用外部供、销体系的同时，创造出新的、能体现或形成企业独特优势的供、销关系。

（2）改变行业进入障碍。新兴行业具有在适用技术、分销渠道、原材料及其他投入物、成本优势、高风险等方面的进入障碍。但是，这些障碍消失得很快。随着行业规模的扩大和技术的成熟，进入障碍的形式会发生变化。因此，企业必须能不断形成确立自己在行业中独特“位置”的新方法，逐步减少单纯的对恰当技术和产品品种变化方面的依赖。行业越是向发展和成熟阶段进化，进入障碍就越是向资本、规模、创新等方面倾斜，而在这过程中，企业必须寻求新的方法来维持其行业地位，而不能只固守行业过去的优势。

4. 决定恰当的进入时间

企业对新兴行业的一个关键战略决策是“何时进入新兴行业对企业最有

利”。进入得早，企业承担的风险和有关成本就高，但是进入障碍相应地要低一些。

1）早期进入新兴行业的条件。一般来讲，当消费者重视企业形象和企业信誉时，企业若是行业的开发者而形成较强的信誉，则企业可以较早地进入；行业的经验曲线效应强，较早地进入能引导和诱发学习过程，而且经验不容易被对手模仿，也不易因后续技术的更新换代而冲淡时，企业可以较早地进入；在消费者忠诚性较高的行业中，企业较早进入能更有机会争取消费者；较早与供应商及分销商建立关系能获得明显的成本优势的行业，企业应该争取较早地进入。

2）早期进入的风险。早期竞争及市场细分是在不同的、但对行业发展后期是重要的基础上进行的。因此，厂商会发展错误的技能，还可能面临高的更改成本；开辟市场的费用很大，包括诸如客户培训、规章制度的批准，以及技术开拓之类的费用，但是开辟市场的好处却不能为厂商所独占；与那些小型的、新开办的厂商进行早期竞争将是耗资巨大的，但在后期代替这些厂商的将是更有实力、更加难以对付的竞争；技术变革将使早期投资过时并且使那些后期进入的、具备最新产品及工艺的厂商拥有某种优势。

新兴行业领域选择是一个很重要的战略问题。新兴行业具有很多共同特征，如发展迅速、行业内现有企业多数盈利、行业规模会扩大等，这些将会吸引企业进入新兴行业。但不同领域的市场发展趋势、发展速度、市场构成情况等的不同会使行业整体盈利水平存在差异，即使同一企业采取不同的战略也有可能会有不同的利润，因此，企业进入新兴行业之前要进行行业分析。

5.3.2　成熟行业的竞争战略

正如产品存在寿命周期的规律那样，行业也存在一个由迅速成长时期转变为增长缓慢的成熟时期的过程。行业成熟所引起的竞争环境的变化，要求企业战略做出迅速反应；同时，也深刻的影响着企业的组织结构，要求阻止加以调整，以适应战略的转变。

1. 成熟行业的特点

1）低速增长导致竞争加剧。由于行业不能保持过去的增长速度，市场需求有限，企业一方面保持自身原有的市场份额，同时将注意力转向争夺其他企业的市场份额。这要求企业对自身市场占有率、市场地位等目标做根本性的重新定位，并重新分析竞争对手的反应以及行动。竞争者变得更具有攻击性，甚至有时会做出一些非理性的竞争行为。广告、服务、促销、价格战等在成熟行业是常见的。

2）注重成本和服务上的竞争。由于行业增长缓慢，产品在质量、性能等各方面已确定，技术更加成熟，购买者对企业产品的选择越来越取决于企业所提供的产品的价格与服务组合，这种变化使得竞争趋向成本导向和服务导向，企业要重新评价其竞争战略的适应性；此外，在成本竞争的压力下，企业必然要在供、产、销等方面进行调整，将原来适应高速增长的经营方式转变为与缓慢增长相协调的经营方式。

3）生产能力过剩。行业低速增长，企业的生产能力缓慢增加，但市场需求到达一定程度后不再增加，这就产生了过剩的生产能力，企业需要在行业成熟期中裁减一定的设备和人力。但是，许多企业在行业转变阶段生产能力过剩，加剧了成熟行业的价格、广告服务等方面的竞争。

4）行业竞争趋向于国际化。技术成熟、产品标准化以及寻求低成本战略等需求使企业竞相投资于具有经营资源优势的国家和地区；同时，在成熟行业中，企业所面临的国内需求增长缓慢而且趋于饱和。所有这些压力都迫使企业重新审视其经营战略，进行战略转移或调整以使战略与外部环境相匹配。在这种竞争压力下，企业一般会选择转向经济发展不平衡、行业演变尚未进入成熟期的国家，实施国际化战略。

5）企业间的兼并和收购增多。在成熟的行业中，一些企业利用自身的优势，兼并与收购，产生行业集团。同时，这种行业也迫使一些企业退出该经营领域。伴随着行业的不断成熟，即使是最强有力的竞争企业也常常因战略与环境不相适应而遭到淘汰。

2. 成熟企业的战略选择

成熟行业在基本结构的各主要方面较新兴阶段都发生了变化，新兴阶段行业的高速发展为多种战略的有效实施提供了条件，而到了成熟期，战略选择上的问题就显露了出来。此时，企业要重新进行战略分析与选择。在行业的成熟期，企业一般可供选择的战略有以下几种形式：

1）缩减产品系列。在以价格为主要竞争手段、以市场份额为目标的成熟行业里，原有的产品结构必须调整。在行业的成长阶段，因为购买者的需求正在发展，所以产品的广泛性很有竞争价值。但是，在行业成熟阶段，维持太多的产品型号会阻碍企业获得长期生产的经济性，而且，销售很慢的产品型号的销售价格很可能覆盖不了它们的成本。所以企业要缩减利润低的产品，将生产和经营能力集中到利润高或者有竞争优势的产品上。

2）创新。随着行业的发展成熟，企业要注重以生产为中心的技术创新。通过创新，企业推出低成本的产品设计、更为经济的生产方法和营销方式，力争在买方价格意识日益增强的市场中具有独特的竞争优势。

3）降低成本。价格竞争激烈是成熟行业的基本特征。通过从供应商处获得更优惠的供价、使用更低廉的零部件、采用更经济的产品设计、提高生产和销售的效率以及削减管理费用等方法，企业可以获得低成本优势，从而在竞争中获得价格优势。另外，为提高公司在成熟行业中的市场竞争地位，改进产品成本计算，使产品组合合理化及正确制订产品价格。

4）提高现有顾客的购买量。在成熟行业中，企业很难通过抢夺竞争对手的顾客的方式来扩大自身的销售量。在这种情况下，企业应采取更好的促销手段，提高自己现有顾客的购买数量；同时，企业也应该开拓新的细分市场，以扩大顾客的购买规模；可以通过提供外围设备和服务、产品升级、扩展产品系列等方法来扩大现有顾客需求范围。这种战略可以使企业以较低的代价进入相关行业。

5）发展国际化经营。在国内行业已经成熟时，企业也应该谋求国际化经营。其原因是：(1) 同一行业在各国的发展是不平衡的。在一国处于成熟期的行业，可能在其他国家处于迅速成长期。(2) 企业进行国际化经营，可以充分利用各国的经营资源，使自己的生产经营更为经济。(3) 企业进行国际化经营，可以避免饱和市场上的竞争。不过，企业应该认识到，随着国际化经营，行业内的国内竞争也会形成国际化的竞争。行业内的企业开始争夺海外市场，同时展开与该市场所在国企业的竞争。

3. 避免战略缺陷

随着行业逐渐的成熟，公司所犯的最大的错误也许是在低成本、差别化和集中化战略之间寻求中间道路——把获取低成本的努力、获取差别化的努力以及集中于有限的目标市场上所做的努力结合起来。这种战略折中的最终结果一般是："夹在中间"、战略模糊、对于赢得以低成本或者差别化为基础的竞争优势所做的承诺甚少，在购买者心目中的形象平平，跻身于行业领导者的机会很小。其他的战略缺陷还有：调整现有的资源和能力以适应变化的购买者要求的速度很慢；过于将注意力集中于短期的盈利而不是将注意力集中于建立或者维持长期的竞争地位，对市场上的销量要等待很长的时间才能做出反应，一旦行业的增长下降，公司的生产或供应能力就会过剩；为提高销量的增长而过度地将精力和资源用在市场营销之上，不能足够快和足够积极地追求成本的降低。

5.3.3 衰退行业的竞争战略

根据行业生命周期理论，大多数的产品市场最终都会走向衰退。这种衰退不是由于经营周期或者一些短期例外事件所造成的，而主要是由于技术革新创造了替代品或者通过显著的成本与质量的变化而产生了替代品等原因，导致顾客需求的下降。这种衰退也许是缓慢的，也许是迅速的，销售可能在一个低水平上持续许多年，也有可能会很快下降到零。此阶段行业环境使得企业的战略选择比较复杂，不同行业、不同企业有不同的竞争战略。

衰退行业的主要特征是：销售收入和利润都会大幅减少；大部分企业都退出了市场，只剩下几家大公司和少数拾遗补阙者，而它们对是否退出行业摇摆不定；为争取剩余的市场份额，留存企业为生存下去必然采取各种竞争战略来拼命挣扎，甚至会出现长期亏本销售的局面。

1. 衰退行业的战略选择

1）领导地位战略。领导地位战略的目标是从衰退行业中获利。在衰退行业中留存下来的某家或某些厂商拥有获得高于平均水平利润的潜力，所以针对竞争对手，企业要确立领导地位也是可行的。厂商的目的是成为留存在行业内的唯一一家厂商或几家厂商之一。一旦获得这种地位，厂商将根据形势，把随后的行业销售模式转向保持地位或控制性收获战略。例如，兼并竞争对手，以减少竞争压力，降低成本，提高利润。这种战略的优势是比起采用其他战略，这种获取领导地位的方式能使厂商处于更优越的位置来保持地位或取得利润。

2）局部领导战略。这种战略首先要识别衰退行业内的某个细分市场，这个细分市场不仅足以保持稳定的需求或延缓衰败，而且具有可获得高收益的结构特点。然后，厂商可为在这个细分市场内建立其地位而进行投资。为了要降低竞争对手的退出障碍或减少与这个细分市场有关的不确定性，企业应该采取领导地位战略下的某些行动。最终，厂商有可能要么转向收割战略，要么转向放弃战略。

3）收割战略。即实施有控制的撤出投资，从优势中获利。采用收割战略，企业会力图优化业务现金流，取消或大幅度削减新的投资，减少设备投资，在后续销售中从企业拥有的任何残留优势中获利，例如，提高价格或从过去的商誉中获益。收割战略的前提是过去存在企业能赖以生存的真正优势，同时衰退阶段的行业环境不至于恶化为战争，如果不具备任何优势，提高价格、降低质量、减少广告等将会使销售额下降。从管理角度而言，这种战略是最有利于企业发展的。

4）迅速放弃战略。这种战略是基于这样一个前提，即厂商只有在衰退的初期把其业务卖掉才能使净投资额的回收最大化而不是在实施收割战略后再采用其他战略。一方面，因为业务出售得越早，需求是否随之下降的不确定性越大，资产的其他市场得不到满足的可能性也会越大。在某些情况下，在衰退之前或在成熟阶段中就放弃营业是合乎需要的。一旦衰退明朗化，行业内外的资产的买主将处于更强有力的讨价还价的地位。另一方面，尽早地出售业务也会使厂商承担这样一种风险，即厂商对未来的预测被证明是不正确的，则企业承受着损失的风险。

总之，衰退行业企业选择战略的关键问题是将企业的相对地位与留在行业中的价值相匹配①。需要注意的是，在衰退期，企业要尽早确定自身的战略选择并实施，迟疑不决的最终选择只能是被迫放弃，会造成更大的损失。

表 5－1　　企业在衰退行业中的战略选择

企业相对竞争地位 / 留在行业中的价值	在剩余需求上有对竞争对手的相对优势	在剩余需求上没有对竞争对手的相对优势
行业结构有利于衰退	领导或局部领导战略	收割或迅速放弃战略
行业结构不利于衰退	局部领导或收割战略	迅速放弃战略

资料来源：顾天辉，杨立峰，张文昌：《企业战略管理》，科学出版社 2004 年版，第 111 页。

2. 战略主体选用

1）行业分析。最具有吸引力的衰退行业是这样一些行业，在这些行业中销量的蚀失很慢，内在需求很大，仍然存在一些能够盈利的细分市场或小市场。在停滞或衰落的市场上公司所犯的常见的错误有：（1）陷入无利可图的消耗战之中。（2）从业务之中太多太快地抽走现金流，从而使得业绩下降。（3）对行业的未来过于乐观，由于期望行业的形势将会改变，所以过度投资进行某些改善。

2）战略主题。一般来说，那些在停滞或衰退行业中取得成功的公司所采

① 顾天辉，杨立峰，张文昌：《企业战略管理》，科学出版社 2004 年版，第 111 页。

取的战略主题有下面三个：

（1）确认、创造和充分利用和挖掘行业中成长的细分市场。停滞或衰退的市场和其他的市场一样，也包括众多的细分市场或小的市场点。竞争会出现这种情况，虽然整个行业处于停滞或衰退的状态，但是其中的一个或多个细分市场却会快速的增长。敏锐的竞争厂商往往能够首先集中于有吸引力的成长细分市场上，从而能够逃避销售和利润的停滞，同时还可能在目标市场上获得竞争优势。

（2）强调以质量改善和产品革新为基础的差别化。不管是改善的质量还是革新都可以通过创造新的重要成长细分市场或者诱惑购买者购买更高价格的东西来使需求恢复活力。成功的产品革新除了满足在打败竞争对手在价格方面的竞争外又开辟了一条新的道路。这种差别化可能会形成一种额外的优势，因为竞争对手模仿起来很困难或者代价很高。

（3）不懈努力，降低成本。如果不指望增加销售量来增加收益，那么公司可以重视每年都不断提高生产率和降低成本，从而提高利润和投资回报率。可能的成本降低行动包括：①对那些外部公司能够更低价的开展的活动和功能采取外部寻源的策略。②完全对内部的流程进行重新设计。③合并没有被充分利用的生产能力。④增加更多的销售渠道，保证低成本生产所需要的单位产量。⑤关闭低销量和高成本的分销点。⑥抛弃价值链中盈利很少的活动。

以上这三个战略主题并不相互矛盾。推出新的革新性的产品型号可能会创造一个快速增长的细分市场。同样的，不懈的追求提高经营和运作效率可以降低成本，从而唤回那些对价格很敏感的顾客。所有这三个战略主题都是一般战略的剥离（或改造形式），为适应艰难的行业环境而进行了调整。

复习题

1. 举出实例，说明成本领先战略、差异化战略和集中化战略的实施途径、适用条件及各自的风险。

2. 企业能否同时追求成本领先战略和差异化战略两种战略。

3. 成熟行业的结构特征如何？企业可以采取哪些战略行动？应注意哪些问题？

4. 衰退行业中可供企业选择的战略有哪些？将企业战略与企业战略主题联系起来分析一家你熟悉的公司。

5. 分析电子类行业，找出领导公司、一般公司和弱小公司，分析它们正在实施的战略，并结合所学写一篇小论文。

案 例

一个新崛起的行业正渗透到高科技产业的各个层面：它们有的提供企业融资咨询服务，有的提供人才培训和中介服务，有的进行技术鉴定与技术交易服务，有的为企业开拓国内外市场牵线搭桥，有的还专门从事战略情报、管理信息咨询服务等。

几年前，有一位来到深圳创业的“海归”，曾经向记者诉说：我一手创办的生物高科技企业，已走上了发展的正轨，但是现在的我每天在公司里忙活，想与同行们切磋却找不到机会，所以经常觉得孤独，甚至有些闭塞。

几年后，这位“海归”企业家的“孤独感”应该可以消除了。如今的深圳，类似总裁俱乐部、科技创业俱乐部、高新技术产业协会等性质的机构相继成立，形式多样的聚会使得企业家们有大把的机会交流心得，碰撞思维，切磋经验。

除了信息交流外，一批为高科技产业提供决策咨询、资源配置、技术服务以及科技鉴定等全方位服务的机构或企业，也如雨后春笋般冒出来。这些“服务提供商”们，已不是往日那种零散分布的发展状态，而是形成了一定的集群效应。

不知不觉中，一个可称之为“高科技服务业”的新兴产业，开始破茧而出了。

“高科技服务业，是深圳高新技术产业经过 10 多年迅猛发展后的必然产物。”采访中，许多从事这一行业的人都认为，“这是行业分工进一步细化的结果，一方面为高新技术产业提供专业化的服务和必要的配套；另一方面又营造了一个良好的产业生态环境，推动本地高新技术产业的发展。”

如果把高科技企业发展所需要的各种要素，如技术、资本、人才、销售、资讯等方面来进行适当的梳理，我们会发现，一个新崛起的服务行业正渗透到这些要素的各个层面。它们有的为企业提供融资咨询服务，有的为企业提供人才培训和中介服务，有的提供技术鉴定与技术交易服务，有的为企业开拓国内外市场牵线搭桥，还有的专门从事战略情报、管理信息咨询服务。

单拿技术鉴定、专利代理这两个“行当”来说，有一组数字便是比较有力的佐证：去年深圳累计鉴定科技成果 203 件，其中 155 件是由科技服务机构承担的，占到总数的 76.4%，这一比例，较上年迅猛增长了近一倍，高居国内各大城市之首。去年深圳市专利申请量达到 7 917 件，申请总量仅次于上海、北京，其中50%以上是由本地专利代理机构完成的。

“引进技术，先找专家评估；招聘管理人才，去找猎头公司；新员工培训，可委托专业培训企业；想与外商合作，有中介机构牵线；去国外参展，有行业协会出面组织；就是引进一套新软件，也有专业化的公司提供外文翻译。越来越多的高科技企业，离不开这个服务行业了。”市科技局的一位官员如是评价。

资料来源：载《深圳特区报》，2003年5月27日。

结合案例分析：

1. 文中所述新兴行业的特征是什么？

2. 思考一下，高科技服务业发展的障碍是什么？

3. 高科技服务业对高科技行业的作用是什么？新兴行业的战略选择应该注意什么？

第 6 章

战略评价以及战略实施

本章要点

◇ PIMS 分析法及其应用
◇ 目标管理
◇ 战略领导力的培养
◇ 企业如何进行战略实施及控制

如前所述，在企业的具体实践活动中有不同的发展战略，但是针对某一特定情况，应该选择哪个战略，这就需要进行战略评价工作。企业战略评价主要是企业内部战略评价者在分析企业内部条件和外部环境的基础上，综合分析所有战略的优势劣势，运用某一评价工具，选择出某一能够在短期目标和长期目标之间取得平衡的战略。

而为了取得这个平衡，在具体的战略实施活动中，企业就需要把战略性计划转化为战术性计划，具体而言，就是要把战略目标在时间和空间两个纬度展开，并且具体规定企业的各个部门在目前到未来的各个较短的时期阶段，特别是在最近的时段中，应该从事何种活动。

6.1 企业战略评价

6.1.1 影响企业战略制订的基本因素

彼得·德鲁克先生说过，所制订战略实施的长期性会给企业经营带去一定的风险，而为减少企业风险，企业经营者只有预测未来的发展，并在短期目标和长期目标之间取得平衡①。所以，一个企业选择这个战略而不是选择那个战略，在大多数情况下，并不带有必然性与客观性，而是具有较多的主观性和偶然性。影响企业战略制订的一般有以下一些因素：

1. 外部环境对企业制订的影响

任何企业都存在于社会经济大环境之中，而企业周边的经济环境受股东、竞争对手、供应商、销售商、政府等的影响。企业的生存对这些因素的依赖程度，影响着企业战略的制订，如图 6－1 所示②。

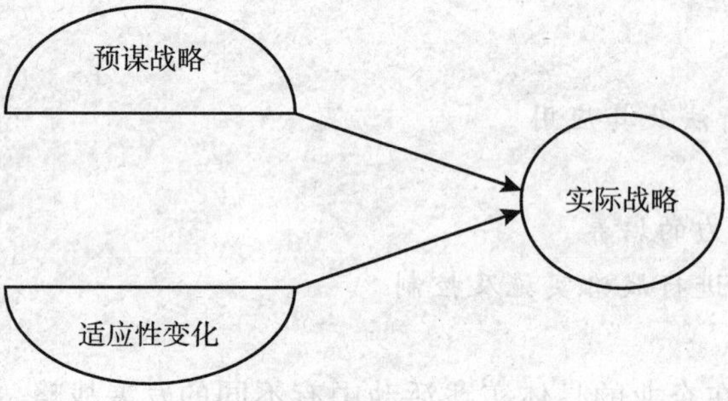

图 6－1　公司的实际战略，部分是规划出来的（预谋战略），部分是对环境变化所做的反应

1）依赖程度越高，企业选择战略的灵活性越小，除非发生危机的情况。企业依赖于少数几个股东的程度越高，则企业的管理层选择战略的灵活性越小；企业依赖于其竞争对手的程度越高，则它越不可能选择进攻性的战略（在此，依赖性指竞争中处于相对较弱的地位）；企业的生存和发展依赖于少数几个大客户、分销商、供应商，则企业对他们的偏好常常可以做出较快地反应，而忽视了市场的变化，例如，三洋电机依赖于索尼、三星等几个大客户的需求，当索尼等不再从三洋进货的时候，三洋发展举步维艰；企业越是依赖于政府和社区，则它对市场状况和股东的要求就不具有灵敏的反应，我国改革开放前企业发展如一潭死水的原因就部分源于此。

2）企业经营面对的市场的易变程度，影响着战略选择。如果市场中的情况变化程度较大，则企业的战略需要较大的灵活性。因此，企业的实际战略应

① ［美］彼得·德鲁克，齐若兰译：《管理的实践》，机械工业出版社 2006 年版，第 189 页。

② ［美］阿瑟·汤姆森，斯迪克兰德，段盛华，王智慧主译：《战略管理——概念与案例》，北京大学出版社 2004 年版，第 8～10 页。

该是一种组合，由计划好的行动方案和业务途径（预谋战略）和必要的对未预见情况的反应（适应性战略）组成。

上面对环境的度量基于“客观的”衡量基础之上，但事实并不能为自己说话，需要决策者自己观察，自己理解。因此，确切地说，是决策者对外部环境依赖性的主观认识影响着战略的选择。这样，处于同一环境中的同一公司，如果由两个决策者来制订战略，可能会有不同的战略方案。

2. 管理者对待风险的态度

管理者对待风险的态度影响着战略制订。某些企业领导是风险厌恶型的，极不愿意承担风险；而另一些管理者却勇于承担风险，他们认为，风险和利润是相依的，要想获得高于一般企业的利润，就要承担高于一般企业的经营风险。不同的风险态度会导致不同的战略选择：

（1）如果管理者认为，风险对于成功是必不可少的，并乐于承担风险的话，则企业通常会采用进攻性策略，接受或寄希望于高风险的项目，在它们被迫对环境变化做出反应之前就已经做出了反应。这类管理者考虑较为广泛的战略方案。

（2）如果管理者认为风险是实际存在的，并敢承担某些风险的话，那么管理者就会试图在高风险战略和低风险战略之间寻求某个程度的平衡，以分散一定的风险。

（3）管理者认为若冒较高的风险将毁灭整个行业，需要减低或回避风险的话，则他就考虑很少的战略选择方案，可能采取防御性的或稳定发展的战略，拒绝承担那些高风险的项目，乐于在稳定的产业环境中经营。

总之，管理者和股东对待风险的态度，会增加或减少他们所考虑的战略方案的数目，并增加或降低采用某一特定战略方案的可能性。

3. 企业过去战略的影响①

对大多数企业来说，过去的战略是战略选择过程的起点，这就导致新考虑的多数战略方案受到企业过去战略的限制。明茨伯格曾对德国大众汽车 1934 ~ 1969 年和美国 1950 ~ 1968 年在越南的战略选择变化进行过详细的研究，他认为：

（1）现在的战略是从过去某一有影响的领导者所制订的战略演变而来的。

---

① 顾天辉，杨立峰，张文昌：《企业战略管理》，科学出版社 2004 年版，第 136 ~ 139 页。

这个独特的、紧密一体化的战略对以后的战略选择是个主要的影响因素。

（2）此后，这个战略就变得格式化。官僚化的管理组织使战略得以贯彻和实施，即原决策者制订这个战略并向下属说明，而后低层管理人员将这个战略实施。明茨伯格将此称为推拉现象。

（3）当这个战略由于条件变化而开始失效时，企业总是将新的战略嫁接到这个老战略上来。仅在以后才探索一种全新的战略。

（4）当外部环境变化很大时，企业才开始认真地考虑采取防御措施、组合战略或发展战略，而以前可能曾有人建议过这种战略，但决策者却忽略了。

明茨伯格对战略选择过程的研究结论具有概括性的意义。它说明过去的战略对以后的战略选择有影响，战略选择过程更多的是一种战略演变过程。其他研究也表明，当人们要对过去选择执行的战略方案的不良后果负个人责任时，他们总是要将他们能力范围内的最大数量的资源投入到过去选择执行的方案之中。这可以部分地说明为什么在改变过去的战略时，往往需要更换高层管理人员，因为新的管理者较少地受到过去战略的约束。

4. 企业中的权力关系

所谓权利是人们之间的一种关系，指的是某个人影响另一个人或群体去做某些事情的能力。经验表明，在企业中权力关系的存在是个关键的事实。大多数企业中，如果一个权力很大的高层管理支持某一战略方案，它往往就成为企业所选择的战略，并且会得到一致地拥护。例如，福特汽车公司的小亨利·福特，国际商用机器公司（IBM）的老华森，国际电报电话公司的哈罗德·基宁等这些有权势的总经理，都曾经大大地影响过所在企业的战略选择。从某种意义上说，人品也与战略选择有关。主要人员喜欢什么以及尊重什么等，都与选择什么样的战略有关。总之，权力关系或企业政治对战略选择有重大影响。

5. 中层管理人员和职能人员的影响

中层管理人员和职能人员（尤其是公司计划人员）对战略选择有重大影响。鲍威尔（J. Bower）和舒沃兹（J. Schwartz）的研究指出，如果中层管理人员和公司计划人员参与战略选择过程，那么：

（1）他们选择的战略通常与总经理选择的战略有所不同。

（2）中层管理人员和职能人员的观点部分地受到他们个人的视野，以及其所在单位的目标和使命的影响。

（3）他们倾向于向高层管理人员推荐那些低风险、渐进式推进的战略选择，而非高风险和突破性的选择。

卡特（E. Carter）研究了一些中小型公司所做出的六项关于收买的决策，这项研究发现：

（1）较低层管理人员倾向于上报那些可能被上司接受的方案，而扣下不易通过的方案。

（2）在对建议中的战略选择进行评价时，不同的部门都从自身利益出发来评价方案并出现不同的评价结果。

（3）企业外部环境的变化越大，管理人员就会使用越多的评价标准去影响战略制订过程。

（4）职能人员为战略制订过程提供的信息资料多少受到以下因素影响：收集材料的难易程度；他们对提供信息资料责任的大小；收集信息资料的鼓励或奖励政策；上司决策时对信息资料提供者的态度等。

概括起来讲，中层管理人员与职能人员是通过草拟战略方案以及对各方案风险的评价来影响战略制订与选择的。

6.1.2　影响战略评价的基本因素

企业战略制订与选择基本上是一个战略决策问题，决策反映的是决策者们的水平、能力与综合素质。而战略决策很大程度上取决于战略评价。战略评价就是分析论证每一个可行战略方案的机遇与挑战、优点与缺点、成本与收益。在对战略进行分析评价过程中，人们希望去进行客观、公正的评价，但由于影响战略评价工作的因素很多，要保证战略评价工作的正确性，提高评价工作的水平，我们还必须注意以下一些问题。

1. 战略评价者的价值观与行为偏好

战略评价工作人员的价值观念，认识事物的态度、行为方式与行为偏好会对战略评价的结果产生很大影响。例如第二次世界大战名将美国的巴顿将军经常选择攻势战略而很少采用防守战略，原因在于他对于进攻与防御的认识、利弊、评价不同。再如一个喜欢投机的人与一个喜欢踏踏实实做事的人对同一战略的认识与评价也会大不相同。

2. 战略评价者所采用的工具与方法

在现代战略评价工作中，工作人员较多借用一些评价工具与方法，这正如医生诊断疾病一样。我们提倡采用现代化的、科学性的、有针对性的战略评价方法，反对采用落后的、经验性的、宽泛性的工具与方法。从某种意义上说，战略评价的工具与方法很大程度上影响了战略评价结果的质量。

3. 战略评价者掌握的信息与资料

我们认为，战略评价工作者必须掌握充分、及时、准确、全面的信息资料，然后才能做出客观、公正的评价。但由于信息资料的分散性、不对称性和保密性，每一个战略评价工作者所掌握的信息资料都是打了折扣的，因而必然影响到战略评价的质量。因此在进行战略评价时，应特别注意拥有那些关键性、重要的信息资料。

4. 战略评价的时效限制

由于人们评价战略总是根据过去的信息资料和对未来的预测去进行评判，而一个具体战略的短期表现与长期效应往往并不一致，如果人们对于过去的时间关注太短或对于未来的预期过长，就会使战略评价产生误差。因而战略评价工作者必须考虑到时间限制对评价结果的影响，避免武断或过早地下结论。

总之，影响战略评价的因素很多，从而使评价结果具有风险性与不确定性，这一点人们应该认识到，并且使战略决策过程中做到既尊重、依据战略评价结果，又不过于迷信战略评价结果。

6.1.3 市场战略与利润（PIMS 分析法）

为找出市场战略对企业经营的影响，美国通用电气公司于 1960 年在公司内部展开 PIMS（Profit Impact of Market Strategies）分析。后来，哈佛商学院市场科学研究所的学者们开始搜集其他大公司内部经营的信息资料，扩大研究范围。

1. 分析目的

现在，PIMS 研究的主要目的是发现“市场法则”，即通过研究影响投资收益率（ROI）、现金及利润变动情况的战略因素以及特定业务可以采取的战略类型等寻找出在什么样的竞争环境中，经营单位采取什么样的经营战略会产出怎样的经济效果。具体来说，它要回答下面几个问题：

（1）对于一个给定的经营单位，考虑到它的特定市场、竞争地位、技术、成本结构等因素，什么样的利润水平算是正常的和可以接受的？

（2）哪些战略因素能够解释各经营单位之间经营业绩的差别？

（3）在给定的经营单位中，一些战略性变化如何影响投资收益率和现金流量？

（4）为了改进经营单位的绩效，应进行怎样的战略性的变化，以及在什么方向上做出这些变化？

2. 研究对象

PIMS 项目的研究对象是各公司中的战略经营单位。因此，PIMS 项目是关于这些战略经营单位情况的大汇总。目前，PIMS 数据库已采取了 2 000 多个经营单位 4 ~ 8 年的信息资料。对每一经营单位所收集的信息条目达 100 多项，它们可归为下列几大类：

1）经营单位环境的特性：

（1）长期市场增长率；（2）短期市场增长率；（3）产品售价的通货膨胀率；（4）顾客的数量及规模；（5）购买频率及数量。

2）经营单位的竞争地位：

（1）市场占有率；（2）相对市场占有率；（3）相对于竞争对手的产品质量；（4）相对于竞争对手的产品价格；（5）相对于竞争对手来说提供给职工的报酬水平；（6）相对于竞争对手的市场营销努力程度；（7）市场细分的模式；（8）新产品开发率。

3）生产过程的结构：

（1）投资强度；（2）纵向一体化程度；（3）生产能力利用程度；（4）设备的生产率；（5）劳动生产率；（6）库存水平。

4）可支配的预算分配方式：

（1）研究与开发费用；（2）广告及促销费用；（3）销售人员的开支。

5）经营单位业绩：

（1）投资收益率；（2）现金流量。

3. PIMS 研究的结论

PIMS 研究人员进行分析后发现，下述的几个战略要素对投资收益率和现金流量有较大的影响。如何运用这些重要的战略要素，在 80% 的程度上决定了一个经营单位的成功或失败。将这些战略要素的影响按照其重要程度分述如下：

1）投资强度。投资强度以投资额对销售额的比值来度量，或更准确地说，以投资额对附加价值的比率来表示。一般而言，较高的投资强度会带来较低的投资收益率（ROI）和现金流量。如图 6－2 所示，机械化、自动化和库存成本强度较高的经营单位通常显示出较低的投资收益率。然而，对于资本密集的经营单位来说，可以通过以下措施来减低投资强度对利润的影响：集中于特定的细分市场；扩大产品线宽度；提高设备生产能力的利用率；开发在能力和用途上有灵活性的设备；尽可能租赁设备而不购买。

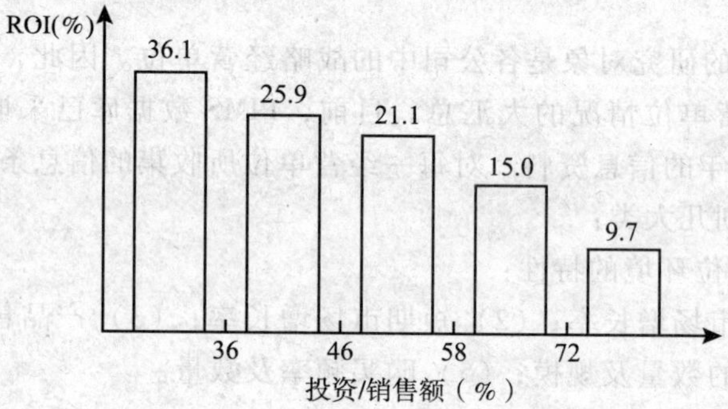

图 6－2　投资强度与投资收益的关系

2）劳动生产率。它以每个职工平均所创造的附加价值来表示。劳动生产率对经营业绩有正面的影响。劳动生产率高的经营单位较劳动生产率低的经营单位具有良好的经营业绩。

3）市场竞争地位。相对市场占有率对经营业绩有较大的正面影响，较高的市场占有率会带来较高的收益，如图 6－3 所示。图 6－3 显示出市场占有率与投资强度二者混合对现金流量的影响。可以看出，高市场占有率与低投资强度结合能产生较多的现金；反之，低市场占有率和高投资强度会带来现金的枯竭。

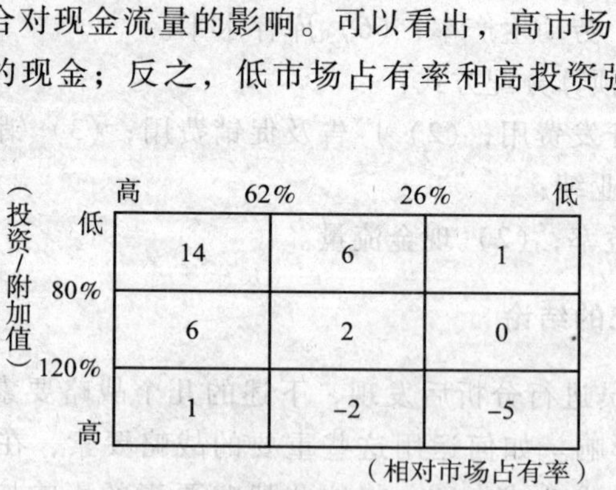

图 6－3　市场占有率与投资强度共同对现金流量的影响

4）市场增长率。一般说来，较高的市场增长率会带来较多的利润总额，但对投资收益率没有什么影响，而对现金流量有不利的影响。也就是说，处于高市场增长率行业的经营单位需要资金来维持或发展其所处的竞争地位，因而需要耗费资金，减少现金回流。[①] 如图 6－4 所示。

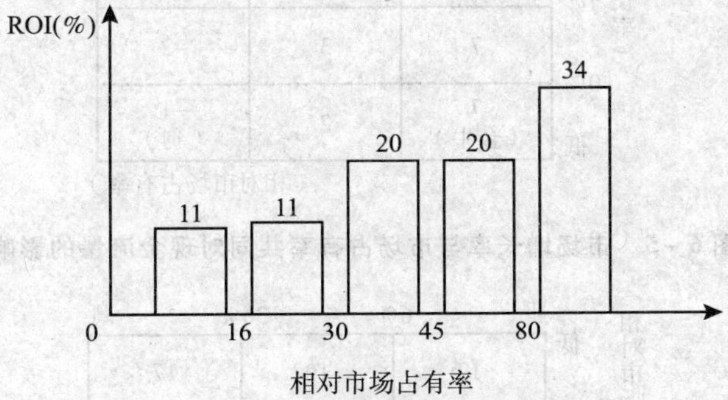

图 6－4　市场占有率与投资收益率的关系

5）产品或服务的质量。产品质量与经营业绩密切相关。出售高质量产品（服务）的单位较出售低质量产品（服务）的单位具有较好的经营业绩。并且还发现，产品质量与市场占有率具有强正相关关系，二者起互相加强的作用。当一个经营单位具有较高的市场占有率并出售较高质量的产品时，其经营业绩也最好，如图 6－6 所示。

6）革新或差异化。如果一个经营单位已经具有了较强的市场竞争地位，则采取开发出较多的新产品，增加研究与开发的费用，以及加强市场营销努力等措施会提高经营业绩。反之，如果经营单位市场竞争地位较弱，则采用上面的措施会对利润有不利的影响，如图 6－7 所示。

7）纵向一体化。一般来说，对处于成熟期或稳定市场中的经营单位，提高纵向一体化程度会带来较好的经营业绩。而在迅速增长或处于衰退期的市场条件下，提高纵向一体化程度对经营业绩有不利的影响。

8）成本因素。工资增加、原材料涨价等生产成本的上升对经营业绩的影响程度及方向是比较复杂的。这取决于经营单位如何在内部吸收成本上升部分或怎样将增加的成本转嫁给客户。

9）现时的战略努力方向。改变上述任一因素，都会从相反方向影响经营

① 有兴趣的同学可以参考一下波士顿矩阵：相对市场占有率高和市场增长率低的经营单位（金牛类）产生最多的现金；而狗类和幼童类产生负的现金回流，如图 6－5 所示。

单位的未来业绩。譬如，较高的市场占有率会产生较多的现金流量，但是，如果经营单位试图提高市场占有率，则会消耗现金。

（市场增长率） ＼ （相对市场占有率）	高 ～ 75%	75% ～ 60%	60% ～ 低
高 ～ 7%	5 （明星）	−1	−5 （幼童）
7% ～ 0%	7	3	−2
0% ～ 低	7 （金牛）	2	−1 （狗）

图 6－5　市场增长率与市场占有率共同对现金流量的影响

（相对市场占有率） ＼ （相对市场占有率）	低 ～ 6%	6% ～ 36%	36% ～ 高
低 ～ 26%	12	10	17
26% ～ 63%	17	17	26
63% ～ 高	29	29	37

图 6－6　产品质量与市场占有率共同对投资收益的影响

（相对市场占有率） ＼ （R&D/销售额）	低 ～ 1.3%	1.3% ～ 3.7%	3.7% ～ 高
低 ～ 26%	17	12	4
26% ～ 63%	14	20	10
63% ～ 高	27	30	30

图 6－7　革新与市场地位共同对投资收益的影响

以上 9 个战略因素对企业的影响是复杂的。其中某两个因素之间有时会相互抵消，有时又会相互强化。除此以外，PIMS 研究还发现，产品的特点与企业业绩没有关系，而起决定作用的是如上所述的经营单位的特点。无论是生产钢铁产品的经营单位，还是科电产品或化工产品的经营单位，如果它们的特点基本相似，则它们会有相似的经营业绩，即 PIMS 方法适用于对各种行业的战略分析。

6.2 战略实施的计划与组织

6.2.1 企业战略实施的计划

把战略性计划转化为战术性计划，就是要把战略目标在时间和空间两个纬度展开，并且具体规定企业的各个部门在目前到未来的各个较短的时期阶段，特别是在最近的时段中，应该从事何种活动。实践中落实企业战略行之有效的方法主要有目标管理、权变计划等。

1. 目标管理

目标管理（Management By Objectives，MBO）是美国管理大师德鲁克在20世纪80年代提出的。目标管理是组织最高管理者根据组织所面临的内外部形势需要，制订出在一定时期内组织经营活动所要达到的总目标，然后由组织内各部门和员工根据总目标确定各自的分目标，并在获得适当资源配置和授权的前提下积极主动为各自的分目标而奋斗，从而使组织的总目标得以实现，并把目标完成情况作为考核的依据的管理模式。它是以目标的设置和分解、目标的实施及完成情况的检查、奖惩为手段，通过员工的自我管理来实现企业的经营目的的一种管理方法。

1）企业为什么进行目标管理。目标管理的本质是绩效价值导向，目标管理使得整个公司、各个部门、各个人事先可以有明确量化的指标，事中可以检查考评，事后可以奖罚兑现，实现全面、公平和互动的管理。

(1) 目标管理实现企业发展。

清晰的远景——目标管理为企业制订发展蓝图，促进“向前进的管理”。

透明的管理——通过目标体系明确个人和部门的责权利，消除“死角、暗区和交叉带”。

共同的立场——使个人目标、团体目标和企业目标融为一体，既避免了本位主义，又能集思广益。

双向的提高——通过授权和自我管理，既提高了管理者的领导水平，又提高了员工素质。

非压的动力——通过人人制订目标，迫使每个人为未来做准备，防止短期行为。

多点的控制——通过上下级共同制订目标，便于对目标进行调整及对目标的实施进行控制。

公正的考核——目标管理形成一套完善的目标考核体系，从而使员工的实际贡献大小得到如实的评价。

(2) 目标管理实现个人发展。

挑战精神——能够使得个人自我挑战目标。

主动精神——工作不是由他人强加于己，能参与计划和自己管制。

创新精神——为了达成目标，还得进行各种创新。

认同感——使组织目标与个人目标紧密的结合，以增强员工的满足感、积极性和凝聚力。

自我评价——在达成目标的过程中，要经常进行自我评价，以利于提高自己的能力。

自我实现——达成目标会获得很大的满足感。

人际关系——能把人与人间之关系，以“连带感”联结。

2) 目标管理的步骤

以下是从规划到实施的目标管理7步骤，它覆盖了目标管理的关键驱动力量①。

(1) 确定目标管理共识。目标管理是异常艰巨的系统工程，如果企业高层缺乏共识、决心和毅力是绝不可能改变系统惯性的，是不可能推动中层领导和普通员工改变行为方式的。其中，公司要明白这样几个问题：是否真正充分认识到目标管理对公司的重要性？目标管理对本公司是否合适？企业是否做好了准备，是否已具备了三个先决条件：适宜的管理气氛、清楚的组织结构和有效的信息系统？现在是否是最佳的推行时间？

(2) 创建目标管理项目小组。在取得高层支持之后，应立即成立目标管理项目小组以切实负责而后所有的从引进到实施具体事宜，该项目小组实际上是企业高层之一负责领导的跨职能团队。由于目标管理与企业整体体系密切相关，所以目标管理项目小组要动员多部门共同推行，分工负责。

(3) 选择目标管理模式。不同的企业需要采取不同的目标管理模式，模式的选择过程有：分析企业特性，分析管理风格，选择目标管理模式。第一，分析企业特性。企业市场是成长型的还是衰退型的，是劳动密集型、资本密集

① 刘威：《目标管理》，载《中程在线信息产业培训网》。

型还是技术密集型等的特征不同，都会影响企业的目标管理模式；第二，分析管理风格。企业领导是专制型的还是放任型的等管理风格不同，目标管理的模式不同；第三，选择目标管理模式。

通过管理风格结合企业特性的分析，我们可以选择基本的目标管理模式及目标管理模式解析见表6－1、表6－2。

表6－1　　目标管理模式

	松　散	严　密
主动	业绩型或能力型目标管理	能力型目标管理
被动	业绩型目标管理	业绩型或能力型目标管理

资料来源：刘威：《目标管理》，载《中程在线信息产业培训网》。

表6－2　　目标管理模式解析

模式	业绩型目标管理	能力型目标管理
特征	自上而下的目标管理	自下而上的目标管理
典型步骤	◆总经理根据长期经营计划制订并公布公司的年度总目标 ◆各部门经理根据年度总目标制订并公布部门目标 ◆基层单位负责人根据部门目标制订并公布基层目标 ◆员工根据所属单位目标制订个人目标 ◆将所制订的各级目标绘成目标体系图	◆将改进工作的必要性通知各部门及员工 ◆总结出工作待改进的地方和改进工作的方法，经总部整理和补充后下发全公司 ◆员工比照总结材料，制订出对症下药的个人工作改进计划并上报领导 ◆员工结合领导看法制订出正式的个人目标 ◆专职管理部门汇总后，提出意见报总经理 ◆员工实行自我管理，定期报告执行情况 ◆员工对完成情况自我评价，再报上级考核
优点	◆目标易于制订 ◆只要总目标正确，能最大限度地保证企业经营业绩的实现 ◆形成目标链锁，能增进员工的整体意识和树立团队精神	◆目标是自主制订的，不是上级分配的，员工实现目标的热情高、动力大 ◆自己找不足，定目标，定方法，能挖掘潜力，提高自我管理能力，有利于培养人才 ◆对于难以度量业绩的职能部门特别适合
缺点	◆下级制订目标时，易被上级干涉，自主权会受到限制 ◆如果总目标错误，会给企业带来灾难性后果 ◆由于是目标链，一旦某个环节出现问题，就会牵一发而动全身	◆目标之间缺乏整体性和关联性，过分注重个人目标可能导致忽视全公司目标 ◆因为没有可遵循的上级目标，好目标难以制订，甚至有敷衍了事的可能 ◆常因授权不彻底而使其效果大打折扣

（4）决定目标管理策略。由于目标管理对企业而言是一场变革，变革总会遇到阻力，所以必须对其进行策略性考量。有两种基本的目标管理策略：一步到位策略、分步到位策略。一步到位策略是指把所有部门和所有员工都纳入到目标管理的范围和对象中来。分步到位策略是指先将目标管理推行到企业的

一部分单位和人员，再通过他们的示范和经验的推广，逐渐推行到整个企业和所有人员。

（5）形成目标管理计划。目标管理是一项系统性工程，如果事先没有一个详尽的计划安排的话，很难将各项工作协调相一致的方向。这个计划应该包括目标管理的进程安排、一份长期（5~10年）战略规划、一份相应的短期战术规划等。

（6）制订目标管理制度。目标管理制度是对目标管理活动的规范，是确保目标管理能够有序落实的工具。第一，制订目标管理制度的原则。告知全体员工这一制度的可行性，及其是符合员工的最大利益的；第二，制订目标管理制度的程序；第三，制订目标管理制度的框架。

（7）目标管理宣导。目标管理是一项“老百姓工程”，终究需要实施到每个员工的日常工作中去的，所以非做好细致的宣导工作不可。

2. 权变计划

良好战略管理的一个基本前提是企业能够对有利及不利事件的发生事先做出部署。很多企业只是为了对付不利事件而制订权变计划，这是错误的，因为将威胁降到最小和充分利用机会都可以增强企业的竞争优势。

权变计划是指为在特定关键事件没有按预期发生的情况下采取的变通策略。无论经营战略被多么精心地制订、实施，环境与条件的重大变化都可能使战略过时。为了能对突然到来的机会和威胁做出反应，企业应将制订权变计划作为战略实施的一个组成部分。战略制订者不能够也不需要对所有领域的所有可能发生的事件都预先做出计划，只有那些非常重要的领域需要有权变计划。通常，权变计划还应尽量简单。一些企业所广为采用的权变计划如下：

（1）如商业情报显示主要竞争者正在从特定市场退出，本公司该怎么做？

（2）如果本公司销售目标未能达到，应采取何种措施防止盈利损失？

（3）如果市场对本公司的新产品的需求超过原来计划，应采取何种措施？

（4）如果某些灾难性事件发生，如计算机系统出现故障，存在对公司的恶意并购企图，专利被盗用或发生自然灾害等，公司将采取何种行动？

（5）如果某些新技术使本公司的某种新产品比预计的要提前过时，公司应采取什么补救措施？

各种备选战略以及制订和分析这些战略的工作过程本身均包含有大量的信息，但很多公司却将没有被选中的方案随意放弃。实际上，这些方案之所以未被选中，关键是它所依据的环境前提受到多数人的反对。但是，如果现实的环境和条件的变化向对这些方案有利的方向发展，而现行方案失效时，那些未被选中的战略正好可以作为权变战略。

在某些场合，内部条件和外部环境的变化会提供一些意料之外的机会或威胁。此时，有所准备的企业会立即处于有利的地位。利纳曼（Linneman）和钱德兰（Chandran）曾报道说，权变计划可以给企业带来三种主要的益处：迅速对变化做出反应，防止在危机中陷于慌乱以及通过使管理者更加意识到未来是如何地变化多端而提高他们的适应能力。他们提出了制订有效的权变计划的七个步骤：

（1）确认可能使现行战略失效的不利的事件。

（2）确认这些事件可能发生的环境条件以及出发点。

（3）评价各种突发事件的影响，评价这些事件会带来的益处或害处。

（4）制订权变计划，同时确保这些计划与现行战略的兼容性和经济上的可行性。

（5）评价各权变计划对事件的作用，即这些计划在何种程度上可以利用事件带来的机会或抵消事件带来的不利影响。这样可以定量地确定各权变计划的潜在价值。

（6）确定各关键突发事件的早期征兆并监视这些征兆。

（7）对于那些确实已显现征兆的即将发生的事件，预先制订行动计划以获取时间优势。

6.2.2　企业战略的组织管理

企业战略与企业组织结构存在着决定与影响的关系。企业战略决定组织结构，同时组织结构也能对企业战略造成影响。随着企业战略的变化，企业组织结构也会随之不断动态发展。当然，二者最终要受市场的支配，并都必须要以“适应”顾客为最终目标。

1. 企业组织结构的战略性调整

企业组织结构是实施战略的一项重要工具，一个好的企业战略需要通过与其相适应的组织结构去完成。美国学者艾尔弗雷德·D·钱德勒（Alfred D. Chandler）在 1962 年发表的《战略与结构：美国工业企业历史的篇章》一书中指出：战略与结构的关系基本原则是组织的结构要服从于组织的战略。即企业战略决定着组织结构变化的类型。这一原则指出企业不仅要从现有的组织结构中去考虑战略，而且应该从另一视角，即根据外在环境的变化去制订战略，然后调整原有的组织结构。

企业战略的重要特性之一便是它的适应性。它强调企业组织能运用已占有的资源和可能占有的资源去适应企业组织外部环境和内部条件的变化。这种适应是一种极为复杂的动态调整过程，绝不是简单的线性运动，而是一个循环上升的过程，企业组织理论界人士将这个过程称之为适应循环。适应循环原则是企业组织调整的根本原则。这种组织结构适应有以下三个标准：

1）产生共同的愿景。产生共同的愿景具有为企业全体员工提供共同理想的聚焦作用，可以充分有效地使企业全体员工的认知和努力方向一体化。对于作为企业长期运营的共同指针或者理想蓝图的战略来说，这是最有重要意义的组织结构适应。

2）反映企业组织前进的趋势。使企业的全体员工有共同的愿景，统一的前进方向还不够，必须使人们自觉接收这一体化的方向，并以高涨的士气和坚定的信心，向着既定的企业战略目标齐心协力，使企业运作处于最佳状态，这就能使组织结构反映整个企业组织前进的趋势。否则，虽有共同愿景，但趋势错误，其结果也必将对战略结局无济于事。企业有了这种前进的趋势，就可以充分鼓起员工的干劲，使企业内在的力量倍增；反之，没有了前进的趋势，企业的内在潜力将不能用在“刀刃”上，这是人的集体所特有的特性。反映出企业组织的前进趋势，并且能加以利用和保持，体现了战略的指向，也是企业组织结构适应战略的第二个标准。有了这种前进趋势的一体化方向，企业就可以在竞争中处于优势地位，使竞争对手望而却步，并迫使其反击对抗的势头越来越弱，从而在竞争中获胜。

3）具有催人奋进的精神张力。组织结构适应战略发展的第三个标准，是指设计好的组织结构能否在员工中产生一种积极进取并保持一种紧张感的精神张力。企业的组织结构实现了“共同愿景”和“反映组织的前进趋势”之后，如果缺乏那种催人奋进并保持适度紧张的精神张力，组织迟早会松懈，并逐渐习惯成自然，养成惰性。为了防止出现这种情况，防患于未然，有必要给员工注入一定的紧张剂——精神张力，使其不断上进，努力全拼。如果做不到这一点，那么，企业的一体化方向和前进趋势终将因懈怠而付诸流水。当然这种精神张力不是越多越好，越大越能起作用。但组织结构的适度刺激，使员工产生一种紧张感，对实现企业总体战略非常重要。这种战略手段所产生并保持的精神张力，对企业必将产生巨大的推动作用，而且它也必将在企业的“共同愿景”和“前进趋势”中得以反映。从这个意义上讲，那种精神张力是实现了第一和第二个标准之后，向企业组织结构设计提出的更高的要求。

2. 组织结构调整的内容

1）组织结构调整的具体内容。企业组织结构调整的内容具体包括以下三方面：

(1) 正确分析企业目前组织的优势和劣势，设计开发出能够适应战略需求的组织结构模式。

(2) 确定具体的组织结构。这项工作主要是决定三个结构：一是纵向结构，确定管理层次和管理幅度；二是横向结构，确定部门设置；三是职权设置，确定职权在部门和层次中是如何分配的。通过企业内部管理层次的划分、相应的责、权、利匹配和适当的管理方法与手段，建立起确保战略实现的能力。

(3) 为企业组织结构中的关键战略岗位选择最合适的人才，保证战略的顺利实施。

2）组织结构调整的准备工作。为了帮助上述组织结构调整工作有效展开，需要做好以下几方面的前期准备工作：

(1) 确定战略实施的关键活动。我们应该从错综复杂的活动中，如制度建设、人员培训、市场开发等方面，去寻找对战略实施起重要作用的活动。

(2) 把战略推行活动划分为若干单元。将企业的整体战略区划为若干战略实施活动单元，它们实际上就组成了组织结构调整的基本框架，这样在客观上保证了企业战略被放到了企业各项工作的首要地位。

(3) 将战略实施活动单元的责权利明确化。企业战略管理者应该全面衡量集权与分权的利弊，从而做出适当的选择，给每个战略实施单元授予适度的决策权力，并责成其制订符合企业战略的单元战略并负责贯彻实施。

(4) 协调各战略实施活动单元的战略关系。这种协调包括：①通过整个组织权力等级层次来实现目的。②在实施企业整体战略的过程中，吸收各战略活动单元共同参加，让其在实施过程中相互了解、相互沟通，从而充分发挥协调各方的作用。

在企业调整组织结构的过程中，必然会对组织结构进行选择。而每一种组织结构都有自身的长处和短处，在企业组织调整中，企业应该综合考虑各种组织结构的特点，而不应该局限于某一基本的组织形式。组织结构作为实施企业战略的手段，其本身无所谓好坏，关键在于其如何适应战略。因此，企业应当从实际出发，对自身的组织结构进行有效的调整，让其既满足战略要求又非常简单可行，而不可盲目地追求结构的膨胀和形式上的完美。

6.3 战略实施的领导与控制

6.3.1 战略领导

所谓领导，是指导和影响组织成员的思想和行动，使其为实现组织战略目标而做出努力和贡献的过程与艺术。企业中领导队伍的建设在很大程度上决定了一个新战略能否顺利实施。企业应该重视培养领导队伍的战略领导力，并在此基础上构建战略领导小组。

1. 培养战略领导力

许多公司发现，一到开始战略实施的时候，公司就陷入了困境。很少有公司能认清真正的原因是什么。能力不匹配、资产配置不完善、执行力度不够——这些都影响了公司实现战略目标。但是经验告诉我们，很少有公司能认识到实施新战略需要的是领导能力，将领导能力作为战略起点的公司就更少。

1）忽视领导力的后果。大多数首席执行官都认识到领导力的重要性，却很少有人准确测算他们在领导力上存在的差距。更很少有人建立一个推动引擎，培养一定数量、具备适当能力组合的领导，以备在机会出现时，能够及时把握。

如果我们根据现有领导的数量，来确定需要实现的战略目标所需要的领导数量，公司就会发现它所要解决的领导人数量上的差距。即便是拥有的领导人数足够，也会发现领导能力存在的缺陷。例如，一个进行国际扩张的公司会发现，现有领导缺乏在陌生地区经营所需的文化敏感性；或者，一个开拓新市场的组织可能发现工程师过多，却缺乏足够的业务开发人员。如果在战略举措推行之前，没能系统评估领导能力，就会导致高层管理人员在最后一刻还在忙于弥补差距，这会造成严重的后果。

长期来看，如果领导差距长期存在，无疑会导致领导数量与质量的下降。公司进入一个恶性循环，好的领导要么工作量过大，要么疲于应付各种临时任务，留给年轻人才的培养时间减少。到了他们要交接管理权的时候，就只能面对一些经验不足、准备也不足的接班人了。这种恶性循环如果不能加以遏制，就可能最终导致公司的核心业务与战略发展都处于危险的境地。

2）弥补领导力差距。如果对领导力差距有一个清晰的概念，就有助于指导战略思路。但是，如果有尽可能多的选择方案，公司同时也必须考虑采取何种方式弥补差距。要降低战略失败的风险，它们需要在三个时间段框架下处理领导力问题①。

（1）长期框架：自我定位。今天的公司需要进行自我定位，以实现它们未来3~5年的战略目标。例如，在18个月内，一家韩国消费品公司成功地将其核心业务扩张到了日本，此后多元化进入非核心业务，如低价住宿。它之所以可以如此快速地成功深入日本这个以封闭著称的成熟市场，是因为其事先建立了它的领导平台。在公司推行此举的至少5年以前，公司就已开始雇用经理人将他们派到日本（以和日本友好合作方交换的形式），训练他们如何在日本运作，进而在日本组建起了一支由韩国人组成的领导团队。

在亚洲的许多主要的成长型市场中，具有全球视野的本地领导人极为抢手，而且经常是几乎支付任何高价都难以得到。而那些一般在欧洲或美国接受培训之后回国的人，也可以作为另外的选择。但许多公司认为这些人开价过高，而且缺乏在他们所竞争领域中成功运作的必备知识。公司必须先于市场需求10年或更长时间雇用和培养潜在的领导人，然后帮助他们建立取得长期成功所需要的内部网络。

（2）中期框架：领导培养。公司还必须开始为未来1~2年培养领导，以适应公司内部的特定职位。这就需要确定未来担任职位的领导所需要具备的技能、工作方式与思维方式。许多高管人员会花数年时间培养技术技能，积累行业知识，却很少培养诸如在管理相关利益方和建立人际网络方面的能力。

（3）短期：领导匹配。工作经验与任务拓展是培养领导人的主要工具。提供实现业绩突破的机会不但对实现公司业绩目标非常关键，而且对培养公司最佳人才也非常重要。因此，可以根据企业的业绩目标与个人的发展目标来给现任或潜在的领导以发展机会。这种方式可使个人素质与机遇更加匹配。要成功实现这一流程，高层经理需要对每个人都有一个更全面的了解，包括职业能力，如领导素质、工作记录、发展潜力以及主要的个性特点（如个人品位与喜好、性格与动机以及现有的观念与思维方式）。公司可以通过收集此人上

① Tsun-yan Hsieh，Sara Yik：《忽视领导力危机——制订战略先看领导队伍》，载《中华机械网》。

级、同事、导师等来源的主观或客观信息来评估这些素质。

要在这三个不同的时间段中帮助领导成长，公司首先必须正确认定公司领导是谁，然后让这些领导认识到这些机遇的潜力。高层经理们必须评估公司的领导力差距，寻找种种方式在短期、中期和长期内弥补差距。更理想的是，公司应该将领导力举措与战略制订融合在一起，并仔细根据领导情况委以合适的机会。

2. 构建战略领导小组

1）战略领导小组的组建原则。

（1）确认首要领导的原则。即根据环境的变化和企业要实施战略的要求，选择合适的首要领导，再结合首要领导的素质与能力，让其发挥企业战略实施的核心作用。

（2）由首要领导组阁的原则。即由已经确定的首要领导来确定战略领导小组的其他成员。这其中再配以适当的监督机制，以保证战略领导小组的万无一失。

（3）能力相配的原则。指战略领导小组内部成员的能力应该相互补充、相互匹配。即要根据战略管理对领导能力的要求和企业内外环境的变化，选择具有首要领导不具备的能力的人进入领导小组，以弥补首要领导的不足。

（4）协作原则。即在组建领导小组的人选时应该考察其成员的合作性，选择具有合作性的人员进入领导小组，以建立小组内部和谐的人际关系，增添必要的润滑剂。

（5）优化组合原则。即在组建领导小组时，可能会有众多的人员搭配方案，这时应该选择最佳或满意的方案来实现组建目标。这样，便于实现能力匹配的要求和有利于战略的制订以及有效地执行。

2）组建战略领导小组的途径选择。根据已经确定的战略领导小组的组建原则，就可以着手进行具体的组建。由于各个企业的实际情况不同，由此产生了不同的组建途径。

（1）调整现存的领导小组成员，使之成为新的战略领导小组的成员。即依靠现存的领导小组来负责新的战略领导职能，对其只做局部的调整和必要的培训，以适应新的要求。这样做的优点在于：①现有的领导小组成员熟悉内部情况，便于开展工作；②领导小组内成员相互了解，便于合作；③可以保持企业领导的连贯性，也可以树立典范，增强企业的凝聚力。

（2）选聘新人来组建新的战略领导班子。这是在企业内部不具备合适的人选时才做出的选择。在一定的条件下，它反而会更好更快地贯彻新的战略。采用这种途径的好处在于：挑选对新战略有信心的外部人员，能够避免现任领导成员面临的障碍，可以使他们更加顺利地进入新的角色和履行新的使命；同时，新的工作会使新的人选产生新鲜感，容易激发人的活力，使之创造性完成使命；另外，新人选受企业人际关系和旧秩序的影响较少，可以更加超脱地推行新战略。当然，选用新人选也会有一些弊端，例如新人选对环境不熟悉，需要花费大量的时间、精力去了解情况；另外，新选人员容易受到原来领导成员或企业其他员工的排斥。因此，采用此方法应该在详细、审慎、妥善的分析与安排之后，并配合一定的时机，才能够使用。

3）对战略领导小组人员的激励。战略领导人员是实施企业战略的关键因素。战略领导人员的积极性将直接关系到企业管理的成效。实践已经证明，即使干劲十足的领导人员也需要激励。只有激励，才会强化战略领导人员的战略行动，促使其进行各种创新性的变革。因此，激励在战略管理中具有非常重要的作用。

对战略领导人员的激励，其目的就在于促使企业战略领导人员对长期目标、战略计划和创业精神有足够的重视，鼓励其及时创造性地调整战略行为，以调动和维持战略领导人员实施战略管理的积极主动性。激励的形式一般可以分为物质的和非物质的。物质的激励指增加工资、发放奖金、提高其生活待遇（如住房、福利）等；非物质激励指表扬、记功、颁发奖状等精神奖励。在实际运作中，把激励程度和战略活动绩效挂钩，根据绩效的大小来确定具体的激励措施。这样，正确地衡量战略管理人员的绩效，便成为激励的关键。由于企业日常经营活动常常与战略活动交织在一起，因此要将战略活动和作业活动进行正确的区分，建立双重结构、双重预算和双重绩效评估系统，以便正确实施对战略行动方面的激励。

为了对战略行动进行必要的激励，应该做好以下几个方面的工作：

（1）正确区分战略实施阶段，明确具体工作步骤和责任。

（2）根据战略目标，确立各个阶段应该取得的成果及应该达到的程度。

（3）按战略考核标准进行多方式的评价、考核。

（4）对战略实施过程中领导人行为的努力程度进行正确的评价，给予奖励，以强化这种行为①。

---

① 王方华，吕巍：《战略管理》，机械工业出版社 2004 年版，第 186 ~ 193 页。

6.3.2 战略控制

战略控制是战略管理过程中的一个不可忽视的重要环节，它伴随战略实施的整个过程。

1. 战略实施偏差产生的原因

企业战略管理中的一个基本矛盾是既定的战略与变化着的环境之间的矛盾。企业战略的实施结果不一定与预定的战略目标相一致，产生这种偏差的原因很多，主要有三个方面的原因：

1）制订企业战略的内外环境发生了新的变化。如果在外部环境中出现了新的机会或意想不到的情况，企业内部资源条件发生了意想不到的变化，导致原定企业战略与新的环境条件不相配合。

2）企业战略本身有重大的缺陷或者比较笼统，在实施过程中难以贯彻，企业需要修正、补充和完善。

3）在战略实施的过程中，受企业内部某些主客观因素变化的影响，偏离了战略计划的预期目标。如某些企业领导采取了错误的措施，致使战略实施结果与战略计划目标产生偏差等。

对以上企业活动与预定的战略目标偏离的情况，如果不及时采取措施加以纠正的话，企业的战略目标就无法顺利实现。而战略控制是衡量和纠正组织成员所进行的各项活动，以保证实际进程与战略目标和方案动态相适应的管理活动。具体地说，就是将每一阶段、每一层次、每一方面的战略实施结果与预期目标进行比较，以便及时发现偏差，适时采取措施进行调整，以确保战略方案的顺利实施。如果在战略实施过程中，企业外部环境或内部条件发生了重大变化，则控制系统会要求对原战略目标或方案做出相应的调整。

2. 战略控制的内容与作用

1）企业战略控制的主要内容。

（1）设定绩效标准。根据企业战略目标，结合企业内部人力、物力、财力及信息等具体条件，确定企业绩效标准，作为战略控制的参照标准。

（2）绩效监控与偏差评估。通过一定的测量方式、手段、方法，监测企业的实际绩效，并将企业的实际绩效与标准绩效对比，进行偏差分析与评估。

（3）设计并采取纠正偏差的措施，以顺应变化着的条件，保证企业战略的圆满实施。

(4) 监控外部环境的关键因素。外部环境的关键因素是企业战略赖以存在的基础，这些外部环境的关键因素的变化意味着战略前提条件的变动，必须给予充分的注意。

(5) 激励战略控制的执行主体，调动其工作积极性，确保战略实施的切实有效。

2) 战略控制在战略管理中的作用。

(1) 战略控制是企业战略管理的重要环节，它能保证企业战略的有效实施。战略决策仅能决定哪些事情该做，哪些事情不该做，而战略控制的好坏将直接影响企业战略决策实施的效果好坏与效率高低。

(2) 战略控制能力与效率的高低决定了企业战略行为能力的大小。企业战略控制能力强，控制效率高，则企业高层管理者可以做出较为大胆的、风险较大的战略决策，若相反，则只能做出较为稳妥的战略决策。

(3) 战略控制与评价可为战略决策提供重要的反馈，帮助战略决策者明确决策中哪些内容是符合实际的、是正确的，哪些是不正确的、不符合实际的，这对于提高战略决策的适应性和水平具有重要作用。

(4) 战略控制可以促进企业文化等企业基础建设，为战略决策奠定良好的基础。

3. 战略控制的方法

1) 事前控制。事前控制又称前馈控制，其原理是在战略实施中，通过对那些作用与实施系统的输入量和主要影响因素进行观察分析，对战略行动将产生的实际绩效进行预测，并对预测值与既定的标准进行比较分析，发现可能出现的偏差，从而提前采取纠正措施，使战略推进行动始终保持在正确的轨道上，最终保证战略目标的实现。作为事前控制所要监控的因素主要有四类：

(1) 投入因素。即战略实施投入因素的种类、数量和质量将影响产出的结果。常用方法主要有预算（包括投资预算、经营预算和财务预算）、重要人员的选聘和培养、重大合同的审批等等；

(2) 工作过程。为了使重要工作的过程不失控，预先制订各种政策、规程等，使过程标准化和技能标准化；

(3) 早期成果因素。即依据战略活动的早期成果，可以对未来的结果进行预测。

(4) 外部环境和内部条件。外部环境和内部条件的变化，制约着战略的实施。

2）事后控制。事后控制又称反馈控制，这种控制方式工作的重点是在战略计划部分实施之后，将实施结果与原计划标准相比较，由企业职能部门及各事业部定期地将战略实施结果向高层领导汇报，由领导者决定是否有必要采取纠正措施。事后控制的具体操作主要有联系行为和目标导向等形式。

(1) 联系行为。即对员工的战略行为的评价与控制直接同他们的工作行为挂钩。通过行动评价，实行合理的分配，从而强化员工的战略意识，使个人的行动导向和企业经营战略导向接轨；同时，通过行动评价的反馈信息修正战略实施行动，使之更加符合战略的要求；

(2) 目标导向。即让员工参与战略行动目标的制订和工作业绩的评价，使之既可以看到个人行为对实现战略目标的作用和意义，又可以从工作业绩的评价中看到成绩与不足。

3）随时控制。随时控制又称过程控制，企业高层领导者要控制企业战略实施中的关键性的过程或全过程，随时采取控制措施，纠正实施中产生的偏差，引导企业沿着战略的方向进行经营。

4. 建立战略控制系统

1）战略实施控制系统的组成。在战略实施的控制系统中，有三个基本的控制系统，即战略控制系统、业务控制系统和作业控制系统。战略控制是以企业高层领导为主体，它关注的是与外部环境有关的因素和企业内部的绩效。业务控制系统是指企业的主要下属单位，包括战略经营单位和职能部门两个层次，它关注的是企业下属单位在实现构成企业战略的各部分策略及中期计划目标的工作绩效，检查是否达到了企业战略为他们规定的目标，是对在时间和空间上分解了的战略计划的控制，业务控制由企业总经理和下属单位的负责人进行。作业控制是对具体负责作业的工作人员的日常活动的控制，它关注的是员工履行规定的职责和完成作业性目标的绩效，作业控制由各层级主管人员进行。

应当指出，战略实施控制系统的主体是战略控制系统与业务控制系统。这两种控制系统还有四个基本区别，即：

(1) 执行的主体不同。战略控制主要由高层管理者执行，包括公司级和战略经营单位两级高层管理者；业务控制主要由中层管理者执行。

(2) 战略控制具有开放性，业务控制具有封闭性。战略控制既要考虑外部环境因素，又要考虑企业内部因素，而业务控制主要考虑企业内部因素。

(3) 战略控制的目标比较定性，不确定、不具体；业务控制的目标比较定量，确定、具体。

(4) 战略控制主要解决企业的效能问题，业务控制主要解决企业的效率问题。

2) 实施战略控制的有效条件。企业经营战略的有效实施需要有一定的条件，主要如下：

(1) 必须要有经营战略规划和实施计划。企业经营战略控制是以企业的经营战略规划为依据的，战略规划和实施计划越明确、完整和全面，其控制的效果就有可能越好。

(2) 健全的组织机构。组织机构是战略实施的载体，它具有能够具体的执行战略、衡量绩效、评估及纠正偏差、监测外部环境的变化等职能，因此组织结构越是合理、明确、全面、完整，控制的效果就有可能越好。

(3) 得力的领导者。高层管理者是执行战略控制的主体，又是战略控制的对象，因此要选择和培训能够胜任新战略实施得力的企业领导人。

(4) 优良的企业文化。企业文化的影响根深蒂固，如果有优良的企业文化能够加以利用和诱导，这对于战略实施的控制是最为理想的，当然这也是战略控制的一个难点。

(5) 构建高效科学的信息系统。建立由预警信息系统、控制信息系统、反馈信息系统组成的全面处理企业内外相关信息的高效的处理系统，可以使组织成员即时监督企业战略进展状况并采取纠正行动。

复习题

1. 企业进行战略评价有什么影响因素，思考企业怎样才能制订出适应企业发展的战略。
2. 如何进行有效的目标管理？
3. 企业为什么应该注重培养领导力，怎样弥补领导力差距？
4. 比较内部提升与外部招聘的优缺点。
5. 战略实施产生偏差的原因？如何进行有效的战略控制？

案　例

某公司刚开始实行目标管理时，还属于试行阶段，后来由于人力资源部人员不断变动，这种试行也就成了不成文的规定执行至今。应该说执行的过程并不是很顺利，每个月目标管理卡的填写或制作似乎成了各个部门经理的任务或者说是累赘，总感觉占了他们大部分的时间或者说是浪费了他们许多的时间。每个月都是由办公室督促大家写目标管理卡。除此之外就是一些部门，例如财务部门的工作每个月的常规项目占据所有工作的90%，目标管理卡的内容重复性特别得大；另外一些行政部门的工作临时性的特别的多，每一个月之前很难确定他们的目标管理卡……

该公司的目标管理按如下几个步骤执行：

1. 目标的制订。前一财年末公司总经理在职工大会上作总结报告是向全体职工讲明下一财年大体的工作目标。财年初的部门经理会议上总经理和副总经理、各部门经理讨论协商确定该财年的目标；每个部门在前一个月的25日之前确定出下一个月的工作目标，并以目标管理卡的形式报告给总经理，总经理办公室留存一份，本部门留存一份。目标分别为各个工作的权重以及完成的质量与效率，由权重、质量和效率共同来决定。最后由总经理审批，经批阅以后方可作为部门的工作最后得分；各个部门的目标确定以后，由部门经理根据部门内部的具体的岗位职责以及内部分工协作情况进行分配。

2. 目标的实施。目标的实施过程主要采用监督、督促并协调的方式，每月月中由总经理办公室主任与人力资源部绩效主管共同或是分别到各个部门询问或是了解目标进行的情况，直接与各部门的负责人沟通，在这个过程中了解到哪些项目进行到什么地步，哪些项目没有按规定的时间、质量完成，为什么没有完成，并督促其完成项目。

3. 目标结果的评定与运用。目标管理卡首先由各部门的负责人自评，自评过程受人力资源部与办公室的监督，最后报总经理审批，总经理根据每个月各部门的工作情况，对目标管理卡进行相应的调整以及自评的调整；目标管理卡最后以考评得分的形式作为部门负责人的月考评分数，部门的员工的月考评分数的一部分来源于部门目标管理卡。这些考评分数作为月工资发放的主要依据之一。

在最近部门领导人大多数反映不愿意每个月填写目标管理卡，认为这没有必要，但是明显地在执行过程中，部门员工能够了解到本月自己应该完成的项目，而且每一个项目应该到什么样的程度是最完美的。还有在最近的一次与部门员工的座谈中了解到有的部门员工对本部门的目标管理卡不是很明确，其中的原因主要就是部门的办公环境不允许把目标管理卡张贴出来（个别的部门），如果领导每个月不对本部门员工解释明白，他们根本就不知道他们的工作目标是什么，只是每个月领导叫干什么就干什么，显得很被动……可是部门领导如今不愿意做目标管理这一块，而且有一定数目的员工也不明白目标管理分解到他们那里的应该是什么。

结合案例回答：

1. 目标管理的定义，如何进行有效的目标管理？

2. 目前人力资源部的人数有限，而且各司其职。面对以上存在的问题，该公司人力资源部应该怎样处理？

第三篇　企业经营管理

第7章

经营管理

本章要点

◇ 企业经营方针的内容

◇ 企业经营决策的方法

在市场经济条件下，企业经营管理在整个企业管理中的地位日益提高。我国企业界一致认为在现代市场经济条件下，企业管理的重点在经营管理，而经营管理的核心在经营决策，这也是被大量企业管理实践所证实了的一条普遍真理。

在激烈竞争的市场环境下，企业为了取得商品销售的有利条件，在生产过程开始之前就要进行对市场需求的研究，对竞争者的研究，对销售策略的研究，对商品质量、价格的研究，对原材料、工艺、设备的选择，资金的筹集、使用、分配，以及对企业生存的社会、经济、技术、生态环境的研究，等等。而所有这些活动，都属于企业经营的范畴。

7.1 经营管理概述

7.1.1 经营

“经营”一词在我国春秋战国时期就有所阐述，原意是经度营造，即筹划、谋略、开拓之意。随着商品经济的不断发展，经营逐渐用于经济管理领域并得到普及。

在商品经济时代下，社会生产过程是物质生产过程与流通过程的统一。企业不仅要通过生产过程把物质产品生产出来，而且还要通过流通过程把产品销售出去，使产品的使用价值和价值得到实现，使生产过程中的物化劳动与活化劳动的消耗得到补偿，然后再开始新一轮的生产过程。这样，通过商品循环过程，产品的生产与流通就可以持续地进行下去。

在激烈竞争的市场环境下，企业为了取得商品销售的有利条件，在生产过程开始之前就要掌握市场上需要什么商品、需要多少、企业面临的竞争对手与潜在竞争对手的实力如何以及市场的发展前景怎样等一系列市场信息，以决定企业的生产条件和生产规模，并依此建立生产商品的物质基础以及研发技术基础。为了把商品顺利的销售出去，还要研究确定商品的销售价格、销售渠道、销售手段以及售后服务等。所有这些活动，包括对市场需求的研究，对竞争者的研究，对销售策略的研究，对商品质量、价格的研究，对原材料、工艺、设备的选择，资金的筹集、使用、分配，以及对企业生存的社会、经济、技术、生态环境的研究，等等，都属于企业经营的范畴。由此可见，企业经营就是以市场为对象，以商品生产和商品交换为手段，为了企业生存、发展和实现企业的战略目标，使企业内部的生产、技术、经济活动与其外部环境达成动态平衡的一系列的有组织的谋划活动。从本质上讲，它是使企业目标、内部条件、外部环境三者之间实现动态平衡的谋划过程。在市场经济条件下，一个企业经营能力的高低以及经营效果的好坏，主要取决于对市场需求及其变化能否正确认识，企业内部优势能否能够得到充分发挥，以及企业内部条件与外部环境协调发展的程度。换句话说，就是看企业适应市场、适应环境能力的高低。

7.1.2 经营思想

1. 影响因素

企业的经营思想是在一定的社会经济条件下，在企业经营实践中不断演变而成的指导企业经营活动的一系列指导观念。它会受到当时的生产力、生产关系和上层建筑等因素的制约。也就是说，企业的经营思想必须顺应当时的社会经济发展水平、国家政策、法律、法规以及人与人、人与社会、人与企业、企业与社会之间的关系。这些制约因素对于所有企业是基本相同的，但在事实上，不同企业的经营思想是有差别的。即使是同一企业，在不同的经营时期其经营思想也会发生变化。原因有两个：一是不同企业的自身面临经营形势的差别，同一企业在不同时期面临经营形势的差别；二是企业领导者素质的差别。

这两个差别影响着企业经营思想的表现方式和强度。所以，决定和影响企业经营思想的因素，概括起来有社会制度、商品经济规律、企业的经营形势和企业领导者的素质。

1）社会制度。企业所在国家的根本制度是企业经营思想的决定因素，企业的经营思想必须符合社会制度的基本要求。企业所在国家的政治制度，经济制度规范着人与人的关系、人与企业的关系、企业与国家的关系，并通过方针、政策、法律、法规来进一步规范企业的行为。企业在处理各种关系时，不能违背这些基本准则。

2）商品经济规律。企业是商品的生产者和经营者，企业的生产经营活动应该按商品经济的规律办事。企业的经营思想只有符合这些要求，才能在经营活动中具有指导意义。

3）企业的经营形势。企业经营思想的表现形式和程度受企业所处经营形势的影响。在环境有利时，企业的各种观念与不利时的表现形式是不一样的，程度上也是有差别的。如“买方市场”和“卖方市场”下企业市场观念的差别。另一方面，在相同的外部条件下，不同竞争实力的企业的各种观念的表现形式和强度也是不同的，如领先企业和跟随者企业的长远观念是不一样的。

4）企业领导者的素质。企业的经营思想实际上是企业领导者通过对外部环境因素、内部条件因素的综合认识，在自己头脑中形成的一个有创造性的产物。而不同的企业具有不同的领导人物。不同的领导人物对企业所处的环境、市场有着不同的认识；对企业的经济活动以及对处理这些经济活动中的各种矛盾、关系的认识也不尽相同。其次，不同的领导人物其价值观念、知识素养、政策水平、道德修养、思维方式、工作作风、实践经验等都大相径庭。这些因素都会直接或间接地影响着企业经营思想的产生、形成、发展及其表现形式和表现程度。这就是为什么同样一个企业，在同样的条件下，有的领导者能取得成功，而有的却失败的原因。

2. 经营观念

经营思想是由一系列经营观念构成的，而观念乃一切事物的开端，没有突破的观念就没有突破的事业。根据经济学理论，企业经营观念是指企业以什么经营管理理念和经营态度去指导、组织自己的生产技术经营活动，以获得较好的经济效益，它是企业进行生产经营活动的指导思想。企业在从事生产经营管理工作时，应树立以下几种观念①：

1）全局观念。现代企业应该具备全局观念，站在历史的高度和发展的角度来看待市场经济，按照国家的发展战略、产业政策和市场要求，从大局着眼，既要服从国家经济建设的大局，又要考虑企业自身的承受能力和未来的发展方向，实施全方位、高强度、多元化或专业化的经营发展方针，有计划、有目的、有步骤地组织生产经营活动，在外部环境和内部条件的动态平衡中，求得自身的生存和发展，从而达到迅速占领市场目的。此外，还要按照国际惯例办事，做好与国际市场的接轨，真正参与到世界经济大循环中去，以求得到锻炼、成长和发展，推动和促使我们在建立现代企业制度的基础上，实现企业朝着集团化、大规模、上水平、增活力、出效益的宏伟目标迈进！

2）战略观念。在市场经济体系下，从某种程度上来说，企业制订的战略观念及其实施战略目标能力的强弱是现代企业走向成功的关键所在。企业应该敢于打破旧框框、老规矩，破除抱残守缺、安于现状的旧观念，提高其驾驭市场经济的能力。这就要求企业一定要有长远的发展目标、重点和步骤，制订明确的战略方针、有效的战略决策、灵活的战略组织和切实可行的战略计划，确保企业在市场经济大潮中稳步发展、不断创新和开拓前进！具体地说，企业必须处理好三种关系：一是处理好长远目标和近期目标的关系；二是处理好局部与整体的关系；三是处理好将来的发展与当前工作的关系。

3）市场观念。面对瞬息万变的市场经济，企业的一切都要围绕着市场转，着眼于市场需求。基于此，企业无论是发展国内市场，还是开拓国际市场，都需要研究和把握市场变化趋势，抓住发现市场的机会，善于分析市场的特点，准确预测市场发展的前景和潜力，及时制订占领市场的经营策略。只有这样，企业方可有效、快速地组织技术人员开发生产出市场需求和消费者喜爱的产品，赢得市场。

4）竞争观念。有市场必有竞争，竞争是市场经济的本质特征。优胜劣汰是市场竞争的基本法则。因此，有竞争才有发展、才能使社会资源得到优化配置。随着世界经济一体化进程的加快，企业间的竞争会越来越激烈。因此，企业必须牢固树立竞争观念。既要勇于竞争、善于竞争，又要避免不正当竞争。善于竞争就是要充分发挥自己的优势，要以己之长，攻敌之短，否则就会招致失败。

5）人才观念。在全球经济一体化的今天，市场竞争的焦点已从产品的竞

① 刘小华：《市场经济条件下现代企业家的十大观念》，载《价值中国网》。

争转移到人才的竞争上来，“得才者昌，失才者亡”、“黄金累千，不如一贤”就说明，如果企业能广纳精英人才，卓有成效地领导和组织他们，并善于发挥各种人才在现代企业经营、管理和技术中的作用，那么，企业定能在当代市场中占有一席之地。这就要求企业应该把人才开发摆在企业发展的首位，依靠人才和科技进步，来迅速实现发展经济的战略目标，使现代企业走上管理科学化、市场多元化、经营国际化的轨道。而企业领导者要做一个当代“伯乐”，要有识才之眼、爱才之心、容才之量、用才之胆。

6）创新观念。索尼前总裁盛田昭夫在《索尼为什么能成功》中曾说：“一个企业，如果不能持续不断地发明新技术，推出新产品，就不可能在严酷的生存竞争中获胜”。创新是企业最大的精神力量，是企业生存发展的秘诀。新技术、新工艺的发明和采用，可以大大提高劳动生产率，降低原材料消耗和产品成本；新产品的开发不仅可以满足市场需要，而且还可以开拓新的服务领域，引起新的市场需求；新的经营管理方法可以调动员工的工作积极性；新的营销策略可以提高市场占有率，扩大产品销路。总之创新能为企业增添新的活力。

7）信息观念。在信息大爆炸和知识经济的时代，信息资源和知识经济是现代化经营决策的依据和企业经营管理活动中必不可少的因素。在竞争激烈的营销活动中，有时信息比原材料和能源更为重要。从某种程度上可以说，信息是无形的资产和财富。信息准确、灵通和及时，企业就可以凭借之制订可靠和可行的方针政策，创造更大的经济效益。为此，现代企业要善于调查研究企业内外环境，掌握充分、可靠的信息资源，以求做出快速有效的正确决策。

8）效益观念。现代企业既要注重企业的发展速度，又要强调企业的经济效益，才能真正实现速度与效益的同步增长。从满足社会需求出发，企业要有效益观念，要能卓有成效地开发生产“五高二低”产品。即高技术含量、高市场容量、高附加值、高创汇、高效益；低能耗、低物耗的产品，这才是适应了市场经济发展的需要，符合现代竞争和绿色环保特点的现代企业。

9）系统观念。系统观念是现代企业家管理现代化企业必备的基本要素之一。在市场变化莫测、风云四起的今天，企业家应当牢固树立系统观念，运用系统管理方法才能全面、有效地处理好企业经营中必然遇到的外部环境与内部条件的关系，协调好企业各个方面的关系，将注意力集中到整体配置最优、功能效益最佳上来，确保企业系统的正常、高速运作。

10）诚信和谐观念①。讲诚信、讲和谐是现代市场经济条件下企业健康发展的必由之路。在社会主义社会，国家、社会、企业与个人利益的一致性决定了只有兼顾他人的利益、社会的利益、国家的利益才能实现企业的长远利益，兼顾产生和谐，和谐产生互动，和谐兼顾会给企业带来更大的发展空间。建设诚实守信、遵纪守法、和谐发展的企业，既是企业自身发展的需要，也是构建社会主义和谐社会的需要。

7.1.3 经营目标

经营目标是企业的生产经营活动在一定时期内预期要取得的成果。它是经营思想的具体表现，是企业努力奋斗的方向。一般而言，企业的短期目标主要是使企业在市场中获得尽可能多的利润，而中长期目标则是企业有了生存的希望后求得长远发展，生存是基础，发展是方向②。

1. 经营目标的作用

1）协调作用。经营目标是企业员工共同劳动的需要。共同劳动需要指挥劳动和监督劳动，这就要靠管理来实现。为了指挥劳动，就要用共同的目标统一员工的思想和行动，使员工心往一处想、劲往一处使，从而保证企业的生产经营活动的各环节、各部门协调、有序、高效地运行。

2）激励作用。经营目标一旦确定，并被员工接受，就会激励员工努力去实现目标。而且有些目标的内容本身就具有激励性，如实现的利润、绩效工资以及对员工的奖励和福利等。这些内容直接关系员工的切身利益，必然有较强的激励作用。

3）评价作用。经营目标是考核、评价企业生产经营活动效果或成绩的标准。企业在一定时期内生产经营活动搞得如何，最直接的评价方法就是看其是否实现了经营目标。经营者也可以用分解目标来考核、评价企业各个部门和车间乃至员工的工作。通过把实际经营成果与经营目标相比较，就可评价完成经营目标的程度。因此，企业的经营者必须重视经营目标的制订工作，确保所制订的经营目标与企业外部环境、内部资源条件三者之间达成动态的平衡。同时，也要关注经营目标的实施过程和结果，即要加强监督和控制。

---

① 《诚信和谐：现代企业经营观念》理论研讨会综述，载《光明日报》，2005 年 7 月 6 日。

② 葛素洁、杨洁等：《现代企业管理学》，经济管理出版社 2001 年版，第 298 ~301 页。

2. 经营目标的内容

长期以来，我国大部分企业把产值、利润或者经济效益等代表企业短期利益的指标作为经营目标，造成了大多数企业的收益每况愈下。随着企业制度改革的逐步深化和资本市场的逐步完善，公司关注的经营目标不再那么狭窄。虽然企业经营目标的具体内容对不同的企业或同一企业在不同的时期可能不同，但其更加注重企业的长远发展。

1）贡献目标。贡献目标是指企业对社会、对国家做出某种贡献的目标。它具体表现在企业的产品品种、产量、产值、质量、能耗、成本和上缴税金等指标上。

2）市场目标。市场目标主要是企业在某个时期内占有市场的目标。它具体表现在企业占有市场的广度和深度两方面，即市场面和市场占有率的大小。它反映的是企业的市场竞争能力和市场地位。因此，争取获得更多的市场份额和不断扩大市场面，应成为企业经营目标的核心内容。

3）发展目标。发展目标主要是反映企业自身成长壮大的目标。它一般包括扩大企业规模、增加固定资产、增加产品品种和产销量、提高企业技术水平和生产能力、提高产品质量和员工素质等。

4）利益目标。利益目标是反映企业在一定时期内获得收益的目标。它一般表现为利润总额、利润率、奖励与福利基金以及员工收入等。利益目标是企业生产经营活动的内在动力，它不仅关系到企业的发展，也直接关系到员工的切身利益。因此，企业在力争实现较高利润的同时，还要正确处理企业积累和员工消费的关系，做到既有利于企业发展，又不挫伤员工的积极性。

企业的经营目标，要通过各部门、各单位的生产经营活动去实现。因此，各部门、各单位都要按照企业的总体目标制订本部门、本单位的具体目标。总体经营目标通过横向和纵向分解与落实，就有了实现的保证手段和客观基础。

7.1.4 经营方针

经营方针是在经营思想的指导下，实现经营目标的具体途径和指导规范。经营方针比经营思想更具有现实性和针对性，它是针对某一时期企业经营管理所要解决的重要问题而确定的行动规范和基本原则。一般而言，企业的经营方针主要包括以下内容：

1. 经营方向方针

经营方向，是指企业产品发展方向或服务方向，包括产品类别、满足的需要、市场范围、服务的阶层等。比如，电冰箱制造厂生产哪几种类型的冰箱；是工业用还是生活用；是满足国内市场还是国外市场；是满足家庭还是企业；是服务高消费阶层还是一般消费阶层等。产品发展方向或服务方向不同，经营方针也不相同。所以，应根据具体的经营方向，制订有针对性的经营方针。

2. 技术发展方针

企业的技术发展主要涉及技术发展水平、技术发展速度、技术发展方式、资金筹措等问题。这些问题都应有明确的方针。技术发展水平是指企业要用何等水平的技术，是用最新的、先进的技术还是运用一般的、落后的技术等。技术发展速度是指企业技术、设备更新的周期长短和更新范围的大小，如多长时间更新主体，多长时间全面更新。技术发展方式是指企业获得所需技术的途径，是自行研制、自行改造，还是购买专利、引进技术，或是联合研制等。资金筹措是指企业发展技术所需资金的来源渠道，是自筹、贷款、发行债券还是吸引投资等。

3. 为用户服务的方针

用户是企业生存的基础。满足用户的需要是企业生产经营活动的起点和目标。因此，企业必须牢固树立“用户至上”的经营思想，加强对用户需求和需求变化的调查和预测，想用户之所想，急用户之所急，要在产品质量、品种、数量、价格、交货期、技术支持、售后服务等方面全程为用户提供服务。为此，企业必须制订明确的为用户服务的方针，如用户需要什么就生产什么的方针、及时服务方针、准时交货方针等。

4. 市场营销方针

市场营销是企业经营管理的重要环节。企业必须制订行之有效的市场营销方针。市场营销方针包括很多方面，主要有：组合经销方针、薄利多销方针、薄利快销方针、开拓市场方针等。组合经销方针就是企业将产品进行多样组合，成套销售，以方便顾客购买和使用。薄利多销方针就是企业对需求价格弹性比较大的商品，通过适当降低售价以增加销售量。薄利快销方针就是企业通过适当降价，将产品尽快售出，以免因滞销造成经济损失和资金占用。市场开拓方针就是企业要不断开发新的市场，扩大服务范围。

5. 人力资源开发方针①

日本企业家认为，人才主宰公司沉浮，企业经营方针理念，必须重点突出人力资源的开发，以人才为经营方针的支撑点。日本学者阿部实说："大力兴办企业，以及受此影响充实人才，二者是不可或缺的。只有这样，企业才会发展。"要树立一个有理想的富于浪漫色彩的切实可行的经营方针并为此而奋斗的企业才是具有魅力的企业。具有魅力的企业，会吸收培养具有魅力的人才，通过这些人才，将会使企业成为更有魅力而不断发展的企业。

7.2 经营管理内容和任务

企业经营管理就是对企业经营活动的管理。企业的全部生产活动，可以分为生产活动和经营活动两大部分。工业企业的生产活动，主要是指企业内部的转换活动，即把原材料转化成产品的一系列活动。其基本要求是充分利用企业内部的人力、物力、财力以及技术等资源，用最有效的方法，把产品保质保量以及尽量低消耗地生产出来。经营活动，主要是筹划、处理企业与外部环境所发生的各种关系，它为生产活动指明方向，带有前面所述的战略决策性质。其基本要求是使企业的生产、技术、经济活动适应企业外部环境的变化，并根据企业内部条件和外部环境，来确定企业的经营思想、经营目标、经营方针、经营战略与策略，并编制计划，组织实施，从而保证企业取得良好的经济效益和社会效益。

在市场经济条件下，企业经营管理在整个企业管理中的地位日益提高。我国企业界一致认为在现代市场经济条件下，企业管理的重点在经营管理，而经营管理的核心在经营决策，这也是被大量企业管理实践所证实了的一条普遍真理。它概括地说明了经营管理的重要性，也指出了经营决策是经营管理的关键环节。

① 黎永泰：《日本企业的"力道"经营方针理念》，载《现代日本经济》2001年第2期，第29~33页。

7.2.1 经营管理的内容

企业经营管理的内容十分丰富，涉及到企业的方方面面，具有很强的综合性和整体性。它的主要内容包括以下几个方面：

1. 研究和确定企业的经营思想、经营目标和经营方针

根据企业的使命和责任，研究确定企业开展生产经营活动的指导思想，并根据确定的经营思想研究确定企业生产经营的方向和目标以及实现经营目标的基本方针和途径。

2. 进行预测和决策

在市场调查研究的基础上，对市场需求和供给的现状与变化、技术的进步、资源的变化、竞争的发展、政府的经济政策和法律法规的变化，等等，做出科学地预测。结合对企业内部条件的分析和评估，对企业的发展方向、经营目标，以及实现目标的重大方针政策等做出正确的选择。

3. 研究开发新产品，把企业发展方向具体化

主要包括：研究确定产品发展方向和经营领域；制订产品开发策略；分析研究产品生命周期，制订产品更新换代计划；研究市场需求变化趋势和供求规律，选择新产品投入市场的时机，确定产品市场组合策略和市场营销策略等。

4. 制订经营计划

在确定企业经营目标、经营策略的基础上，编制企业长期经营计划和短期（年度）经营计划。它主要包括确定经营计划的原则和编制方法，经营计划各项指标的综合平衡和统筹安排，以及实现计划的步骤、措施和方法等。

5. 进行企业经营诊断和控制

对企业日常生产经营活动进行检查和监督，分析和评价经营管理效果，严格控制计划的执行实施过程，协调各个方面发生的矛盾和脱节现象。对出现的问题进行科学地分析，找出其原因，并制订纠正偏差的措施，不断改进企业经营管理工作。

6. 其他

这主要包括资金的筹集和投放、资金的收入与分配、财务关系的处理、生产资料的采购、产品的销售、企业结构的调整、人员的配备、成本费用的核算与控制以及发展与其他企业的协作关系等。

7.2.2 企业经营管理的任务

企业经营管理的任务，就是根据企业外部环境，预测市场需求，分析企业内部条件，对企业的发展做出正确决策，使企业的经营目标、内部条件和外部环境三者之间达成动态匹配，不断提高企业的市场竞争能力和适应能力，最大限度地满足社会和市场需求，争取最好的经营结果，提高经济效益和社会效益。

7.3 经营计划与经营决策

7.3.1 经营决策的内容与分类

经营决策是指企业决策者在拥有大量信息和个人丰富经验的基础上，对未来行为确定目标，并借助一定的计算手段、方法和技巧，对影响决策的因素进行分析研究后，从两个以上备选方案中选择一个合理方案的分析判断过程。这一含义表明：第一，决策必须要有明确的目标，没有目标就无法决策。第二，决策是一种选择活动，必须有多个方案可供选择。第三，决策中要运用科学的分析、评价和选择方法。

1. 企业经营决策的内容

企业生产经营活动的每一环节，每一层次都有许多需要决策的问题。因此，决策所涉及的范围相当广泛，其主要内容有：

(1) 经营战略方面的决策。主要包括经营目标决策，经营方法决策，战略计划决策，企业扩张与重组战略等。

(2) 研究开发方面的决策。主要包括技术更新决策，产品开发决策等。

(3) 生产技术方面的决策。主要包括产品质量决策；生产技术、工艺决策；生产管理决策；设备、物资管理决策等。

(4) 市场营销方面的决策。主要包括市场与产品服务定位决策；产品价格决策；销售渠道决策；促销决策；销售服务决策；销售计划、组织、业务决策等。

(5) 财务方面的决策。主要包括目标利润与目标成本决策、财务收支平衡决策；资金筹措决策；采购与库存决策；财务计划决策；财务决算决策等。

(6) 人事方面的决策。主要包括企业经营者及各级管理人员的选择配备决策；人力资源开发决策；职工收入、福利决策等。

2. 经营决策的类型

由于企业在生产过程中所要解决的问题是多种多样的，因而其相应的经营决策也是多种多样的。这些决策根据不同的划分标准，可以有以下类型：

1) 按决策的重要程度或层次，可分为战略决策、管理决策和业务决策。

(1) 战略决策。它是指事关企业未来生存发展的全局性、长远性的重大决策。这种决策旨在提高企业的经营效能，使企业的经营活动与外部环境变化经常保持动态协调。这种决策一般属于高层决策。

(2) 管理决策。它是指企业为实施战略决策，在人、财、物等方面做出的战术性决策。这种决策旨在提高企业的管理效能，以实现企业内部各环节的高度协调平衡及资源的充分利用。如设备更新改造、企业组织机构设置及调整、中层管理人员任免、销售渠道调整、生产经营计划制订等决策。这类决策一般属于中层决策。

(3) 业务决策。它是指在企业日常生产经营活动中旨在提高生产效率和工作效率所进行的决策。如生产组织的局部调整、各业务部门的协作和日常任务的分配、成本和库存控制等决策。这类决策一般属于基层决策。

2) 按决策问题发生的重复程度，可分为程序性决策和非程序性决策。

(1) 程序性决策。它是指日常管理工作中以相同或基本相同的形式重复出现的决策。由于这类决策问题产生的背景、特点及规律较为相似，并易被决策者所掌握，所以，决策者可根据以往的经验或惯例来做出决策。这种决策具有常规性、例行性的特点。如生产决策、采购决策、设备更新和选择决策等。

(2) 非程序性决策。它是指由于大量随机因素的存在，很少重复出现，常无先例可循的决策。这种决策由于情况各异，一般无经验可循。所以，在决策时没有固定的模式和现成的规律，主要依靠决策者的思维判断能力。如企业经营方向、经营目标、新产品开发，企业间联合、并购别的企业，新市场的开拓等决策。

3）按决策的时间跨度的长短，可以分为长期决策和短期决策。

（1）长期决策。它是指1年以上，一般是3~5年或更长时间的决策。它关系到企业的发展前途和方向，属于长期性、全面性的战略决策。如企业的投资方向、市场开拓、技术研发等决策。

（2）短期决策。它是指1年和1年以内的战术性决策。如生产过程的控制、采购控制、资金调配等决策。

4）按决策问题的确定性程度，可分为确定型决策、风险型决策和不确定型决策。

（1）确定型决策。它是指决策者对每个备选方案未来可能发生的各种情况及其结果都能确定的决策。这种决策只需对各备选方案的结果进行比较，就可选出最优方案。如库存决策、生产任务的分配决策等。

（2）风险型决策。它是指每个方案都有两种以上可能的结果，而且各种可能的结果出现的概率可以估计出的决策。由于每种结果只是一种可能性，所以这种决策要冒一定的风险。如产品开发决策、投资决策等。

（3）不确定型决策。它是指每个方案都有两种以上可能的结果，但无法估计出每种可能结果出现概率的决策。这种决策只能凭借决策者的经验、感觉来判断做出。所以，不同的决策者对同一不确定型问题可有不同的选择。

3. 现代企业经营决策的特点

企业决策伴随着企业的发展而发展，而由于科学技术的不断进步，企业规模的不断扩大，市场竞争程度的不断加剧以及企业目标的进一步多元化，在这种情况下，现代企业经营决策出现了非常鲜明的时代特点：

1）决策的客体越来越复杂。科学技术的不断发展和应用，企业规模和生产规模的不断扩大使企业经营决策变得愈加复杂。

2）决策环境变化越来越快。今天的社会环境变化速度越来越快，从一个科学发现、发明转化为社会生产力的周期越来越短。外部环境的加速变化，给决策带来了更大的困难。

3）决策所包含的信息量越来越大。随着企业规模和市场规模的不断扩大，其中所隐含的信息量就会增加，这会使判断该信息的价值难易程度加大，从而使最后的决策复杂程度加大。

4）决策时间要求越来越短。决策环境的快速变化，必然对决策的时间和速度提出了新的要求。在决策时，企业要迅速地从大量杂乱无章的信息中，通过科学的信息工程手段，找出其规律性，并迅速地对此进行判断，做出决策。

5）决策主体已由个人决策转向群体决策。在前工业时代，由于决策客体的规模小、变化慢、关联少，所以管理决策主要由企业个别的主要领导者进行个人决策，决策也多以领导者的个人经验和判断为主要依据。而现在，大工业生产和组织化使得决策在量和质上都发生了根本的变化。为防止决策失误，决策技术被广泛应用，不少专家、学者，甚至是企业外部的专业人事参与到决策过程中，决策已经成为一种主要依靠决策技术的群体决策。

总而言之，现代企业决策的这些特点随着社会的进一步发展不但不会改变或削弱，而且还有愈演愈烈的趋势，这就说明了，现代企业管理决策需要先进、科学的决策理论和决策技术的支持。

7.3.2 经营决策的程序

决策是一个从提出问题、分析问题到解决问题、反馈控制的系统过程。要提高其科学性和有效性，就必须遵循科学的决策程序。

1. 明确经营问题，确定投资目标

决策是为了选优和解决问题，所以决策的第一步就是找出经营中存在的问题。发现问题是决策者的重要职责。为此，决策者要进行充分的调查研究，分析在特定环境条件下企业经营实际所达到的现实状况与应达到的理想状况有多大差距，并进一步查明造成差距的原因。

企业的经营问题找到后，就可以着手确定经营决策的目标。企业在经营过程中往往会同时遇到各种问题，于是就同时存在多个目标。这就要求决策者在需要与可能的基础上，分清主要目标和次要目标、战略目标与具体目标。在满足决策需要的前提下，应先解决重要的，再考虑次要的，确保战略目标的顺利实现。决策目标应当具体明确，可以计算成果，并且可以划分经济责任。这样，经营决策才能有的放矢、重点突出，有效地解决经营管理中存在的关键问题。

2. 拟订可行方案

在明确决策目标后，就可以进一步拟订具体的决策方案。这一点也很重要，事关企业今后在哪里发展的问题。可行方案应同时满足三个基本条件：(1）能保证经营目标的实现；（2）能保证方案的实施，即企业外部环境和内部条件都具有可行性；（3）方案间具有相互排斥性，这样可以对不同的方案进行比较分析，对方案的选择是有利的。拟订方案的过程是发现、探索的过程，也是淘汰、补充、修订、选取的过程。既要有大胆设想、勇于创新的精神，又要有反复测算、精心设计，以确保可行方案的质量。

3. 评价和选择方案

评价和选择方案是决策的关键，这一步主要是对方案的风险与回报进行评价分析，由此来断定决策方案的可靠性如何。企业一定要把风险控制在它能够承受的范围之内，不能有过于投机或侥幸的心理，一旦企业所面临的风险超过其承受的能力，将会铸成大错，导致企业的灭亡。为此，应解决好两个根本问题：一是确定合理的评价方案的标准；二是确定科学的评选方法。

1）确定合理的评价标准。在理论上，选择方案应该是选最优方案。但“最优”往往只是一种理想。由于企业生产经营活动的复杂性和多变性，最优化决策往往是不可能做到的。因此，大多数情况下，“令人满意”就是合理和有效的标准。“令人满意”的方案应该是在对社会无害的前提下，经济合理，技术先进，具有现实的可能性。此外，还应有时效性，即决策者要不失时机地进行决策，绝不能为追求100%的成功把握而坐失良机。

2）确定评选方法。方案评选的方法通常有三种：一是经验判断法，即依靠决策者或决策团队的经验来对方案进行评选；二是数学分析法，即通过建立各种数学模型和采用数学分析手段求出最优解，从而对方案进行评选；三是实验法，即在缺乏经验和资料、无法做定量分析时，通过典型试验取得经验和数据，然后依此对方案进行评选。

4. 决策方案的实施与反馈

决策方案选定后，决策过程并没有结束，还必须制订具体的实施措施。为此，要将方案落实到有关部门和人员，制订实施决策的规划与期限要求，解决与实施决策有关的问题。在决策执行过程中，还要建立信息反馈机制，随时检查监督实施结果，并与预期目标进行比较。如发现偏差，应查明原因，及时采取措施予以纠正，从而使决策更科学合理，以确保决策目标的实现。

7.3.3 经营决策的方法

随着经营决策理论和实践的发展，人们创造了许多决策方法，并且不断在充实和完善。一般而言，经营决策方法可以概括为两大类，即定性决策方法和定量决策方法。

定性决策方法是建立在人们的经验、知识、智慧、能力等基础之上，对决策方案进行评价和判断的一种方法。在经营管理活动中，有很多问题很难用定量分析的方法处理，往往要依靠经验等进行判断，因而它是一种常用的不可缺少的决策方法。此类方法尤其注重发挥人的主观能动性，且简便灵活。但由于决策是建立在主观判断的基础之上的，因此主观成分较大，缺乏严格的科学论证，而且易受传统观念的影响。

定量决策方法是建立在数学分析和计算基础上的决策方法。它是根据已占有的实际数据以及各个变量的关系，建立一定的数学模型，然后通过运算取得结果并进行选择。该方法可以解决单靠人们经验很难精确判断的复杂问题，同时把大量的程序化决策工作加以计算机化，减轻了决策工作量，能提高决策效率和决策的科学性。

由于定性和定量决策方法各有所长，也各有局限，因此，企业应该在决策中，根据决策问题的性质和所具备的条件灵活运用各种方法。下面介绍一下常用的定量决策方法。

1. 确定型决策方法

确定型决策的基本特征，是行动方案的未来自然状态是肯定的、明确的。经过分析计算可以得到各方案的明确结果。对此类问题，决策者已经掌握了比较完整的资料，没有不确定的因素，决策时有一定的规律可循。其中，量本利分析方法是企业常用的确定型决策方法之一。

量本利分析方法，也称盈亏平衡分析方法。它是根据销售量、成本、价格和利润之间的关系，建立数学模型，通过计算，分析和选择决策方案的方法。它广泛应用于生产方案的选择、目标成本预测、利润预测、价格制订等决策问题上。

用量本利分析方法进行决策的思路：

1）将企业成本费用总额划分为固定成本和变动成本两部分。固定成本是不随产量的变化而变化的成本费用，例如按年限法计提的固定资产折旧、管理人员的工资等。变动成本是随产量变化而变化的成本费用，如直接材料、直接人工、燃料动力费等。

2）研究产（销）量、成本和利润之间的关系：

利润＝收入－成本＝产销量×产品单价－（总固定成本＋总变动成本）

＝产销量×产品单价－总固定成本－产销量×单位变动成本

3）确定盈亏平衡点的产（销）量。盈亏平衡即企业的收入等于支出。如图7－1所示，盈亏平衡点就是盈亏平衡分析图上销售收入线与总成本线的交点，该点所对应的产（销）量即为盈亏平衡点的产（销）量。

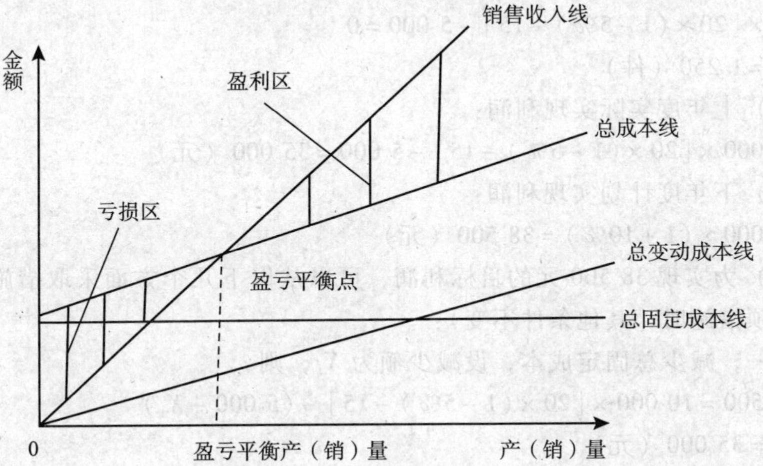

图7－1 量本利分析

在盈亏平衡点的左边，即当实际产（销）量小于盈亏平衡点的产（销）量时，企业将发生亏损。从图形上看，就是总成本线高于销售收入线，即成本大于收入，所以为亏损区。

在盈亏平衡点的右边，即当实际产（销）量大于盈亏平衡点的产（销）量时，企业将获得。从图形上看，就是销售收入线高于总成本线，即收入大于成本，所以为盈利区。

4）分析产（销）量、成本和利润之间的变动规律。这些因素的变动规律可以归纳为以下几点：

第一，盈亏平衡点不变，销售量越大，企业可实现的利润越多，或亏损越少；反之，销售量越少，可实现的利润就越少，或亏损越多。

第二，产销量不变，盈亏平衡点越低，可实现的利润越多，或亏损越少；

反之，盈亏平衡点越高，可实现的利润越少，或亏损越多。

第三，销售收入不变，盈亏平衡点的高低取决于总成本线的变化，亦即取决于单位变动成本和总固定成本的高低。单位变动成本越高或总固定成本越高，盈亏平衡点就越高；反之则越低。

［**例 7.1**］某企业的某种产品，上年度总销售量为 10 000 件，每件售价 20 元，单位变动成本 15 元，全年固定成本 5 000 元，销售税率 5%，试计算下年度的盈亏平衡点，并测算如在上年基础上使利润提高 10%，企业应采取哪些措施？

解：(1) 下年度盈亏平衡销售量（Q_0）

$Q_0 \times [20 \times (1-5\%)-15]-5\ 000=0$

$Q_0 = 1\ 250$（件）

(2) 上年度实际实现利润：

$10\ 000 \times [20 \times (1-5\%)-15]-5\ 000=35\ 000$（元）

(3) 下年度计划实现利润：

$35\ 000 \times (1+10\%)=38\ 500$（元）

(4) 为实现 38 500 元的目标利润，可以从以下几个方面采取措施（假定采取某项措施时，其他条件不变）：

第一，减少总固定成本，设减少额为 X_1，则

$38\ 500=10\ 000 \times [20 \times (1-5\%)-15]-(5\ 000-X_1)$

$X_1=35\ 000$（元）

第二，降低单位变动成本，设减少额为 X_2，则

$38\ 500=10\ 000 \times [20 \times (1-5\%)-(15-X_2)]-5\ 000$

$X_2=0.35$（元）

第三，扩大产品销售量，设增加量为 X_3，则

$38\ 500=(10\ 000+X_3)[20 \times (1-5\%)-15]-5\ 000$

$X_3=875$（件）

第四，提高产品售价，设提高 X_4，则

$38\ 500=10\ 000 \times [(20+X_4)(1-5\%)-15]-5\ 000$

$X_4=0.37$（元）

由上可知，对同一目标，企业可以通过不同的措施达到。应当指出，上述各项措施不是绝对的和孤立的。当采取某项措施时，还需考虑其可行性，会否直接或间接地影响其他方面。如降低成本能否保证产品质量和产量；提高产品售价是否会影响产品的销售等。

实际上，企业为实现目标利润，往往会从几个方面同时采取措施，如在可能的情况下，既适当增加销量，又最大限度的降低成本。

2. 风险型决策

风险型决策指由于存在着不可控因素，一个决策方案可能出现几种不同的结果，但对各种可能的结果可以用一定的概率来估计其出现的可能性。但是因为该概率只是代表可能性的大小，并不一定与未来实际相吻合，这就使得依此选择的方案在执行中要承担一定的风险，所以称为风险型决策。风险型决策的方法主要是决策树法。该方法现在被广为应用于较复杂的经营管理问题的决策。

1）决策树的结构。决策树由决策点、方案枝、自然状态节点和概率枝组成。如图 7－2 所示，它是以树的生产过程的不断分枝来表示事件发生的各种可能性，以概率枝来寻找最优方案的一种决策方法。

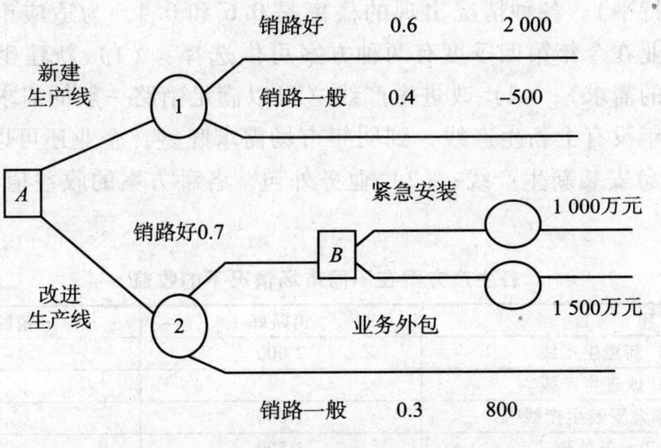

图 7－2　用决策树解决生产决策问题

决策树是由方块和圆圈作为节点，并由直线连接而形成一种树状结构。方块表示决策点，由决策点引出若干条树枝，每条树枝表示一个方案，所以称之为方案枝。圆圈表示自然状态节点，由状态节点引出若干条树枝，表示不同的自然状态，这些树枝称为状态枝。在状态枝上标有各状态的概率值，故它又称为概率枝。在它的末端列出不同状态下的收益值。

决策问题一般都具有多个可行方案，每个方案又可能有多种自然状态。因此图形是从左到右，逐渐由简到繁的一个树状图。

2）决策树法的步骤。应用决策树法进行决策的步骤如下：

(1) 绘制决策树。从左到右，首先绘制出决策点，引出方案枝，再在方案枝的末端绘出状态节点，引出概率枝，然后将有关参数注明在图上的相应位置。

(2) 计算各方案的期望值。期望值的计算要从右到左依次进行。首先将各种自然状态的收益值分别乘以各自概率枝上的概率，再乘以计算期限，然后将各概率枝的值相加，标于状态节点上。

(3) 决策。比较各方案的期望收益值（如方案实施费用发生，应将状态节点值减去方案的费用后再进行比较）。去掉期望收益值小的方案，最后决策点上留下一条树枝，既为选择的最佳方案，并将此期望收益值标于决策点上。

3) 决策树举例。

[**例 7.2**] 某企业现在生产某用品，生产规模不大。根据市场预测分析，明年产品的销路有两种可能：销路好（市场需求大增）和销路一般（与今年的市场需求持平），各种情况出现的概率是 0.6 和 0.4。为适应市场需求可能的变化，企业在今年第四季度有两种方案可供选择：(1) 新建生产线（可以满足销路好的需求）；(2) 改进生产线（可以满足销路一般的需求）。

如果今年没有上新生产线，到明年市场需求旺盛，企业还可以采取两种方案：(1) 紧急安装新生产线；(2) 业务外包。各种方案的收益值在表 7－1 中列示。

表 7－1　　各生产方案在不同市场情况下的收益　　单位：万元

项　　目	销路好	销路一般
(1) 新建生产线	2 000	－500
(2) 改进生产线		800
2.1 紧急安装生产线	1 000	
2.2 业务外包	1 500	

在此情况下，企业可以运用决策树法进行决策，如图 7－2 所示。

3. 不确定型决策方法

不确定型决策方法是指由于存在不可控因素，一个方案可能出现几种不同的结果，而对各种可能结果又没有客观概率作为依据的决策。对于不确定型决策，因决策者的经验、气质和胆略不同，同一决策问题不同的决策者可有不同的选择。我们通过一个例子介绍几种不确定型决策方法。

[**例 7.3**] 某企业打算生产某产品。根据市场预测分析，产品销路有三种

可能性：销路好、一般和差。生产该产品有三种方案：改进生产线、新建生产线、外包生产。各种方案的收益值在表7－2中给出。

表7－2 企业产品生产各方案在不同市场情况下的收益 单位：万元

项目	销路好	销路一般	销路差
改进生产线	180	120	－40
新建生产线	240	100	－80
外包生产	100	70	16

面对这一决策问题，我们不能简单地从上表中选取收益最大的方案(240)，因为"销路好"这一情况不一定能发生，甚至不知道三种情况各自出现的概率。

常用的解决不确定型决策问题的方法主要有以下三种：

1）小中取大法。决策者对未来持悲观态度，认为未来会出现最差的情况。决策时，对各种方案都按它带来的最低收益考虑，然后比较哪种方案的最低收益最高。

在本例中，三种方案的最低收益值依次为－40、－80、16，第三种方案对应的值最大，所以选择外包生产的方案。

2）大中取小法。决策者对未来持乐观态度，认为未来会出现最好的情况。决策时，对各种方案都按它带来的最高收益考虑，然后比较哪种方案的最高收益最高。

在本例中，三种方案的最大收益依次为180、240、100，第二种方案对应的值最大，所以选择新建生产线的方案。

3）最小最大后悔值法。决策者在选择了某种方案后，若情况并未按照先前所设想的趋势发展，则决策者会为自己事前的决策后悔，由此，产生了最小最大后悔值决策方法。其步骤是：

(1) 计算每个方案在每种情况下的后悔值，定义为：

后悔值＝该情况下各方案中的最大收益－该方案在该情况下的收益

(2) 找出各方案的最大后悔值；

(3) 选择最大后悔值中最小的方案。

如下表所示，最右边一列给出各方案的最大后悔值，其中第一方案对应的最大后悔值最小，所以选择改进生产线的方案。

表 7-3　企业产品生产各方案在不同市场情况下的后悔值　单位：万元

项目	销路好	销路一般	销路差
改进生产线	180	120	-40
新建生产线	240	100	-80
外包生产	100	70	16

7.3.4　经营计划

企业的经营计划，是根据经营决策所规定的目标方针，对企业的生产经营活动所做出具体的统筹安排。它是落实经营决策的一个必要环节，是实施经营决策的保证，是进行有效控制的依据，是协调企业内部各单位、各部门和全体员工行动的指南和联结纽带。一般而言，企业经营计划内容应该包括“5W1H”，即计划应该清楚地确定和描述以下内容：

What——做什么？目标与内容。

Why——为什么做？原因。

Who——谁去做？人员。

Where——何地做？地点。

When——何时做？时间。

How——怎样做？方式、手段。

1. 计划与决策

周三多等（2000）认为，决策与计划是两个既相互区别、又相互联系的概念。决策是对组织活动方向、内容以及方式的选择。计划则是对组织内部不同部门和不同成员在一定时期内的行动任务的具体安排，它详细规定了不同部门和成员在该时期内从事活动的具体内容和要求。但同时，它二者又是相互联系的：

（1）决策是计划的前提，计划是决策的逻辑延续。决策为计划的任务安排提供了依据，计划则为决策所选择的目标活动的实施提供了组织保证；

（2）在实际企业经营管理活动中，决策与计划是相互渗透的，有时甚至是不可分割地交织在一起的。

决策制订过程中，不论是对内部能力优势与劣势的分析，还是在方案选择时对各方案执行效果或要求的评价，实际上都已经开始孕育着决策的实施计划。反过来，计划的编制过程，既是决策的组织落实过程，又是对决策更为详细的检查和修订的过程。决策无法落实，或者决策选择的活动中某些任务无法安排，必然导致对决策一定程度的调整①。

2. 经营计划的种类

按照计划与决策的关系，在企业经营活动中，计划类型要与决策类型相匹配。我们将计划划分为以下几种：

表7－4　计划的类型

分类标准	类　型
时间长短	长期计划 短期计划
职能空间	业务计划 财务计划 人事计划
综合性程度	战略性计划 战术性计划
明确性	具体性计划 指导性计划
程序化程度	程序性计划 非程序性计划

资料来源：周三多等：《管理学》，高等教育出版社2000年版。

3. 经营计划的基础工作

基础工作主要包括定额工作、技术经济信息工作和原始记录与统计工作。

1）定额工作。定额是企业在生产经营活动中各项工作在一定时间内人力、物力、财力的利用所应遵守和达到的各项标准。

（1）消耗定额。它规定活劳动和物化劳动消耗的标准。主要有时间定额、物资定额、费用定额等。例如，单位产品工时定额、单位产品的材料、燃料、动力、工具消耗定额等。

（2）利用定额。它规定原材料、设备和生产面积的利用程度。如单位产品的设备利用定额、单位面积的产品产量定额等。

（3）占用定额。它规定企业为确保生产经营活动的正常进行而需要保持的资金占用和物资储备的数量。例如，原材料等物资储备定额、在产品占用量、流动资金占用额等。

① 周三多等：《管理学》，高等教育出版社2000年版，第111～122页。

2）技术经济信息工作。技术经济信息，是指为企业生产经营活动所提供的有关技术经济资料、数据和情报等。

（1）企业内部信息。包括原始记录、台账、统计资料、技术文件、企业内部会议记录、往来文书、科技档案等。

（2）企业外部信息。包括党和国家的政策、法令、国家主管部门下达的计划，国内外技术发展、相关企业发展动态，商品价格，客户或消费者要求，市场变化等。

信息收集的渠道和方法很多，常用的有信息发布会、展览会、博览会、企业内部杂志、人员交流、广播电视、互联网等。在收集资料的基础上，应进行分析、加工、整理，提高信息的精确度。

3）原始记录和统计工作。原始记录，就是企业生产经营活动发生时的第一次记录。统计是应用某些统计软件、统计工具，对原始资料进行分析，以反映事物的本质和动态变化。原始记录和统计是编制计划和分析计划执行情况的重要资料，也是核算企业生产经营活动成果的依据。通过大量的记录和统计资料的积累和分析，可以及时、全面地了解企业生产经营活动情况，研究企业生产经营活动的规律性，从而改进和提高生产经营管理水平。

原始记录是登记各种台账的依据，也是进行分析的依据。只有把原始记录工作做好，数据准确，反馈及时，资料完整，才能做好统计分析和计划工作。计划工作所需信息资料必须保证全面性、准确性和及时性，这样才能保证计划工作在时间和空间、明确性、程序化程度等方面的平衡。例如，在会计工作中，你只有把各种凭证做好了，才能登记台账、总账和三大明细账。这样再经过分析，企业经营者就可以把握企业经营中的业务的优劣性，才能做出哪种业务可以加强投资，哪种业务应该减少投资甚至停止投资的决策。

复习题

1. 经营思想的定义及其影响因素。

2. 经营管理的内容及特点。

3. 某厂为生产某种产品设计了三个方案：

方案1：新建一个大车间，需投资300万元。

方案2：新建一个小车间，需投资160万元。

这两种车间的使用期都是10年。按市场调查预测，前3年销路好的概率为0.7；如果前3年销路好，则后7年销路好的概率可提高到0.9；如果前3年销路差，则后7年的销路肯定差。

方案3：先建小车间，如产品销路好，则后3年后再扩建，其扩建投资需要量140万元，假定扩建后可使用7年。问如何决策？三个方案的年度收益值如表7-5所示。

表7-5 单位：万元

自然状态	概率	方案1	方案2	方案3：前3年	方案3：后7年
销路好	0.7	100	40	40	100
销路差	0.3	-20	10	10	-20
投资		300	160	160	140

4. 某厂准备开发生产一种新产品，为此拟订了三种生产方案：甲方案，改建原有生产线；乙方案，新建车间；丙方案，扩建车间。由于缺乏相关资料，对未来市场上的需求状况只能估计为高需求、中需求和低需求三种状态。每种方案在各种自然状态下的收益值如表7-6所示。试问应选择哪一种方案？(提示：不确定性决策方法)

表7-6 **预测收益值** 单位：万元

方案 \ 自然状态	高需求	中需求	低需求
甲	50	30	-10
乙	80	20	-28
丙	40	10	5

案 例

“要想获得最高效率、取得最大成就，大家就必须齐心协力向共同的目标努力，避免目标不一致的情况。”

——HP创始人之一戴维·帕卡德

HP的公司目标自1957年由创始人比尔·休利特和戴维·帕卡德制订，几十年来一直指引着公司的发展。

1. 客户忠诚度。HP致力于向客户提供最高质量的产品、服务和解决方案以及更多价值，以赢得客户的信任和客户忠诚度。我们相信，HP的成功依赖于客户忠诚度的提高。注意听取客户意见以真正了解客户需求，提供帮助客户成功的解决方案，是提高客户忠诚度的必要前提。

2. 盈利。HP致力于获得足够的利润来支持公司的发展，为股东创造价值，并为公司需要实现的其他提供必要的资源。我们相信，盈利是所有人的责任，盈利可以让我们投资于新的商业机会。而长期目标和短期目标的平衡则是盈利的关键。

3. 市场领袖。HP 致力于不断向现有市场提供有重大意义和重要用途的产品、服务和解决方案来获得增长，并不断向其他具有优势的新领域拓展。我们必须成为市场的领导者，在我们所选择的领域中必须成为第一或第二。

4. 增长。HP 致力于利用我们的利润和能力，开发和生产创新性的产品、服务和解决方案以满足最新的客户需求。我们相信市场的变化也是增长的机会。我们不仅需要研究市场发展趋势，还要促成行业变化。HP 较大的公司规模以及业务多元化的优势是我们能够安然度过经济周期，并将其变成有利于 HP 发展的市场环境。

5. 员工。HP 致力于让员工分享公司的成功，根据表现提供就业机会，为员工创建一个安全可靠、振奋人心且具有包容性的工作环境，尊重员工的个人价值并认可他们的贡献，帮助员工从工作中获得满足感和成就感。我们相信，公司的成就源于有动力的员工，他们对公司的忠诚是关键。我们相信员工在为公司做正确和重要的事情。不论头衔大小、级别高低或任期长短，每一个员工都应有所贡献，并有责任不断学习新知。令人振奋且具有激励性的工作环境对于员工的发明创造来说至关重要，而多元化的员工队伍则赋予我们更大的竞争优势。

6. 领导能力。HP 致力于在每个阶层都培养出能够完成业务目标并体现公司价值的领导者。我们相信，领导者激发和鼓励合作，并将计划和策略转变为具有明确目标的实际行动。领导者的言行要保持一致，并应当有接受反馈和不断改进的自我意识和意愿。此外，领导者应根据员工的实际工作成果（而不是根据他们帮助创建的目标）对他们进行评估。

7. 全球企业公民。HP 致力于在我们开展业务的每个国家和地区内，为他们的经济、知识和社会做出贡献，从而实现我们对社会的责任。我们相信先做好公民才能成为好企业，谨守诚实和正直对于培养客户和股东忠诚度来说至关重要。社会的改良不是少数人的事情，而是所有人都应当共同承担的责任。

结合案例回答：

1. 经营目标的定义，归纳惠普公司的目标与教材所给出企业经营目标的相似之处。

2. 结合上面给出惠普的经营目标，提炼归纳该公司的经营观念。

3. 寻找一个中国企业失败的案例，对比该公司与惠普经营理念上的差异，并提出解决对策。

第 8 章

生产管理

本章要点

◇ 物质生产管理与知识生产管理的差异

◇ 组织生产过程的基本要求

◇ 生产过程组织的构成

◇ 生产任务与生产能力如何进行匹配

用系统论的观点来看，企业管理是一个大系统，这个大系统是由许多小系统组成的。而其中，处于执行地位的则是生产管理这个小系统。

企业经营目标是指企业在计划期预期要达到的经营成果，要把这种预期转变为现实，即从计划目标产品转化为现实产品，就必须通过产品的控制过程，靠加强生产管理来实现，否则经营目标就成了空中楼阁、无源之水。进一步来讲，现代社会，市场需求千变万化，市场竞争异常激烈，企业要在激烈的市场竞争中求得生存和发展，必须要不断地开发新产品，并及时地将其生产出来，快速有效地将其投放到各个市场，而这也需要进行生产管理。

8.1 生产管理概述

8.1.1 生产管理的概念

传统的生产管理通常指的是物质生产管理，即为了高效率地生产高品质的物质产品，而进行的计划、组织、控制物质生产活动的综合管理活动。它主要包括生产过程组织、生产能力核算、生产计划的编制、生产进度控制、生产方向和规模的确定、质量管理、物资管理、成本管理、安全生产、环境保护等。

但人们视为有价值的东西正从产品和服务向解决方案演变，而这必然带来一种经营模式的变革。一个以产品为中心的企业要想转变为一个解决方案提供商，就等于从以物质产品生产转向知识产品生产。

知识生产管理指的是通过组织化的知识生产手段，利用知识生产的设施、技术、工具、人力（脑力），为了将原始的知识、数据等知识生产“原料”稳定、高效地“转化”为能够解决客户问题、能够为客户所接受并为此付费的知识产品，而建立起来的管理体系以及以通过这个管理体系对知识生产过程所进行的各项管理活动。它主要是针对知识，以及对与知识有关的各种资源和无形资产的管理，目的是为了提高生产的效率和保证生产的品质。从内容上讲，知识管理所管理的是信息技术所提供的对数据和信息的处理能力①。

现阶段，服务性组织更注重知识生产管理，而制造业组织则是物质生产管理与知识生产管理二者并重。

8.1.2　物质生产管理与知识生产管理的差异

1. 物质生产与知识生产“转化”的对象不同

物质生产是对有形物质的转化过程，生产过程中从原材料直到完成的加工产品都是有形的物质对象；而知识生产是对无形的知识的“转化”，以无形的信息、数据、知识为加工对象。显然，对有形的物质进行加工与对无形的知识进行加工，其管理方式肯定是不一样的。而且，对于物质生产来讲，原材料是消耗品，只能使用一次。伴随着物质生产的过程，必须不断地对所需要的原材料进行采购补充。而知识生产的“原材料”不会随着知识生产的过程而消失，反而，知识产品也不会因为出售给客户而有所减少，甚至可以成为再次生产的“原材料”，也就是说，伴随着知识生产的进行，“原材料”不但不会减少，反而会增多。物质生产的原材料会随着生产的进行而减少，造成价格上升；而知识生产的“原材料”会随着生产的进行而增多，造成价格下降。所以德鲁克说知识生产与物质生产的报酬递减恰好相反，是一个报酬递增的过程。

① 在本章中，本书只是简要介绍一下知识生产过程，叙述的重心还是在物质生产过程上。

2. 物质生产与知识生产的“转化”过程不同

物质产品生产与知识产品生产最大的区别在于转化的对象不同，而这种不同使得转化的方式和转化的过程存在巨大的差异。一般来讲，物质生产的工艺过程具有相当的确定性的，我们也能明确地预知通过加工之后生产出来的产品是什么样子的，具有什么功能，甚至我们可以保证产品可以在什么时候送到客户手里面。但知识生产的性质决定了其无法“严格”地达到这样的要求，知识生产过程具有相当的不确定性。这就给“知识生产管理”提出了新的挑战——如何减少知识生产过程的“不确定性”，怎样做到生产过程与生产结果的可控性？如果不能解决这个问题，知识生产就成为一件“碰运气”的事情，这是与有组织的知识生产的根本要求相背离的。

3. 物质生产与知识生产所需要的条件与环境有很大区别

两种生产的转化对象、转化过程不同，使得物质生产与知识生产所需要的设备条件、人员以及生产环境也有很大差异。这种差异是显而易见的，例如处理机械零件用车床，而处理数据信息用电脑；生产车间里用蓝领工人，知识生产用知识工人；物质生产的外部环境相对稳定，知识生产的外部环境高速发展，昨天还是有用的知识，明天可能就会被新知识取代。

8.1.3 生产管理在企业管理中的任务与作用

1. 生产管理的任务

生产管理作为企业管理中的一个子系统，有它本身的运动规律，如图9－1所示，首先是各生产要素（人、财、物、信息等）的投入，经过生产过程中的转换（包括反馈机制），最终输出物美价廉的产品（服务）。

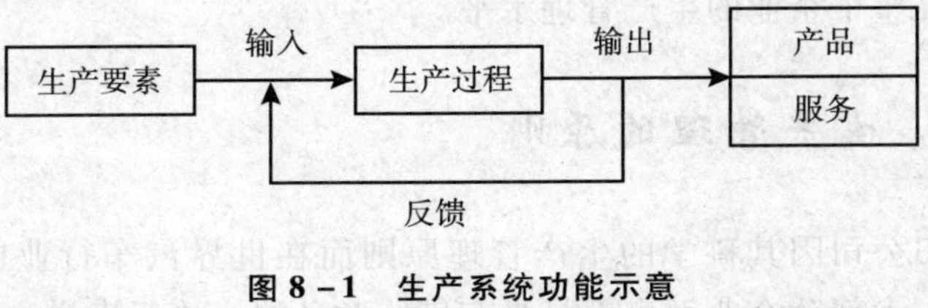

图 8－1 生产系统功能示意

所以生产管理的任务就是把投入生产过程的各种要素有效地组织起来，形成有机整体，按最经济的方式，生产出满足社会需要的廉价、优质的产品（服务）。

2. 生产管理的作用

生产管理是企业管理的重要组成部分，是企业大系统中的一个小系统。在市场经济体制下，企业是自主经营、自负盈亏的经济实体，企业能否生存，要看企业经营的好坏。经营决策的正确与否，关系到企业经营的全局，决定着企业的命运。这种管理体制上的变化，使生产管理在企业管理中处于执行性的地位，在整个企业管理体系中是十分重要的：

1）生产管理是企业管理中的基本部分，是实现企业经营目标的基本保证。企业经营目标是企业在计划期预期要达到的经营成果。经营目标是一种理想状态，要把这种理性状态转变为现实，即从计划目标产品转化为现实产品，必须通过产品的控制过程，靠加强生产管理来实现。否则经营目标就成了空中楼阁、无源之水。没有产品，不讲盈利，企业经营就失去了实际意义。所以，生产管理是为企业经营创造物资财富、无形资产，生产管理是企业管理的基本组成部分，是实现企业经营目标的重要保证。

2）搞好生产管理，可以提高企业的适应能力和竞争能力。在市场经济体制下，市场需求千变万化，市场竞争异常激烈，企业要在激烈的市场竞争中求得生存和发展，必须要不断地开发新产品，并及时地将其生产出来，快速有效地将其投放到各个市场。这就要求企业要加强生产管理，使企业生产系统灵敏地运转起来，能够保质、保量、按时地生产出适销对路的产品，以提高企业的品牌凝聚力、消费者的产品忠诚度，并进一步提高企业的市场竞争力。

3）加强生产管理，有利于企业领导搞好经营决策。决策是经营管理全过程的核心，是执行各种管理职能的基础。如果搞好了生产管理，企业有了一个正常稳定的生产秩序和工作秩序，企业领导者就可以摆脱日常大量的程序性的事务性工作，而集中精力抓好企业的经营决策。从这个意义上说，搞好生产管理有助于提高整个企业的生产管理水平。

8.1.4 生产管理的原则

日本丰田公司因其科学的生产管理原则而在世界汽车行业中占有一席之地，这对我国大部分企业而言都是具有借鉴意义的。总起来说，其生产管理的关键原则是[1]：

1. 建立看板体系（Kanban system）

就是重新改造流程，“逆向”去控制生产数量的供应链模式，由传统的前端经营者主导生产数量的生产模式转向根据后端顾客的需求去生产的生产模式。后面的流程工作人员通过看板告诉前一项流程工程人员他们的需求，比如零件需要多少，何时补货等，由前项流程工程人员根据后面流程的需求去生产。这种方式不仅能节省库存成本（达到零库存），更重要的是将流程效率化。

2. 强调实时存货（Just In Time）

这种丰田独创的生产管理概念，其主要有两层意思：（1）依据顾客需求，生产必要的东西。这样可以动态提高生产管理对市场的适应能力，促进技术进步；（2）在必要的时候，生产必要的量。这样可以保证设备和人力的均衡负荷，提高设备利用率，有利于节约物资消耗，减少在产品，加速资金周转，降低产品成本。

3. 标准作业彻底化

他们对生产每个活动、内容、顺序、时间控制和结果等所有工作细节都制订了严格的规范，例如装个轮胎、引擎需要几分几秒钟。但这并不是说标准是一成不变的，只要工作人员发现更好更有效率的方法，就可以变更标准作业，目的在于促进生产效率。此外，这样也可以缩短产品生产周期，加快产品流动，提高资金利用率，争取用较少的劳动消耗和资金占用，生产出尽可能多的满足市场需要的产品和劳务。

4. 排除浪费、不平及模糊等

排除浪费任何一丝材料、人力、时间、能量、空间、程序、搬运或其他资源。即排除生产现场的各种不正常与不必要的工作或动作、时间人力的浪费。这是丰田生产管理最基本的概念。例如，“取量均值性”的生产平衡化原则就是要求各生产工程所需尽可能做到前后一致，以使需求与供应达成平衡，降低库存与生产浪费。

---

① 石滋宜：《丰田式生产管理的9项关键原则》，载《粤港信息日报》，2004年9月28日。

5. 养成良好的习惯

这里的习惯有两层意思：（1）自动化习惯。这里的自动化不仅是指机器系统的高品质，还包括人的自动化，也就是养成好的工作习惯，不断学习创新，这是企业发展的动力；（2）要求每个员工在任何一项的作业环节里，都要重复地问为什么（Why），然后再去想如何做（How），以严谨的态度完美地完成其所负责的工序。

6. 科学生产

科学生产的原则，就是在生产过程中运用符合现代化工业生产要求的一套管理制度和方法进行生产。具体来说：一是必须建立统一的生产指挥系统，进行组织、计划和控制；二是要做好生产管理的基础工作，建立健全并贯彻执行科学有效的规章制度和工作标准；三是加强员工培训，不断增进员工的科学技术知识和科学管理知识。松下幸之助曾说："做东西和做人一样。"通过生产现场教育训练不断锻炼培养员工，可以提高员工的素质，提高其反应精确性，不断提高生产管理的生产效率和经济效益。

当然，不同企业要求不一样，有的企业的生产管理基本原则还包括文明生产、安全生产等。

8.2 生产过程组织

8.2.1 生产过程组织的概念

生产管理所说的组织，是生产过程组织与劳动过程组织的统一。生产过程的组织主要解决产品生产过程各阶段、各环节、各工序在时间上和空间上的协调衔接；劳动过程的组织主要解决劳动者之间、劳动者和劳动工具之间、劳动对象之间的关系。

生产过程组织与劳动过程组织是企业生产活动计划工作的基础和依据，两者之间必须实行动态平衡，既要保持相对的稳定性，又要随着企业经营方针、经营计划的变化而变化。提高生产组织形式和劳动组织形式的应变能力，其主要目的在于提高劳动生产率和经济效益。

本节主要介绍工业产品的生产过程组织。工业产品的生产过程，就是从准备生产某种产品开始，直到把它生产出来为止的全部过程。它的基本内容是人的劳动过程，即在劳动分工和协作的条件下，劳动者利用一定的劳动工具，按照一定的步骤方法，作用于劳动对象，使之成为工业产品的过程。在某种情况下，生产过程还包括自然过程。自然过程是劳动对象在自然力的作用下，发生物理变化和化学变化的过程。如自然冷却、自然干燥、自然发酵等。在自然过程中，劳动过程就部分地或全部地停止。因此，生产过程就是劳动过程和自然过程的组合。

8.2.2 生产过程的构成

不同行业因为产品结构和工艺特点的不同，生产过程的形式也不完全一样。一般来说主要由以下几个部分组成：

1. 生产技术准备过程

生产技术准备过程是指产品在投入生产前，所进行的各种生产技术准备工作过程。具体内容包括：产品设计、工艺设计、工艺装备的设计与制造、标准化生产、定额的制订和修改、调整劳动组织和设备布置等。

2. 基本生产过程

基本生产过程是指直接对劳动对象进行加工而生产出产品的过程，即产品的加工生产或提供服务的过程。例如，纺织企业的纺纱、织布、印染；钢铁企业的炼铁、炼钢等；机械制造企业的毛坯生产、零件加工、部件和整机的装配过程；服务性企业的信息整理、数据加工等。

3. 辅助生产过程

辅助生产过程是指为了保证基本生产过程正常进行所进行的各种辅助生产活动的过程。例如，机械制造企业的工具改造、设备维修和动力生产等；服务性企业为了更好地进行工作而进行的应用软件升级等工作。

4. 生产服务过程

生产服务过程是指为保证基本生产和辅助生产正常进行所从事的各种生产服务活动的过程。例如：原材料、半成品、生产工具的供应、运输和保管等。

5. 附属生产过程

附属生产过程是指企业根据自身的条件和可能，生产市场所需要的企业非主营业务的产品而进行的生产过程。如飞机制造厂生产的日用铝制品、锅炉厂生产的石油液化煤气罐以及企业利用主营业务生产产生的余料而制造的产品等。

上述五个部分，既有区别，又有联系，但基本生产过程是核心，生产技术准备过程是重要的前提，辅助生产过程和生产服务过程都是为基本生产过程服务，并且为更好地实现基本生产过程创造条件。

基本生产过程和辅助生产过程都是由工艺过程和非工艺过程所组成。工艺过程是指直接对加工对象进行加工的过程。可划分为若干相互联系的生产阶段。如机械制造企业的工艺过程一般分为准备阶段、加工阶段和装配阶段。每一个生产阶段，又可划分为更细小的单位，即通常所说的工序。工序是指一个人或一组人在一个生产区域内，对同一个劳动对象连续进行的生产活动。非工艺生产过程是指不涉及加工对象的性质、尺寸、形状的改变，而贯穿于工艺过程之间的一些带有生产服务性的过程。如加工对象的运输、检验、试验和包装等。

工艺过程和非工艺过程都是生产过程不可分割的组成部分，只有两者相互密切配合，互相衔接，才能保证生产过程有效地运行。

8.2.3 组织生产过程的基本要求

合理组织生产过程，应考虑以下基本要求：

1. 生产过程的连续性

生产过程的连续性是指在生产过程各阶段物流处于不停的运转之中，并且流程尽可能短。连续性包括时间上的连续性和空间上的连续性。时间上的连续性指物料在生产过程的各个环节的运动，自始至终处于连续状态，没有或很少有不必要的停顿和等待现象。空间上的连续性是指生产过程中各个环节在空间布置上合理紧凑，使物料的流程尽可能短，没有迂回往返现象。

增加生产过程的连续性，可以缩短产品的生命周期、降低在产品库存、加快资金的周转、提高资金利用率。为保证生产过程的连续性，首先要布置企业的各个生产单位，使物料流成合理。其次，要组织好生产的各个环节，包括投料、运输、检验、工具准备、机器维修等，使物料不发生停歇。

2. 生产过程的比例性

生产过程的比例性是指生产过程、基本生产过程和辅助生产过程之间，基本生产中各车间、工段和工序之间，以及各种设备之间，在生产能力上保持符合产品制造数量和质量要求的比例关系。如果破坏了生产过程的比例性，就会产生生产过程的薄弱环节，也称“瓶颈”，或者造成生产过程中某些环节的能力不能充分负荷。生产过程的比例性并不是固定不变的。由于生产技术的改进，产品品种、质量、原材料构成的变化，厂际协作条件的变化，以及公认熟练程度的提高等原因。因此，生产管理工作的任务就是及时发现各种因素对生产能力变化的影响，把不平衡的生产能力进行调整，建立生产能力新的平衡，使生产过程的比例性得以保持。

3. 生产过程的均衡性

生产过程的均衡性是指产品在生产过程各个阶段，从投料到最后完工入库，都能保证按计划、有节奏、均衡地进行，要求在相同的时间间隔内，生产大致相同数量或递增数量的产品，避免前松后紧，月初完不成任务、月末加班加点突击完成任务的不正常现象。均衡性有利于最充分地利用企业以及每个环节的生产能力。

保持生产过程的均衡性，主要靠加强组织管理。它涉及原材料供应、设备管理、生产作业计划与控制，以及对职工的考核办法。

4. 生产过程的准时性

生产过程的准时性是指生产过程的各阶段、各工序都按后续阶段和工序的需要生产，即在需要的时候，按需要的数量生产所需的产品和零部件。准时性将企业与市场紧密联系起来。企业生产过程应做到准时，只有各工序都准时生产，才能准时地向市场提供所需的产品又能达到生产过程存量最少的目的。

准时性是市场经济对生产过程提出的要求。从市场角度来审视连续性、比例性和均衡性，可以看出它们有一定的局限性。不与市场需求相联系，追求连续性、均衡性是毫无意义的。在市场多变情况下，比例性也只是一种难以达到的目标。

5. 生产过程的柔性

现代企业生产组织必须适应市场需求的多变性，要求在短期内，以最少的资源消耗，从一种产品的生产转换为另一种产品的生产。所谓“柔性”也可称为适应性，就是加工制作的灵活性、可变性和可调节性。在整个生产过程中，必须全面地遵循柔性原则，即加工设备能力要求具有柔性，制造工艺、生产作业计划、厂内运输、库存管理、操作人员以及生产管理诸方面都具有柔性，以达到多品种、小批量、生产条件更新快、生产周期短、产品质量好、成本低的目的。

上述要求是相互联系、相互制约的。生产过程的比例性是实现连续性、平衡性的前提，同时它们之间又相互作用。满足此要求，可以使企业获得良好的经济效益。

8.2.4 生产过程组织构成

生产过程组织一般按照企业组织生产的时间连续性和空间的连接性来划分，可分为生产过程空间组织和生产过程时间组织。

1. 生产过程空间组织

1）生产过程空间组织的概念。生产过程的空间组织，就是指研究企业内部各生产阶段和各生产单位的设置以及运输路线的布局问题，即厂房、车间和设备的布局问题，其中包括工厂总平面布置和车间布置。

工业企业的生产过程是在一定的空间内，通过许多相互联系的生产单位来实现的。所以，必须进行总体规划和工厂设计，配置一定的空间场所，建立相应的生产单位（车间、工段、班组）和其他设施（仓库、运输路线、管道和办公室等），并在各个生产单位配备相应工种的工人和机器设备，采用一定的生产专业化形式。为了经济有效地完成企业的生产任务，各个生产单位和其他设施，应当在空间上形成一个有机的，既相互分工又相互联系的整体。而且，各个生产单位的内部设施、机器设备和运输装置具有合理的平面布置和立体布置，所有这些工作就是生产过程的空间组织。

2）影响厂址选择的因素分析。厂址选择的目的不仅是为了生产总成本最小，而且还要使其能够为用户提供最佳的服务。影响厂址选择的因素很多，它们主要是：

（1）环境因素。主要包括地理条件，涉及面积大小、外形适合性、地势平坦度、地质构造特点；气候条件，涉及温度、湿度、气压、风向、烟尘；环境保护要求以及三废处理的难易程度。

(2) 资源因素。如原材料产地的接近程度、保障程度；能源、动力、水资源的供给条件；资源税的征收状况。

(3) 运输条件因素。如对公路、铁路、机场或者河流的接近程度；资源所在地的位置与面积、所需使用的运输设施种类及其相应费用。

(4) 销售条件因素。如对市场的接近程度。

(5) 劳动力的可获得性。包括当地的平均工资水平、社会福利待遇、住房条件、劳工培养的费用、平均素质、业务水平甚至工会等工人组织的发展程度等。

(6) 社区社会风尚。如劳动者对待工作的态度，进取精神、价值观、需求特点、娱乐休闲方面的要求、人际关系等。

(7) 政府与企业的关系。主要是指政府对经济的支持程度、政策导向、税收制度、优惠倾斜政策、务实精神、办事效率、服务水平等。

当然，对于不同的企业，以上这些因素的作用强度是不一样的，需要根据具体企业所面临的最关键问题来具体分析。

3) 生产设施布置（生产单位的专业化原则）。当完成了厂址选择后，便需要进行生产设施的平面布置工作，这种设施的布置由于决定了今后生产系统的物流方向与效率，从而从结构上限定着系统的功能潜力，因此生产设施的布置是构造一个有效生产系统最为关键的环节。为了更好地完成总体生产计划，生产管理者可将整个生产过程分解为若干个功能子系统，并按照这些功能子系统的构成来组织生产单位，安排生产任务，这便形成了生产单位的专业化。

生产单位专业化原则主要有工艺专业化组织原则、对象专业化组织原则和混合专业化组织原则三种，与此相对应的有：工艺专业化生产单位（工厂、车间、工段、班组等）、对象专业化生产单位和混合组织性生产单位。

(1) 工艺专业化组织原则。也称工艺原则，是按照生产过程的各个工艺阶段的工艺特征来组织生产单位的一种方法和形式。按照这种原则组织起来的生产单位具有工艺特点相同、设备相近、工种与工人技能相似的特点。工艺专业化组织往往形成间断性的生产系统，能适应很多品种的变化，但效率难以提高。

(2) 对象专业化组织原则。也称对象原则，是把加工对象的全部或大部分工艺过程集中在一个生产单位之中来组织生产的一种方法和形式，在这种生产单位中集中了为制造某种产品所需要的各种类型的机器设备以及相应工种的工人，对同一对象进行不同工艺阶段的加工，能独立完成一种或少数同类产品的全部或大部分工艺过程，因此也称为封闭式或半封闭式生产单位。对象专业化的生产单位属连续型生产系统，具有高效率的特点，但随着封闭性、高效率的提高，系统应变能力下降严重。

（3）混合专业化组织原则。这是综合运用上面两种原则来建立生产单位的一种方法和形式。由于上面两种方法优势明显，但劣势也很突出，所以，人们就探索出了这样一种能在某种程度上兼容上述两种专业化生产单位优点的混合专业化组织原则。在这一组织原则中最具特点的应属利用成组技术概念而形成的一种生产单位组织形式。所谓成组技术（Group Technology，简称 GT）是将企业生产的所有零件，按其形状、尺寸、毛坯种类等要素的相似性进行零件分类，然后根据相似零件所形成的零件组，把它们所要用到的加工工艺手段（设备、工人、工具等）进行归并，形成成组生产单位来组织同类相似产品的生产。在这种组织中，由于零件形状导致的工艺相似性可以产生成组单元中的工艺封闭性，同时该单元还具有对这一零件（如轴、套类回转体或箱体类零件等）的广泛适用性，因此在很大程度上综合了工艺原则与对象原则的优点，既具有很大的应变能力又有相当高的效率。

混合组织原则的另两种形式包括在对象专业化基础上形成的工艺专业化生产单位，以及在工艺专业化基础上形成的对象专业化生产单位，它们本质上仍是一种专业化组织，只是从不同角度观察而形成的区别而已。

2. 生产过程时间组织

生产过程的时间组织的目标，就是要节约时间，缩短产品的生产周期。产品（或零件）在整个生产过程或其中某个生产阶段、生产环节，从投入到产出所需要的全部时间，称为生产周期。一般而言，在离散型生产过程中，生产周期与工件在工序间的移动方式有关。而当同时制造一批相同的产品时，各工序之间在工序衔接方式上有三种：

（1）顺序移动方式。这是指一批工件在前道工序全部加工完成之后，才整批地转移到下道工序加工的移动方式。这种移动方式需要集中加工、集中运输一批工件，所以有利于减少设备的调整时间和提高工效。但由于工件中大多数都有等待加工或运输的时间，因而生产周期比较长。所以，这种方式适合于产品批量不大、工序单件作业时间较短的情况下使用。

（2）平行移动方式。这是指在一批工件中，每一个工件在上道工序加工完毕后，立即转移到后道工序继续加工，工件在各道工序上呈平行作业。在这种方式下，工件在各道工序间逐个运送，停歇时间短，因而整批工件生产周期最短。但是，工件运输工作频繁，当前、后两道工序的单件加工时间不相等时，会出现等待加工或停歇现象，设备空闲时间多而零碎，不便于充分利用。

(3) 平行顺序移动方式。这是将上述两种移动方式结合起来，综合两者优点的形式。这种方式的工件在工序间的移动分两种情况：一是当前道工序的单件作业时间大于后道工序的单件作业时间时，前道工序完工的在产品，并不立即转移到下道工序，而是在积累到一定的数量，足以保证后道工序能连续加工时，才将其转移到下道工序；二是当前道工序的单件作业时间比后道工序的单件作业时间短或相当时，按照平行移动方式转移。

上述三种方式，单纯从生产周期上看，平行移动方式最短，平行顺序移动方式次之，顺序移动方式最长。但在选择移动方式时，不仅要考虑生产周期，还要考虑其他一些因素。选择原则如表 8－1 所示。

表 8－1　　选择移动方式的因素

移动方式	零件重量	任务期限	批量大小	专业化形式
平行移动方式	大	紧	大	对象专业化
平行顺序移动方式	小	紧	大	对象专业化
顺序移动方式	小	不紧	小	工艺专业化

资料来源：李自如等：《现代企业管理学》，中南大学出版社 2001 年版，第 196 页。

8.3　生产计划

8.3.1　生产计划的概念

生产计划在企业管理体系中占有重要的地位，它把企业生产经济活动与国民经济计划和市场需求有机地结合起来，使企业生产能力得以充分利用，从而实现企业计划期的生产经营目标，提高企业的经济效益。

企业生产计划，也称生产大纲，它是企业在计划期内应完成的产品出产任务和进度的计划。它是具体规定企业在计划期内应该生产的产品品种、产量、质量、产值、出产期限和生产能力利用等一系列生产指标。它不仅规定了企业内部各车间的生产任务和生产进度，还规定了企业之间的生产协作任务。生产计划的主要任务是充分挖掘企业的内部资源，不断生产出市场需要的产品。它是企业生产计划的主体，是企业全体员工实现生产目标的行动纲领，也是编制其他计划的重要依据。

企业生产计划划分为长期计划、中期计划和短期计划三种。长期计划即生产方向的长远规划，可按五年或更长期限编制；中期计划是按两年或三年编制的生产发展规划；短期计划是年度及更短时期的生产计划。本节所讨论的是年度计划。

8.3.2 生产计划的指标体系[①]

年度计划包括：产品质量计划、产值计划、产品出产进度计划、生产协作计划等。这些计划是由一系列生产指标所构成。生产计划的指标有：产品品种指标、质量指标、产量指标、产值指标。这些指标各有不同的内容和作用，并从不同的侧面来反映对生产的要求。

1. 产品品种指标

产品品种指标是企业在计划期内生产的产品品名和品种数。品种是按具体产品的用途、型号和规格来划分的。品种指标不仅反映了企业产品在品种方面满足国家和市场需要的程度，而且反映了企业技术水平和管理水平的高低。

2. 产品质量指标

产品质量指标是指企业在计划期内生产的各种产品应该达到的质量标准。产品质量是衡量产品使用价值的重要标志，它综合反映了企业的技术水平、管理水平和员工素质水平。质量指标有两类：一类是反映产品本身质量的指标；另一类是反映产品生产过程中工作质量的指标。

3. 产品产量指标

产品产量指标是指企业在计划期内生产的符合质量标准的产品数量。产量指标既反映了企业向社会提供的使用价值，也反映了企业的生产成果、生产技术水平和生产规模，是企业制订产值、成本、利润等计划的主要依据。

4. 产值指标

产值指标是指以货币表示的产量标准。它规定企业在计划期内的全部产品

① 葛素洁，杨浩：《现代企业管理学》，经济管理出版社 2001 年版，第 347 ~ 350 页。

和工业性劳务的价值。

1）总产值。用货币表示的企业在计划期内完成的工业生产活动总成果的数量。总产值指标用以反映一定时期内企业的生产规模和水平，可按不变价格计算。其内容包括：用自备原材料生产的可供销售的成品和半成品的价值，用订货来料生产的产品价值，对外承做的工业性劳务价值，期末期初在制品差额的价值。用公式表示如下：

$$总产值=\frac{商品产值}{（工业销售产值）}+\left(\frac{期末在制品、半成品}{自制工具、模具价值}-\frac{期初在制品、半成品}{自制工具、模具价值}\right)+\frac{订货来}{料价值}$$

2）工业销售产值（商品产值）。是以货币表现的工业企业在一定时期内销售的工业产品总量。它包括已销售的成品、半成品价值，对外提供的工业作业价值。通常按现行价格和不变价格计算。

$$\frac{工业销}{售产值}=\frac{自备原料生产}{成品的价值}+\frac{外售半成}{品价值}+\frac{用订货者来料生}{产产品加工价值}+\frac{对外承做的工业}{性劳务价值}$$

3）工业增加值。是企业在计划期内以货币表现的工业生产活动的新增加值。其计算方法有两种：

（1）生产法。计算公式：

$$工业增加值=总产值-中间消耗$$

（2）分配法。计算公式：

$$工业增加值=应得的产品销售利润+税金+工资+福利基金+大修理基金+其他增加值$$

考虑到我国目前工业统计状况和数据资料条件，目前采用的是在工业总产值和工业净产值编制的基础上进行调整计算。

即：工业增加值＝工业净值＋折旧费＋大修理基金－利息支出－支付给其他非物质生产部门的各种费用

8.3.3　生产计划的编制步骤

编制生产计划就是在市场调查、预测和决策的基础上，在充分利用企业各方面资源的前提下，经过反复测算和综合平衡后，确定生产计划指标和生产计划大纲。具体来说，编制程序如下：

1. 调查研究，收集信息

通过企业内外的调查研究，了解市场对产品的需求情况，市场的竞争状况，企业的中长期发展计划，劳动力现状，设备运转情况，生产能力。生产所需资源的供应状况等等。

2. 拟定生产计划指标方案，进行方案优化

经过调查研究，掌握了制订计划的必要资料后，就可以初步拟定生产指标方案。在拟定生产指标的过程中，要综合考虑各种因素，既要着眼于市场需求，又要有生产能力的保证。同时，还要运用现代的管理方法和运算工具，对各方案进行优化。

3. 综合平衡，确定生产计划指标

把初步提出的生产计划指标同各方面的条件相平衡，使生产任务得以落实。综合平衡工作包括：生产任务同生产能力的平衡、各项计划指标之间的平衡、生产任务同物质供应之间的平衡。通过测算，能实现上述平衡，生产计划指标就能确定下来。

4. 编制生产计划大纲

生产计划大纲的主要内容包括：编制生产计划的指导思想、主要的生产指标、完成计划的难点及重要环节、需要采取的有效措施以及生产计划表。

8.3.4 生产计划的线性规划模型

这是一种通过生产管理信息系统来进行日常生产计划制订的方法。线性规划是合理利用资源、合理调配资源的一种应用数学方法，它的基本思想就是在满足一定约束的条件下，使预定目标达到最优。生产多种产品的企业，可采用线性规划模型求最优解。生产计划的规划模型由四部分组成：

1）变量。变量即未知数，是系统中有待确定的未知因素，也是决策系统中的可控因素。通常用带有不同下标的英文字母表示不同变量。例如以 X_1，X_2，X_3，…，X_n 等表示年计划中不同产品的产量。

2）目标函数。实际系统的目标，应用数学形式表示出来称为目标函数。线性规划的目标函数是求系统目标的极值。极大值如利润极大、效率极大，极小值如成本极小、费用极小等。

3）约束条件。约束条件是指实现系统目标的限制因素，通常包括：生产力约束、原材料约束、能源约束、库存水平约束等。

4）非负限制。线性规划的变量应为正值，因为在实际问题中变量所代表的均为实物，不能为负。

［**例 8.1**］某企业生产 A，B，C，D 四种产品，由材剪、冲压、喷漆车间顺序加工而成，生产数据和经营资料如表 8－2 所示。要求拟定一个最大利润的年生产计划。

表 8－2　　A，B，C，D 四种产品的生产数据和经营资料

项目	产品的工时定额				车间年可用工时
	A 产品	B 产品	C 产品	D 产品	
裁剪车间	0.03	0.15	0.05	0.10	400
冲压车间	0.06	0.12	—	0.10	400
喷漆车间	0.04	0.20	0.03	0.12	450
市场营销预测	4 000～6 000	≤5 000	2 000～3 000	100～200	进口钢板
单件利润（万元）	4	10	5	6	供应量
进口钢板用量	—	2	—	1.2	≤2 000

X_1，X_2，X_3，X_4 为 A，B，C，D 的生产量，P 为利润。

目标函数：

$$P_{\mathrm{MAX}}=4X_1+10X_2+5X_3+6X_4$$

约束条件：

（1）各车间可用工时约束。

裁剪车间　$0.03X_1+0.15X_2+0.05X_3+0.10X_4\leqslant 400$

冲压车间　$0.06X_1+0.12X_2+0.10X_4\leqslant 400$

喷漆车间　$0.04X_1+0.20X_2+0.03X_3+0.12X_4\leqslant 450$

（2）市场需求约束。

A 产品　$4\,000\leqslant X_1\leqslant 6\,000$

B 产品　$X_2\leqslant 5\,000$

C 产品　$2\,000\leqslant X_3\leqslant 3\,000$

D 产品　$100\leqslant X_4\leqslant 200$

（3）进口钢板供应约束。

$2X_2+1.2X_4\leqslant 2\,000$

（4）变量非负。

$X_j\geqslant 0$（$j=1$，2，3，4）

列出如上方程组后可用线性规划软件求解，计划人员只要建立模型，输入必要的数据即可，而不必了解模型求解细节。

8.3.5 生产任务与生产能力的匹配

1. 生产能力的核定

工业企业的生产能力是指企业固定资产在一定时间和一定技术组织条件下，经过综合平衡以后，所能生产一定种类的产品的最大数量。它是制订企业生产计划的一个重要依据。

企业的生产能力，在一定时期内是相对稳定的。但是，随着生产的发展和技术组织条件的变化，生产能力也会发生相应的变化。根据核定生产能力时所依据的条件不同，以及生产能力的用途不同，企业的生产能力可以分为三种：

1）设计能力。设计能力是指企业设计任务书和技术设计文件中所规定的生产能力，是生产性固定资产在最充分利用工作时间和最完善的技术组织条件下应该达到的最高生产能力。企业建成后，投产初期可能达不到设计能力，经过一段时间熟悉和掌握生产技术后，才能达到或超过设计能力水平。

2）查定能力。查定能力是指企业在没有设计能力的数据或原设计能力数据不能准确地反映企业生产能力水平时，重新调查核定并经主管部门批准的生产能力。查定生产能力时，要以企业现有固定资产等条件作为依据，并要结合企业所采取的各种技术组织措施或进行技术改造后所取得的效果来确定。

3）计划能力。计划能力，又称现有能力。它是指企业在计划年度内实际能够达到的生产能力。它是根据企业现有的生产条件，并考虑到计划年度内能够实现的各种技术组织措施效果来确定的。

上述三种生产能力中，设计生产能力和查定生产能力可以作为确定企业生产规模、编制企业长远规划、安排企业基建和技术改造工作的依据；计划生产能力则是企业编制年度计划，确定生产计划指标的依据。

2. 生产能力与生产任务的平衡

在企业计划编制后，企业要根据企业实际条件来控制计划的实施，要进行生产任务与生产能力的平衡，检查生产能力与生产任务是否相互适应。平衡的目的在于查明生产能力对计划任务的保证程度，发现生产能力余缺，采取措施，以使生产能力得到充分利用。平衡过程如下：

1）进行生产任务与生产能力的比较。

（1）以实物单位进行比较。即将生产任务中各种产品产量折合为以代表产品或重量单位表示的计划产量后，与以同样单位表示的生产能力进行比较。

（2）以台时为单位进行比较，即根据单位产品台时消耗定额，计算出为完成生产任务所需的设备组的台时消耗量，并与设备组的年有效工作时间数进行比较。

2）根据生产任务与生产能力的比较结果，采取相应的措施。生产能力等于生产任务，说明完成任务有生产能力保证，因此，生产任务是落实的；生产能力大于生产任务，则不但生产计划的完成有充分保证，而且生产能力有富余。如果此时，社会对产品有需求，而且企业也有原料来源，则可适当增加生产任务，以使生产能力得以充分利用。生产能力小于生产任务，说明生产任务还不能落实，必须采取措施提高生产能力，或者修改生产计划。

8.4　MRPⅡ、ERP 与 AM 简介

8.4.1　制造资源计划（MRPⅡ）

MRPⅡ中的制造资源既包括生产系统的内部资源要素，如构成生产能力的设备、人员、动力、能源等，以及生产系统的非结构化要素与相应管理体制；同时还包括与生产系统发生关系的周边系统资源，如市场资源、财政资源、技术资源等。制造资源计划的发展大致经历了从订货点法到库存订货计划、从库存订货计划 MRP 到作为一种生产与控制系统的闭环 MRP、从闭环 MRP 到作为一种生产管理信息系统制造资源计划等几次飞跃。

MRPⅡ的基本思想是把企业作为一个有机整体，通过运用科学的方法对企业各种制造资源和产、供、销、财各个环节进行有效地计划、组织和控制，使他们得以协调发挥作用。

一般认为，MRPⅡ管理模式具有以下几方面的特点，每一项特点都含有相辅相成的管理模式的变革和人员素质或行为变革两方面。

1. 计划的一贯性与可行性

MRPⅡ是一种计划主导型管理模式，计划层次从宏观到微观、从战略到战术、由粗到细逐层优化，但始终保持与企业经营战略目标一致。它把通常的三

级计划管理统一起来，计划编制工作集中在厂级职能部门，车间班组只能执行计划、调度和反馈信息。计划下达前反复验证和平衡生产能力，并根据反馈信息及时调整，处理好供需关系，使下达的计划是可执行的。

2. 管理的系统性

MRPⅡ是一项系统工程，它把企业所有与生产经营直接相关部门的工作联结成一个整体，各部门都从系统整体出发做好本职工作，每个员工都知道自己的工作质量同其他职能的关系，从而形成了强烈的团队精神。

3. 数据共享性

MRPⅡ是一种制造企业管理信息系统，企业各部门都依据同一数据信息进行管理，任何一种数据变动都能及时地反映给所有部门，做到数据共享。在统一的数据库支持下，按照规范化的处理程序进行管理和决策。这就解决了以往信息不通的情况。

4. 动态应变性

MRPⅡ是一个闭环系统。它要求跟踪、控制和反馈瞬息万变的实际情况，管理人员可随时根据企业内外环境条件的变化迅速做出反应，及时调整策略，保证生产顺利进行。它可以及时掌握动态信息，保持较短的生产周期，因而有较强的应变能力。

5. 物流、资金流的统一

MRPⅡ包含了成本会计和财务功能，可以由生产活动直接产生财务数据，把实物形态的物料流动直接转换为价值形态的资金流动，保证生产和财务数据统一。财务部门及时得到资金信息用于控制成本，通过资金流状况反映物料和经营情况，随时分析企业的经济效益，参与决策，指导和控制经营和生产活动。

6. 质量保证的功能

实施MRPⅡ与ISO9000是相辅相成的。还有一些新的MRPⅡ软件中又增加了质量管理模块，用来记录、统计和查询有关质量管理的信息。事实上，MRPⅡ系统的质量保证不只是靠一个质量模块，而是渗透到系统的各个环节。

以上几个方面的特点表明，MRPⅡ是一个比较完整的生产经营管理计划体系，是实现制造企业整体效益的有效管理模式。

8.4.2　企业资源计划（ERP）简介

1. ERP 的核心思想和基本特征

企业资源计划系统是建立在信息技术基础上，通过前馈的物流和反馈的信息流、资金流，把客户的需求和企业内部的生产活动以及供应商的制造资源整合在一起，以系统管理的思想体现按用户需求制造的一种供应链管理思想的功能网链结构模式。

ERP 是由美国 Gartner Group 公司在 20 世纪 90 年代初期提出的一种全新的管理方法，它的重点在于通过加强企业间的合作强调对市场需求的快速反应、高度柔性的战略管理以及降低风险成本，实现高收益目标等优势，从集成化的角度管理供应链问题。它实质上仍以 MRPⅡ为核心，但 ERP 至少在两方面实现了拓展：一是将资源的概念扩大，不再局限于企业的内部资源，而是扩大到整个供应链条的资源，供应链内的供应商等外部资源也被作为可控对象集成进来；二是把时间也作为资源计划的最关键的一部分纳入控制范畴，这使得决策支持系统被看作 ERP 不可缺少的一部分，将 ERP 的功能扩展到企业经营管理中的半结构化和非结构化决策问题中。

ERP 的基本特征表现在如下几个方面：（1）超越了制造资源计划系统的范围和集成功能；（2）支持混合方式的制造环境；（3）支持动态的监控系统，提高业务绩效；（4）支持开放的客户机/服务器计算环境。

2. ERP 的功能

Gartner Group 提出 ERP 具备的功能标准包括四个方面：

1）超越了 MRPⅡ的范围和集成功能。包括质量管理、实验室管理、流程作业管理、产品数据管理、维护管理、管理报告和仓库管理。

2）支持混合方式的制造环境。包括：既可支持离散又可支持流程的制造环境；按照面向对象的业务模型组合业务过程的能力和国际范围内的应用。

3）支持动态的监控系统，提高业务绩效。包括：在整个企业内采用控制和工程方法、模拟功能、决策支持和用于生产和分析的图形能力。

4）支持开放的客户机/服务器计算环境。包括：客户机/服务器体系机构，图形用户界面，计算机辅助设计工程，面向对象技术，使用 SQL 对关系数据库查询，内部集成的工程系统、商业系统、数据采集和外部集成。

ERP 是对 MRPⅡ的超越，从本质上看，ERP 仍然是以 MRPⅡ为核心，但在功能和技术上却超越了传统的 MRPⅡ，它是以顾客驱动的、基于时间的、面向整个供应链管理的企业资源计划。

8.4.3 灵捷制造（AM）

21 世纪的激烈的竞争使许多国家制订了旨在提高自己国家在未来世界中竞争地位、培养竞争优势的先进制造计划，在这诸多计划中，尤为著名的是灵捷制造。所谓灵捷制造是一种以先进生产制造技术和动态组织结构为特点，以高素质与协同良好的工作人员为核心，采用企业间网络技术从而形成的快速适应市场的社会化制造体系，被称为 21 世纪的生产管理模式与战略。相对于 MRPⅡ和 ERP 来说，灵捷制造更具灵敏、快捷的反应能力，具体而言，这种未来生产模式具有如下几方面的创新。

第一，市场方面。对市场需求反应快速敏捷，变一般的市场导向为消费者参与的市场导向。灵捷制造能灵活快速地提供丰富的品种、任意的批量、高性能、高质量、顾客十分满意的产品和服务。

第二，生产方面。以具有集成化、智能化、柔性化特征的先进制造技术为支撑，建立完全以市场为导向、按市场需求任意批量而快速灵活地制造产品、支持顾客参与生产的灵捷生产系统。

第三，产品设计和开发方面。利用计算机过程模拟技术和并行工程的组织形式，既可实现产品、服务和信息的任意组合，从而极大地丰富品种，又能极大地缩短产品设计、生产准备、加工制造和进入市场的时间，从而保证对消费需求的快速灵敏的反应。

第四，企业管理方面。以灵活的管理方式达到组织、人员和技术的有效集成，尤其强调人的作用，充分发挥员工的积极性和创造性，在管理方法上注重全过程的管理。

第五，社会方面。消除地域和时差的限制、充分合理地利用社会资源，尤其强调环保和节能，进行绿色制造，保持良好的社区关系和社会形象。

灵捷制造模式追求实现理论上生产管理的目标，适应未来社会发展的 21 世纪生产模式，它的实现需要技术、组合及管理等方面的支撑。同时，它作为一种生产管理的创新模式，能系统全面地满足高效、低成本、高质量、多品种、迅速及时、动态适应等现在看来难以由一个统一的生产系统来实现的生产管理目标要求，无疑是未来企业生产管理技术发展和模式创新的方向。

复习题

1. 物质生产过程与知识生产过程的区别与联系。
2. 简述生产过程组织的概念以及组织生产过程的基本要求。
3. 简述生产过程组织的构成。
4. 生产计划的概念及其目标体系。
5. 如何进行生产控制（生产任务与生产能力如何进行匹配）？

案　例

东南（福建）汽车工业公司信息化应用案例

福建，地处祖国东南沿海，位于台湾海峡西岸，两地具有同文同宗的人文地理优势。在福州的闽侯青口镇，一家闽台合资汽车企业——福建东南汽车工业有限公司，胸怀一个梦想——“鹏起东南，飞翔世界”。

汽车行业作为特殊的离散集成型制造业，竞争形式表现在上游供应商、汽车公司和下游经销商和客户所形成的产业链与产业链之间的竞争。目前，东南汽车在国内有100余家具有优良品质和管理的上游汽车配件供应商，其中包括，闽侯青口镇东南汽车城里从台湾跟进的包括联泓、协展、台亚、东金等30余家配件供应商，总装生产线上缺任何一种零部件都会造成停工损失。如何调度好汽车零部件供应、利用生产线空间和保证汽车质量是非常关键的。无疑，应用信息化手段是必然选择。

业内有个看法，认为福建东南汽车工业公司已经采用了“神州数码”的易飞 ERP 系统。其实，在东南汽车城这个生产基地里，只是东南汽车公司的30多家配套厂采用易飞 ERP 软件，这30多家配套厂都是随中华汽车一起来大陆投资的具有独立法人资格的台商，不过在企业信息化的规划方面，他们是唯“东南”马首是瞻。而福建东南汽车工业公司生产部分的系统是从台湾中华汽车公司引入 MRPⅡ这一块，这套 MRPⅡ系统已经用了十几年，在中华汽车已经生产的车种，市场的一些需求信息等各方面，已经有一个很成熟的基础在里面。“通过 MRPⅡ系统能够向配套厂下订单，然后通过它把整个物料账给管理好，”同样来自台湾的东南汽车公司生产管理部经理刘建成是这么看的。

福建东南汽车工业公司生产管理部经理刘建成："在我们的生产部分，我们就先考虑根据生产订单要生产哪些车型，每种车型需要哪些零部件，整个的物料清单先要把它弄出来。这些信息，你不能单单靠纸张去管理，你一定要把它放到你的计算机里面去。所以我们的想法就是先把这些车子的零部件，把它弄清楚以后，总装线将生产哪一种车子，每一部车对零部件的品种、用量到底需要多少，然后把这些资料都传输到这个计算机管理系统，那你要生产多少台车，你需要多少零部件，才有办法去计算出来，并依据这些来下订单。最后你才知道整个的生产计划排出来，是什么时候，我要做什么车子，做多少台，那你配套厂的物料什么时候要进来，所以，我们就是从 MRPⅡ（制造资源计划）这块先开始。"

然而，大陆与台湾相比在地理环境和气候条件方面都有很大的差别。比如说，1. 在西北、东北地区，需要给汽车增加暖气设备，对坐椅的式样要求也会有不一样；有雪地的区域，需要提高汽车在刹车和底盘的制动性能；2. 在国内的一些政府单位和全国性公司的集团采购，他们又要求满足全国部门和分支机构的需求为统一采购标准。这些特殊需求订单与此前中华汽车在台湾的情况相比，提高了10%，特别是在2003年的"非典"期间的救护车订单，更是提高到25%。比如救护车的坐椅要直排不要横排、要加氧气桶、能够开天窗，等等。因此，东南汽车在标准车种的信息化管理基础上，增加特殊功能需求的"点菜单式"管理。通过将销售部门接回的订单与标准化的车种进行比较，形成差异对比表，将特殊部件的品种、交货时间等通过东南汽车的资讯系统同时提交生产调度部门、设计部门、装配线以及配套厂，确保相关单位人员及时、有效地完成任务，使企业快速响应市场需求。

谈及此，刘建成感慨道："往往在特殊的订单车，像上次'非典'的话，这都是很紧急的，客户不能等你说：'我车子等一下做出来再给你。'市场怎么可能让你等那么久？所以说，怎样用最快的速度满足质量要求，又能够把车子做出来，然后快速交到客户手上去，这个就完全要靠信息化管理在背后来做管控。"也正是通过信息化手段实施有效的生产和质量管理，福建东南汽车工业公司在国内汽车行业，首家通过 ISO9001：2000 版质量体系认证，也是国家强制性产品 3C 认证首批合格企业。

给生产管理一双明亮的"眼睛"

东南汽车建厂初，年产量只有 2 000 多台，而且只有"得利卡"一种商用车型（面包轻客型）。从 1999 年开始，东南汽车引入了"富利卡"（jeep 商用型）车型，产量提升到5 000多台，到2002年，这两款车产量已近48 000台，2003年3月，东南汽车推出“菱帅”轿车，到2003年10月份，东南汽车公司第二条生产线已投入使用。

此前，在东南的一条生产线里面有“得利卡”、“富利卡”和“菱帅”三种车“混线生产”。需要说明的是，“混线生产”的概念不是说今天生产线全部都做“得利卡”，然后明天再来做“富利卡”或是“菱帅”，东南汽车的生产管理部门首先要把车子依照市场的订单需求量，按照比例将三种车型混排在生产线里面进行装配。这当中产生的问题是：生产规模扩大、车种和物料增加、管理控制点增多，但是生产装配线只有一条。在装配现场不可能堆放大量的物料，也不能让供应商的资金都压在自己仓库的存货上，应该怎么办呢？

“比如根据生产计划安排，这一台是装配‘得利卡’的，后面一台是‘富利卡’的，或者是‘菱帅’……我们就跟资讯部门商谈，把生产线上的车辆装配顺序，通过信息化系统实时告诉配套厂，让我们的配套厂也按照这个生产计划顺序去生产。因为我每个车型的装配清单展开来都有三四十个零部件品种系列。比如，坐椅我们就有十几种，‘后桥’也会不同，因为不同的排量，它本身发动机输出的功率不同，所以车的后桥也会不一样。在这种情况之下，我们就透过信息系统和网络给东南的配套厂‘一双眼睛’，让它们知道，东南汽车现在准备生产什么车型，生产顺序是怎样排，”刘建成经理还补充道，“像这些信息传递的事情，我要打电话去讲是讲不清楚的，一定是靠着信息化部门的支持。有了这套东南汽车城内的网络系统，我们的配套厂信息部门可以在计算机上实时显示，我们的生产顺序是什么，需要的物料是什么？然后他们就根据现有库存安排生产和外协、采购，并按照这个顺序准时交货过来。我们给配套厂这双‘眼睛’，就需要公司的资讯中心来支持。”目前，在东南汽车城内的每一个配套厂都与东南汽车公司资讯中心进行联网，可以实时查看生产线装配动态，并及时下载、打印需要生产的零部件。

打通信息流与物流的“经脉”

快速的反应与强健的身体是实战中战胜对手的两大法宝，同样，快捷的信息流必须与高效的物流结合，才能促使信息化的效益发挥到最大程度。目前东南汽车在福州青口镇的东南汽车城内有30余家配套厂，具有中华汽车公司在台湾内不具备的独特地理环境。目前，东南汽车总装线每天有几百台汽车下线，而总装生产线上只有一天的汽车零部件库存。这些工作是如何做到的呢？东南汽车公司在信息化方面，是通过计算机网络系统并采用订单式的管理和

“看板”管理、准时制生产（JIT）等先进生产管理方法；在物流方面，配套厂每隔一个小时向总装厂送一次零件。

我们还是来看看实际情况，东南汽车每旬都会向配套厂下计划订单，这些订单并不是要求供应厂商交货的通知依据，而是作为给厂商做生产物料准备的。配套厂向总装生产线交货的实际依据是依照东南汽车本身给它的一个“看板”。为什么要用“看板”管理，为什么不用“订单式”管理呢？如同超市经营一样，超市里一般商品都很充足。每天消费者购买商品，然后通过前台POS机买单结账。在每天盘点营业情况时，超市就会根据卖出去的商品与现有的库存后决定第二天进货的品种与数量。东南汽车的装配线“看板”管理采用的也是这个补货原理。比如说9月15日，东南汽车生产管理部要为配套厂做10月上旬汽车订单生产计划，而实际在9月15日一直到9月底这15天内，整个生产和市场的需求有可能发生变动，这在东南汽车给配套厂的订单上面并不能体现，所以必须要“订单”管理与实时“看板”管理相结合，做到粗中有细。

刘建成经理作了详细的解释：“我们的生产看板是每一小时去收一次，生产线用掉了多少物料，生产线中就会扔出多少生产看板。那么我们每一个小时去把‘生产看板’收回来，收回来以后我通过红外线扫描的方式，采集看板上的信息数据，我再通过信息系统和网络提供给配套厂，然后配套厂在交货的时候，总装厂也就让他带‘移动看板’带回去，最后他就依照他带回去的‘移动看板’来交货。只要生产线用掉多少物料，配套厂就交多少过来。这样，我们就可以用较低的生产线库存来保证生产装配的要求，同时，也减少因为配套厂商交货原因，而导致的停工待料情况的发生，也降低了成本，有助于我们完成任务和指标。”

IT规划——盘旋于目标之上

企业信息化建设要求企业“统筹规划、分步实施、滚动发展、讲求效益”。但是困难往往在于统一的IT规划，你怎么去做的问题？这是个很重要也很必要的事。要推动信息化工作，你本身要走对的路，假如走错了路，那这一次规划出来的事情，可能后面会走不通，那结果就要推倒重来了。

比如在东南汽车公司为三十家配套厂选择ERP软件，当时资讯中心有个想法是说，选两三家厂商的软件，由配套厂自己挑选，但是后来发现这样做后果严重，万一今后要做供应链系统整合的时候会出现困难，必须做两三套软件的接口跟东南的一套接口来传输信息数据，就会产生很多不可控的问题，比如数据信息丢失或失真，而到底是哪一家出的问题？无法理清责任。

“开始如果这条策略如果错了，那么将导致后面全盘皆错，所以资讯工作中‘规划’这件事情很重要。所以必须要结合这个企业本身，不管是经营的策略，还是高阶主管的意见，都要综合考虑到。”资讯中心经理黄振昌谈到对IT 规划的认识。

当然，对于企业信息化的发展，资讯中心经理黄振昌还有自己的认识：“现在有人提出 Extended Enterprise，就是延伸型的企业，信息化已经不再局限在企业内部了，不再局限于企业内部的 Enterprise Resource Planning（企业资源计划），还会向上游、下游这整个价值链发展起来。这都属于信息化的范围，不单纯内部的信息化还有外部的。”

资料来源：谢磊：《现代制造》，载《制造》，2004 年 6 月 1 日。

结合案例回答：

1. 东南汽车是怎样进行生产管理的？
2. ERP 对东南汽车具有什么样的作用？
3. 何谓“看板管理”，结合本文，谈谈你对“看板管理”的看法。

第 9 章

质 量 管 理

本章要点

◇ 全面质量保证体系中设计试制过程的质量保证的内容
◇ 质量保证体系运转的基本方式
◇ ISO9000：2000 版的八项质量管理原则
◇ ISO9000 标准与六西格玛管理

质量是企业的生存之本。没有质量，就吸引不到顾客，也就无法取得效益，企业也将无法生存，随着科学技术的进步，生产力水平不断提高，消费者质量观念逐渐科学化，质量竞争日趋激烈。也因此，质量管理在企业管理中的地位日渐重要，质量管理理论也不断发展和完善。

9.1 质量管理的概念

9.1.1 质量与质量管理

1. 质量

质量是指产品、过程或服务满足规定要求或需要的特征和特性的总和。在这里，质量有两重含义：狭义和广义之分。狭义的质量就是指产品质量；广义的质量是全面质量，包括产品质量、工作质量和工程质量。

1）产品质量。按照美国著名质量管理专家朱兰博士的观点，产品质量是指“产品的适用性”，即产品适合一定用途，满足社会需要所具备的特性功能的总和。产品不同，对质量要求的表现也不同。一般而言，产品质量特性包括以下几个方面：

（1）性能。是指产品满足使用目的所具备的技术特性，如产品的物理性能和化学成分。性能是最基本的质量特性，如电视机的清晰度等。

（2）寿命。是指产品能够使用的期限。即产品在规定的条件下，满足规定要求的工作总时间。如灯泡的使用小时数，轮胎的行驶里程数等。

（3）可靠性。是指产品在规定的时间内和规定的条件下完成规定任务的能力，即产品实现满足用户要求的能力。常用的衡量指标有工作时间、工作次数、平均故障率等。

（4）安全性。是指产品在操作或使用过程中保证安全的程度。安全性一般用事故频率或事故严重程度两项指标来表示。

（5）经济性。是指产品寿命周期总费用的大小。寿命周期费用包括制造成本（购价、运费、安装费），使用成本（工人工资、耗能费用和维修费用）。

（6）外观。是指产品的造型、色泽、包装等外观质量特性，如汽车车身大小、车座设计是否合适、颜色等。

软件类别的质量特性有：功能、可靠性、便于操作、效率、可维修性、可移植性、保密性和经济性等。

产品质量特性，有的可以直接定量表示，如钢材的化学成分、抗拉强度等。但有的只能定性描述，如外观、色泽等。而这时就必须用统一的质量标准和手段，评价和检验产品。

质量标准是把反映产品质量主要特性的技术参数或技术经济指标进行明确规定所形成的技术文件。其主要内容有：产品名称、用途和适用范围；产品规格和技术要求；检验工具和检验方法；产品的包装和运输等方面的要求。根据颁布单位和适用范围的不同，产品质量标准主要分为企业标准、部颁标准、国内标准、国际标准和合同标准五类。这些都是具有社会法律效力的标准，产品符合这些标准，则为合格品，否则为不合格品、次品或废品。

2）工程质量和工作质量。工程质量是指由操作者、原材料、机器设备、加工方法、工作环境等综合作用下形成的产品质量，工程质量对产品质量起着直接的影响作用。

工作质量是指企业的管理工作、技术工作和组织工作对达到产品质量标准的保证程度，是指企业各方面工作的质量水平。产品质量是企业各部门工作质量的综合反映。一般而言，操作者的素质和工作熟练程度，设备的精度等，加工对象使用的原材料、辅助材料等的质量，加工产品的工艺规程、试验手段、操作方法和组织管理方法等，工作现场的环境条件等都会影响到工作质量。

3）产品质量、工程质量、工作质量的关系。产品质量是工作质量结果，如废品率、次品率、返修率等；工作质量是产品质量的基础和保证，因为产品的质量是在产品的生产过程中形成的。所以，只有抓好工作质量，产品质量才能得到可靠的保证和提高，这也是质量管理的基本观点之一。工作质量一般包括人的质量意识、业务能力、各项工作标准、工作制度以及人们在贯彻执行这些标准和制度过程中的严密程度等。工程质量是指企业为保证生产合格产品而具备的全部手段和条件以及所能达到的水平。在产品的生产过程中，工作质量主要体现在工程的质量上。三者关系如图 9－1 所示①。

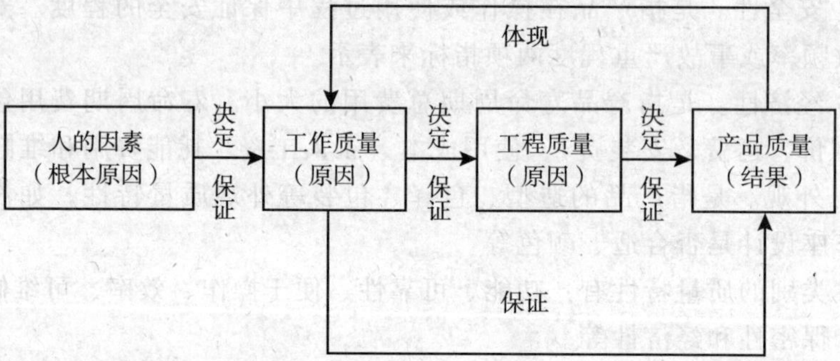

图 9－1　产品质量、工程质量、工作质量三者之间的关系

2. 质量管理

质量管理是企业为了保证和提高产品或工作质量所进行的调查、计划、组织、协调、控制、检查、处理及信息反馈等活动的总称。质量管理是企业全部管理活动中的一个方面，具体包括以下内容：

1）制订质量方针和目标。质量方针，又称质量政策，是指由某机构的最高层领导正式颁布的总的质量宗旨和目标。如产品质量要达到的水平，对企业质量管理活动的要求，售后服务的总原则等，都属于质量方针范畴。质量方针是企业开展工作的指南。质量目标是企业按照质量方针所提出的在一定时间内质量上要达到的预期成果，如废品率下降，返修率下降等。在实践中，应注意产品或服务质量相互作用对质量目标的影响以及消费者对质量的要求并依此提出新的质量要求。其中，质量环是评价质量是否达到目标的代

① 王关义等：《现代企业管理》，清华大学出版社 2004 年版，第 283～287 页。

表性模型。

质量环是指从识别消费者需要、摸清质量目标起直到评定这些需要是否得到满足、这些目标能否实现的各个阶段中，影响产品质量的各因素相互作用活动的理论模式。它反映了产品质量产生、形成、实现以及不断提高的规律。各阶段一环套一环、互相依存、互相促进，不断循环又不断提高。随着时间的推移，消费者将不断更新他们的需要，企业要随之提出新的质量标准并反映在各个质量职能上，使产品质量不断提高。企业中直接的质量职能以及由其组成的质量环，如图 9 – 2 所示①。

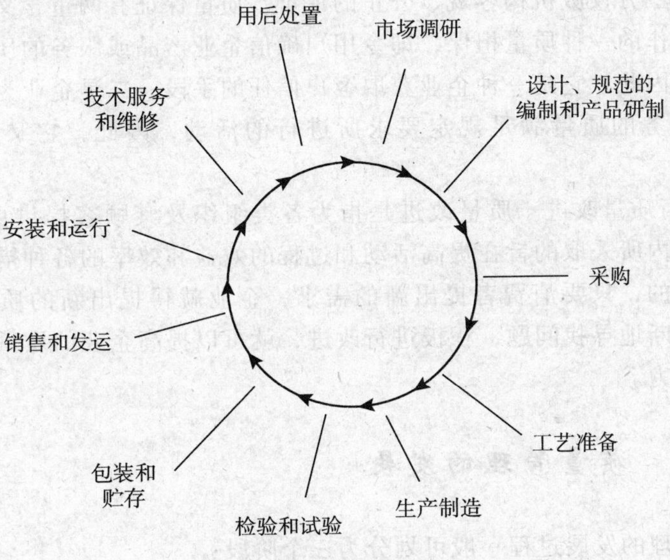

图 9 – 2　质量环

2）建立质量体系。质量体系是指为实施质量管理所需的组织结构、程序、过程和资源。质量体系的意义不仅在于建立组织结构，更重要的在于明确组织结构的职责范围和工作方式，不仅在于使企业各方面的质量工作更有效地开展，更重要的在于使这些工作相互协调，构成一个有机的整体，实现企业整体质量的完善。这里的资源包括人才资源和专业技能；

（1）设计和研制设备；

（2）生产和制造设备；

（3）检验和试验设备；

① 李自如等：《现代企业管理学》，中南大学出版社 2001 年版，第 219 ~ 224 页。

（4）仪器、仪表和电脑软件等。

3）开展质量控制和质量保证活动。质量控制是指为满足质量目标所采取的作业技术和活动。质量控制的作用，就是根据质量标准，监视各环节的工作，使其在受控制状态下运行，从而及时排除和解决发生的问题，保证满足质量要求。

质量保证是指为使人们确信某企业实体能满足质量要求，在质量体系内开展的并按需要进行证实的有计划和有系统的活动。因此，“证实”是质量保证的关键，意味着企业必须就是否具有满足质量要求的能力提供充分必要的依据，接受第三方权威机构客观、公正的评价。质量保证有两重含义：一是指企业对用户所作的一种质量担保，即令用户确信企业产品或服务的质量满足其规定的要求，因此，它是一种企业获取客户信任的手段；二是企业为了确保本企业产品或服务的质量满足规定要求所进行的活动，因此，它又是一种管理手段。

4）进行质量改进。质量改进是指为各类组织及其顾客提供更多的收益，在整个组织内所采取的旨在提高活动和过程的效益和效率的各种措施。质量改进是无止境的，只要消费者提出新的需求，企业就得提出新的质量目标。当然，只要不断地寻找问题，积极进行改进，就可以提高企业的质量水平，增强企业的竞争力。

9.1.2 质量管理的发展

质量管理的发展过程一般可划分为三个阶段：

1. 质量检验管理阶段（从20世纪初到20世纪40年代初）

这是质量管理的初级阶段。其主要特点是以事后检验为主。20世纪初，泰罗提出科学管理理论，要求按照不同职能合理分工，将质量检验从生产过程中分离出来，建立专职检验制度，为质量管理奠定了组织上的初步基础。同时，大生产条件下的互换性理论和规格公差的概念也为质量检验奠定了理论基础。根据这些理论规定的产品技术标准，检验人员利用各种测试手段进行检查，以保证出厂产品的合格率，但是不能预防废品的产生。

2. 统计质量管理阶段（SQC，20世纪40年代到50年代末）

这一阶段的主要特点是从单纯依靠事后检验进行质量把关发展到工序控

制，实现了质量的预防性控制和事后检验相结合的管理方式。20世纪20年代以后，英国费希尔提出方差分析和实验设计等理论，美国休哈特提出统计过程控制理论并首创控制，道奇和罗米格把数理统计方法引入了质量管理。开始，因处于经济衰退期，这些理论不受重视，直到二战时期，由于国防工业的质量要求，这些理论才获得广泛应用，进入统计质量管理阶段。这一阶段只限于生产过程，但过分强调数理统计方法会使人认为质量管理是数学家的事，深奥难懂。

3. 全面质量管理阶段（20世纪60年代至今）

20世纪50年代末，科学技术突飞猛进，各种高科技产品相继问世，并出现了系统科学。同时国际贸易竞争加剧，要求进一步提高产品质量，从而使全面研究企业质量管理工作应运而生。全面质量管理从市场—现场—市场的观点出发，以用户需要为方向，实行全面、全过程、全员质量管理，强调人的因素，以预防为主。全面质量管理是前两个质量管理阶段的进一步完善和发展。

为了进一步提高和保证产品质量，人们又从系统观点出发提出了若干新理论。

1）质量经济学。这是从20世纪80年代兴起的学科。它从宏观角度出发研究质量形成的经济规律，分析价格、税收等经济杠杆对促进产品质量提高的作用；同时它又从微观角度出发研究为获得一定的质量所投入的资源的经济效益等。

2）质量文化。质量文化是指企业生产经营中的质量意识、质量精神、质量价值观、质量形象以及所提供的产品和服务质量等的总和。企业质量文化是企业文化的核心，它反映了企业文化及至社会文化的成熟程度。质量文化的培育是个艰难的长期的过程，要从社会、文化、法律、社会心理等方面探索，才能找出符合我国国情的、符合企业特色的我国的企业质量管理文化。

3）质量管理与计算机的结合。近来发展出一种应用电脑的集成制造系统（CIMS，Computer Integrated Manufacturing System），是把一个企业的市场调研、确定产量、制造、运输、销售等各环节全部用电子计算机进行控制和优化的质量管理模式。在这种模式中，质量控制与自动控制将密切结合，这是生产的未来发展方向，是质量管理的未来发展模式。

质量管理的真正意义在于争取做事情的时候，第一次就把事情做对，这才使企业降低成本浪费，使得产品永远是比较便宜的。所以，企业高层要关注质量管理目标的制订与实施。管理高层要肯定质量的价值，积极参与及承诺，组织专业的管理部门推行质量管理，激励全员参与，并不断地执行和改进，以已持久地形成高质量的理念，赢得竞争优势。

9.2 全面质量管理

9.2.1 全面质量管理（TQC）的概念及其特点

1. 全面质量管理的概念

全面质量管理简称 TQC（Total Quality Control），最先由美国菲根堡姆博士提出来的。它是指企业为保证和提高产品质量，组织企业全体员工和部门参加，综合运用现代科学和管理技术成果，对影响产品质量的全过程和各种因素进行控制，用最经济的手段，生产出用户满意的产品的系统管理活动。它的目的是通过使本企业所有成员满意来提高人的工作质量，并进而提高产品质量，使顾客和社会满意，从而实现企业持续和长远的发展目标。

2. 全面质量管理的特点

全面质量管理的特点主要如下：

1）管理的全面性。

（1）全方位的管理。质量的含义是全面的质量，并不仅仅限于生产中的产品质量，还包括与产品质量关联的各项工作质量，如方针决策的质量、成本质量、服务质量等，是全面质量管理。

（2）全过程的质量管理。质量管理工作从原来的生产过程控制扩大到市场调研、设计、制造、辅助生产、物资供应、劳动人事、销售等各个环节，即贯穿于设计过程、制造过程、辅助过程和使用过程组成的全过程，旨在把不合格的产品消灭在生产过程中，从而形成一种市场—生产现场—市场经营型、防检结合以防为主的、能够向顾客提供长期稳定合格品的系统。

（3）全员性的质量管理。产品质量是上从企业领导素质、下到企业基层员工素质的综合反映，它涉及到各个部门和全体员工。因此，全面质量管理要求企业必须依靠企业全体职工牢固的质量意识、责任感和积极性构成的同心协力才能保证和提高产品质量。推行全员质量管理，要树立全员质量意识，并广泛开展质量小组活动，使质量管理深入到每个员工的行动中。

(4) 管理方法的全面性。全面质量管理综合运用管理技术、专业技术和科学方法，形成一套全面的质量管理方法体系。全面质量管理不仅包括质量检验、数理统计控制方法，还包括管理组织、专业技术及其他的科学技术成果，针对影响产品质量的各个因素，综合发挥它们的作用，以获得最佳效果。

2）用户第一。企业必须识别顾客的质量要求，以用户、市场为导向，“一切为用户服务、用户第一”的思想是全面质量管理思想的精髓。这里的“用户”包括产品销售后的直接用户，要做到“产品出门，服务上门”；还包括生产过程本身，工序之间的服务，要做到下道工序是上道工序的用户，上道工序达到下道工序质量要求的产品，才准送下一道工序，这要作为一种责任制度建立起来。实践证明，一切从用户出发，企业才能提供使用户满意的产品，能够不断创新，使企业活力长存。

3）预防为主。要做到预防为主，企业必须把工作的重点由事后检验发展到事前控制，从管结果发展到管过程、管原因，并建立一套科学的质量保证体系。在设计时，要保证产品的性能、寿命、可靠性、安全性、经济性的质量要求；在制造时，要把各种影响制造质量的因素控制起来，做到防患于未然，使产品质量的形成过程始终处于受控状态。当然，预防为主，也不可能排除把关，要做到防检结合，以防为主。

4）一切用数据说话。一切用数据说话其实就是靠事实说话，代表了质量管理的科学性。企业应积极采用多种管理技术（包括各种现代化管理方法），专业技术（指在自然科学指导下的各种专门技术，如纺织技术、炼钢技术等）和其他一切适用的科学方法（如概率论与数理统计、科学的思想教育工作等），并强调所采用方法的多样性和运用的综合性。

9.2.2　全面质量管理的基础工作

1）质量教育。开展全面质量管理首先要进行质量教育，包括两方面内容：一是加强思想教育，增强质量意识，特别要强化领导阶层的质量意识；二是普及和深化技术业务教育。全面质量管理是一门内容丰富的科学，必须区别对象分层次组织学习并加以考核。

2）标准化工作。标准化工作是全面质量管理的一项十分重要的工作。既要重视各项标准的制订，更要强调各项标准的贯彻落实，做到人人、事事有标准，使各种质量都有衡量尺度。

3）计量工作。计量工作的任务是保证计量的量值准确一致，以保证各项标准的贯彻执行。当然，为保证计量工作的准确性，现阶段大多数企业常是应用电脑等工具来帮助完成这种工作的。

4）质量信息工作。质量信息是在产品形成的全过程中发生的有关质量的信息。它包括：

(1) 工作质量信息，如企业规章制度、工作标准、技术标准等。

(2) 工序质量信息，如工序及工序管理资料、各工作小组管理明细表等。

(3) 产品质量信息，如国内外标准、产品性能标准、市场调查、用户的反映情况等。

(4) 质量管理信息，如企业方针、质量体系资料等。

为了做好信息工作，企业需要借助电脑，应用某种软件来建立相应的信息管理系统。

5）质量管理活动小组（QC 小组）。这是全面质量管理的群众基础。它是以保证和提高质量为目的，围绕现场存在的问题，由班组工人和科室人员在自愿基础上组成的开展质量活动的小组。开展质量管理活动，要做到组织、研究课题、措施和效果“四落实”，要把学习和创造相结合，成果发表和竞赛评比相结合，思想教育与物质奖励相结合，稳步发展，不断提高。

9.2.3 全面质量保证体系

1. 质量保证体系的相关概念

质量保证，是指企业对用户在产品的质量要求方面所提供的担保，保证用户购买的产品在寿命期内质量可靠。质量保证包括两方面内容：一方面是在产品出厂前企业要加强内部各环节的质量管理，以保证出厂产品的质量符合规定要求；另一方面在产品出厂之后，企业要搞好售后服务，对用户负责到底。质量保证是全面质量管理的精髓，通过它会给消费者带来舒适和满足，使消费者对生产者提供的产品或服务感到可靠。企业则因此会赢得消费者的信赖与忠诚，赢得广大市场，最终导致销售量的增加，所以，从长远看，质量保证关系到企业的利润和发展前景。

质量保证体系，也称质量管理网，它是指企业以保证和提高产品质量为目标，运用系统论原理和方法，设置统一协调的组织机构，把各部门、各环节的质量管理职能严密组织起来，明确其任务、职责、权限，并建立一个灵敏的质量信息反馈系统，形成一个互相协调、互相促进的质量管理的有机整体。

2. 全面质量保证体系的基本内容

全面质量保证体系，可分为设计试制过程的质量保证、制造过程的质量保证、辅助过程和使用过程的质量保证。

1）设计试制过程的质量保证。设计试制过程是产品正式投入批量生产前的全部技术准备过程。包括市场调查、制订方案、产品设计、工艺设计、新产品试制和鉴定等工作，这一阶段各项工作质量的管理有时被称为开发过程质量管理，它是全面质量管理的起点，是决定产品质量好坏的关键环节。优质的设计不只是产品结构的设计，更重要的是功能设计，以保证产品符合用户使用要求并且具有较好的工艺性，好用、好造、好修，取得良好的经济效益。

设计过程的质量保证包括以下三方面内容：

（1）确定质量目标。在市场调查的基础上，充分研究顾客的需求，确定合理的质量目标。质量目标可分解为技术目标和经济目标，要求技术上先进可行，其性能、可靠性、安全性等目标都尽量符合市场需要和企业实力；经济上合理使用，能保证在时间、费用、资源和人力等条件限制范围内生产出达到该质量水平的产品。产品质量水平不同，产品成本等也不同，其变化规律如图 9－3 所示。

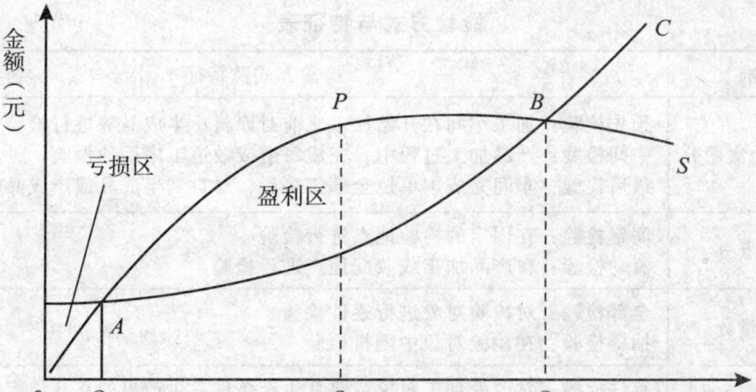

图 9－3　质量与成本、价格函数曲线

横坐标 Q 代表产品设计质量水平，纵坐标代表产品生产成本，C 和 S 分别代表产品成本曲线和销售收入曲线，二者之差为企业盈利，用 P 表示。从上图可以看出，Q_1 和 Q_1 之间是企业盈利区，Q_2 对应最大盈利代表了最佳设计水平，称为最佳质量点。在新产品设计中，若要使产品的设计在技术可行的前提下达到经济最合理化，应按照这个最佳质量水平来确定新产品的设计质量。

(2) 产品的正式设计。产品设计要以市场需要为导向，使设计的质量与顾客的需求一致，注意提高设计工作的质量。设计工作完成后，企业要组织销售、科研、制造和质量管理部门就产品的可靠性、安全性和产品的寿命等进行审查，及早发现并设法弥补设计上的缺陷，确定合适的设计方案。

(3) 产品的试制和鉴定。试制是对设计的验证，可以确定产品设计中有无缺陷、有无必要对原计划进行修正等；鉴定是企业对产品从技术上、经济上以及生产条件等多方面进行的综合评价，通过鉴定，可以保证设计图纸、工艺等技术文件的质量。

2) 制造过程的质量保证。产品制造过程是产品质量的直接形成过程，其任务是既要把关，又要进行控制和预防。这一过程质量保证的主要内容有：

(1) 质量把关——质量检验。质量检验指企业借助各种方法，测定产品的质量特性是否符合规定的质量标准。检验工作是对生产过程中使用原材料、工艺设备及在产品和产成品的检验，包括自检、互检、专检多层次检验。检验方式按其作用、特点等的不同，分类如表 9－1 所示。最后，企业应在检验过程中得到的数据资料做好记录，经整理形成质量信息，为控制和提高产品质量服务。

表 9－1　　　　检验方式与特征表

分类标准	检验方式及特征
按工作过程的次序分	预先检验：加工车间在开始加工之前对原料、半成品等进行检验 中间检验：产品加工过程中，完成每道或数道工序后的检验 最后检验：车间完成本单位全部工序后，对自制半成品或产成品的检验
按检验地点分	固定检验：在固定的检验地点进行检验 流动检验：在产品加工或装配地点进行检验
按检验数量分	全部检验：对检验对象进行逐件检验 抽样检验：在检验对象中随机检验
按检验的预防性分	首件检验：对改变加工对象或改变生产条件后生产出的头几件产品进行检验 统计检验：运用数理统计和概率论原理进行的一种检验

(2) 质量的预防。预防是对产品质量问题进行现场分析，找出产生质量问题的原因，推动生产部门和操作者采取预防措施，把不良品减少到最低限度。质量的预防工作主要由以下几个方面：

第一，加强工艺管理，保证制造质量。加强工艺管理从两方面进行：①加强工艺准备；②加强日常工艺管理，使工艺过程经常处于控制状态，从而保证制造质量。

第二，组织质量分析，掌握质量动态，加强不合格品的管理。通过质量分析，可以及时掌握质量的现状和发展动态。质量分析的核心在于确定质量指标，包括确定产品质量分析指标和工作质量指标两个方面。产品质量指标主要反映企业已检查的合格产品的质量水平，如抽样合格率、优等品率等；工作质量指标主要反映企业生产过程的工作质量，如废品率、返修率等。做好质量分析工作，必须建立健全产品质量的原始记录，分析废次品产生的原因，以便采取措施减少废品损失。对不合格品的管理应做到：①建立健全不合格品的原始记录；②定期召开不合格品的质量分析会；③做好不合格品的统计分析工作；④建立不合格品的技术档案。

(3) 搞好质量控制。产品质量检验毕竟是消极的，虽然把住了关口，但是一批产品已经制造完毕，废品已经出现，损失无法挽回。质量控制就是根据数理统计的理论，运用质量控制图在制造过程中对产品的质量进行控制。控制主要抓住以下两方面内容：①建立工序管理点或 QC 小组；②在建立工序管理点的基础上，要建立和健全进行控制所需的各种管理工具。

3）辅助过程的质量保证。辅助过程是指为保证产品生产正常进行而提供各种物质技术条件的过程。其任务在于提供优质服务和物质技术条件，以保证提高产品质量。主要内容有：做好物资供应的质量管理工作，保证采购质量，严格入库物资的检验查收，保质保量、按期供应所需原材料，辅助材料、燃料、动力等各种物资；做好工具制造和供应的质量管理水平；组织好设备维修工作，保持设备良好的技术状态等，为制造过程实现优质、高产、低耗创造必要的条件。

4）使用过程的质量保证。产品使用过程的质量保证是企业质量保证工作的出发点和落脚点，是实现企业生产目的、评价产品实际质量的过程。在产品销售以后，通过加强服务工作，保证产品质量特性在使用中正常发挥作用，满足用户需求。产品使用过程的质量保证的主要内容有：

(1) 积极开展技术服务工作。技术服务工作包括：编制产品使用说明书(包括产品的功能、结构、使用、维修、注意事项等)；传授安装、使用和维修技术，帮助培训技术骨干，解决使用上的疑难问题；提供易损件图纸，供应客户所需的备用配件；设立维修网点协助客户安装、调试或负责技术指导等。

(2) 进行产品使用效果及使用要求的调查研究。通过多种方式，如问卷调查、召开厂商用户间的座谈会等，取得质量信息资料，及时反馈，将调查结果与保证和改善产品质量紧密地联系起来。

3. 建立健全全面质量保证体系

1）建立健全质量保证体系。

（1）建立一个综合的质量管理机构。在公司最高领导的直接领导下，质量管理机构的职能是：统一组织、计划、协调质量保证体系的活动；检查监督各部门的质量管理活动；组织公司内外的质量信息反馈，掌握质量保证体系活动的动态。

（2）制订质量方针。质量方针作为企业最高领导经营决策的主要内容之一，明确了企业总的质量宗旨和方向，对指导企业开展质量管理活动具有十分重要的作用。在制订质量方针的同时，还必须注意质量方针的落实。企业各级、各部门的领导要根据本部门的职责，制订具体实施计划，以做到质量工作事事有人管，人人有专责。作为实现质量方针的具体行动纲领，确保将质量方针落到实处，做到上下左右协调统一。

（3）实现管理业务标准化，管理流程程序化。管理业务标准化，就是把重复出现的管理业务，按其客观性质进行分类归纳，并把处理方法制订为标准，纳入规章制度，形成例行规范，作为全体员工处理同类管理工作的共同准则。管理流程程序化，就是把质量管理业务处理过程所经过的各环节、各管理岗位、先后工作步骤和使用的管理凭证如实记录下来，经过分析，加以改进，使之合理化，并通过文字加以制度化。如编制质量手册等。

（4）建立质量信息反馈系统。质量信息反馈系统是指质量保证体系的各环节、各工序之间按反工艺顺序方向输送的质量信息，它是一切质量管理活动的依据。质量信息反馈包括公司内、公司外信息反馈。公司内信息反馈，包括工序质量测试、产成品出厂检验、生产动态等；公司外信息反馈包括消费者所做的质量评价以及消费者提出的质量改进的要求等等。

（5）广泛开展质量管理活动小组。这是企业员工参加质量管理活动的有效形式，是质量保证的群众基础，它可以激发员工工作积极性，能动地处理质量管理中的某薄弱环节，改进企业质量管理活动的效果。

（6）组织好外协企业的质量保证活动。这是保证企业生产系统顺利运行的必要条件。只有组织好了外协公司的质量保证活动，帮助他们建立质量保证体系，才能保证他们所提供的配件、零件的质量。

2）建立健全质量保证体系的作用。概括而言，建立和健全质量保证体系主要有如下几方面作用：一是可以把分散在企业各部门的质量管理职能纳入到一个统一的质量管理系统；二是可以把企业各单位各环节的工作质量和产品质量系统地联系起来；三是可以把厂内的质量管理活动和流通领域、使用过程的质量反馈沟通起来，连成一体，从而使质量管理工作制度化、标准化、系统化，充分发挥企业在保证质量方面的整体效能；四是有利于使主厂和协作厂在质量管理上协调统一；五是有利于搞好信息反馈，了解质量动态；六是可以有效地从组织上保证企业长期地、稳定地生产出使用户满意的产品，保证全面质量管理稳定地取得长期效果。

4. 质量保证体系运转的基本方式

美国质量管理专家戴明在研究了全面质量保证体系的基本运转方式和工作程序之后，提出质量保证体系作为全面质量管理的一个工作体系，是一个动态的系统。其活动的全过程是按照计划（plan）、实施（do）、监察（check）、处理（action）四个阶段不停地周而复始运转的。这种运转模式简称为 PDCA 循环，又称为戴明循环。

1）PDCA 循环。PDCA 循环包括四个阶段、八个步骤，如图 9－4 和图 9－5 所示。

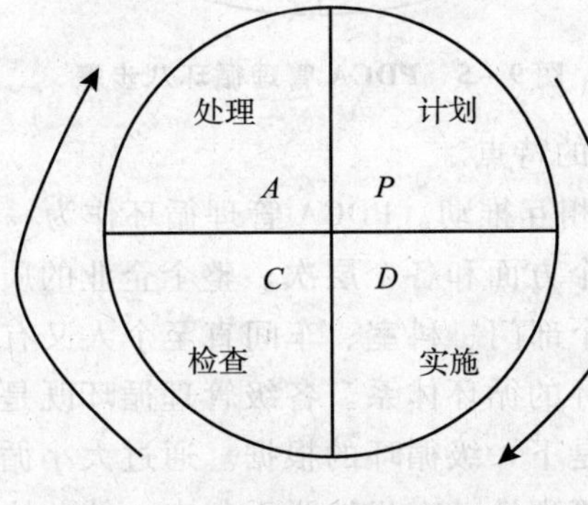

图 9－4　PDCA 管理循环四阶段示意

（1）计划阶段，确定企业的质量目标、活动计划、管理项目和措施方案的阶段。计划阶段主要包括四个步骤：分析现状，找出存在的质量问题；分析影响产品质量问题的各种原因；找出影响质量问题的主要原因；针对主要原因研究和制订措施，提出改进计划。

（2）实施阶段。根据质量目标和措施计划，认真组织付诸实施。

（3）检查阶段。检查计划执行情况，将结果与目标比较，找出不足。

（4）处理阶段。针对执行的以及检查的结果，进行总结和分析、处理问题。这一阶段包括两个步骤：一是总结经验教训，巩固成果，处理差错，纠正错误；二是把没有解决的遗留问题，转入下一个 PDCA 循环，作为下一个阶段的计划目标。

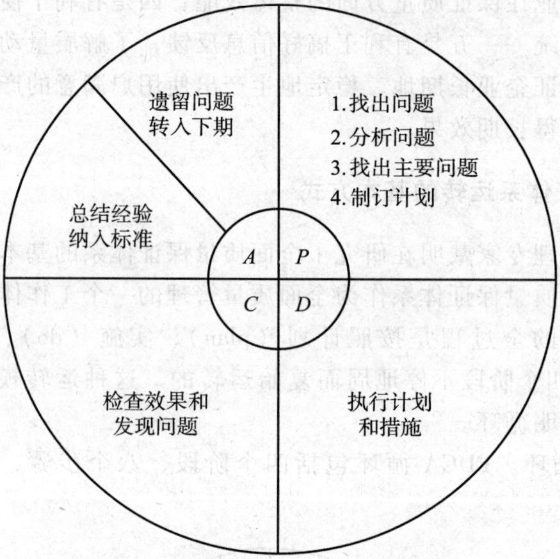

图 9－5　PDCA 管理循环八步骤

2）PDCA 管理循环的特点。

（1）大环套小环，相互推动。PDCA 管理循环作为一种科学运转方法，适用于企业质量管理的各个方面和各个层次。整个企业的质量管理活动是一个大的 PDCA 管理循环，各个部门、科室、车间直至个人又有各自的 PDCA 管理循环，从而形成大环套小环的循环体系。各级管理循环既是上一级管理循环的组成部分和具体保证，又是下一级循环的根据。通过大小循环互相推动的有效运作，使企业各方面质量管理活动有机地联系起来，彼此协作、互相促进，以保证企业总的质量目标的实现。

（2）螺旋式上升。PDCA 管理循环犹如爬楼梯，是一个逐步上升的运动。PDCA 管理循环不是简单的重复，每一次循环都赋予新的内容和目标，都是更高水平的循环。质量管理工作，每次循环就解决一批质量问题，质量水平就有了新的提高。质量问题不断被解决，新的问题又不断地出现，遗留问题和新出现的问题继续进入下一次循环。PDCA 管理循环是一个不断提高的动态循环，如图 9－6 所示。

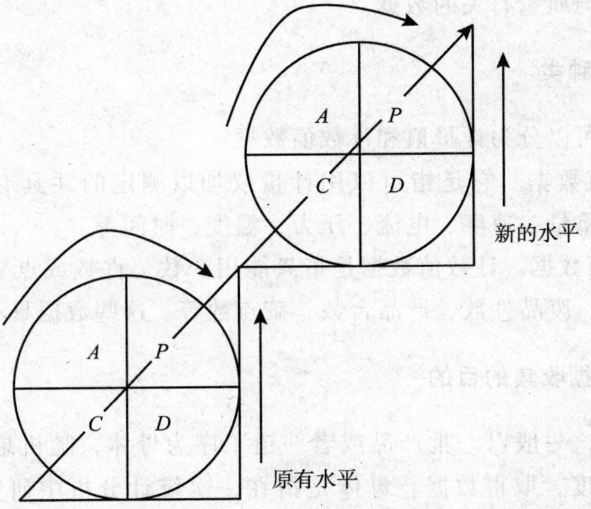

图 9－6 螺旋式上升示意

（3）PDCA 管理循环是个综合性的循环。PDCA 管理循环的四个阶段的划分是相对的，他们互相抱憾。PDCA 管理循环既反映了循环的四个阶段，也反映了全面质量管理工作的四项内容，他们是一个有机的整体，管理循环的进行，就是这些工作共同进行的综合过程。当然，这四个阶段关键在 A 阶段，即处理。“处理” 就是总结经验教训，采取有效的措施，把下一个循环推向一个新的高度。

9.3 质量管理的统计控制方法

质量是通过一定数量界限表现出来的，根据数理统计的原理和方法，将产品质量特性的波动程度控制在最小，这种质量控制方法，简称统计质量控制。统计质量控制最基本的特征就是用具有代表性的样本来推断总体，通过所观察的样本来把握事物的本质。

9.3.1 质量统计控制中的数据要求

全面质量控制讲究“一切用数据说话”，在现实生产中，任何质量特性都是通过一定的数据表现出来的。因此，进行质量管理就必须收集、分析、甄别、运用各种与质量有关的数据。

1. 数据的种类

质量数据可以分为计量值和计数值数据：

1）计量值数据。它是指可以用计量仪加以测定的并具有连续性质的数值，如长度、重量、速度、电流、压力、温度、时间等。

2）计数值数据。计数值数据是指只能用个数、件数或点数等单位来计量的数据。例如：废品件数、产品台数、疵点数等。这些数据具有离散性质。

2. 质量数据收集的目的

收集数据，一般以一批产品或者一道工序为母体，随机地从中抽取部分样品，经过测度，取得数据。母体是指在一次统计分析中研究对象的全体。组成母体的每一个单位叫个体。母体所含个体的个数叫母体的大小。子样是在抽取样品过程中随机取出的那部分个体，子样中含个体的个数叫做子样的大小。

一般而言，质量数据收集应注意以下几个问题：

1）目的性。任何工作都有目的目标，要明确数据收集的目的，否则就是无的放矢，浪费时间和精力。企业收集数据主要基于以下几个目的：（1）分析问题，即为了分析现场情况而收集。（2）利于管理，即为了掌握生产的变动情况，以便于管理、控制而收集数据。（3）检验、判断产品质量情况而收集数据。

2）准确性。数据内容真实可靠才能正确翔实地反映质量管理活动中的变化规律，对工作具有正确的指导意义。

3）适时性。任何数据资料的收集都必须在一定的时间内完成才会有效，否则就有可能跟不上事情发展的步伐而影响决策的质量。

4）科学性。数据的收集管理都必须有一套科学的方法，以提高质量管理工作的质量。另外，对来自现场观察取得的大量杂乱无章的数据，要对它们进行科学的整理加工，使之科学化、系统化。

3. 数据的特性

1）波动性。质量数据是有波动性的，即使是完全相同的机器由相同的工人操作，加工同样规格的零件，所加工出来的零件也没有任何两件是完全相同的。这是因为在生产过程中，除了操作者、机器设备、原材料等因素外，方法、测量、环境等因素也会影响到所加工产品的特性，使质量特性值呈现出一定的差异，形成数据的波动性。

一般而言，造成波动的原因可以分为两类：一是随机原因，又称正常原因、偶然性原因，是指生产过程中影响产品质量的经常性原因，这类原因种类很多，但影响很小且不可避免，如机床的微小震动、原材料成分的微小差异等；二是异常原因，又称系统原因，是指那些不经常发生但影响很大、容易识别、可以消除的原因，如工人的违规操作、设备的严重磨损等。

2）规律性。虽然数据有波动性，但并不是杂乱无章的，而是呈现一定的规律性。例如：在正常原因影响下，产品质量特性的分布呈正态分布，如图9－7所示。

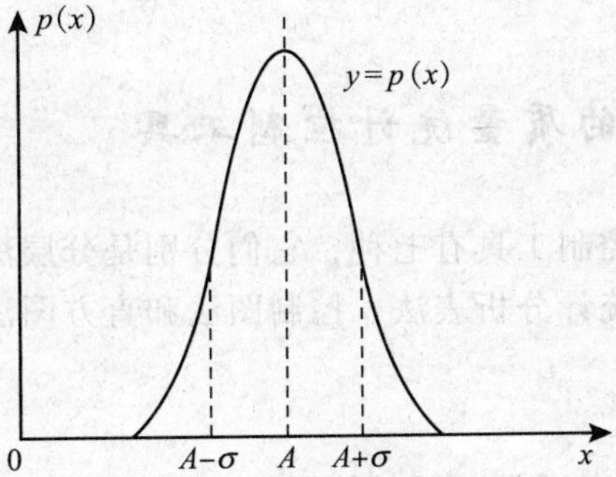

图9－7 正态分布曲线

其中，图9－7中，$p(x)$ 表示产品质量特性 x 的密度函数；A 表示曲线的算术平均值；σ 表示曲线的标准偏差。

4. 数据的运用

运用数据进行统计判断有两种不同情况：一种是用以判断和预测生产工序的质量是否处于正常状态，从而对生产工序进行预防性控制；另一种是用以判断一批产品质量高低，用户是接收还是拒收。运用数据进行统计推断的过程如图9－8所示。

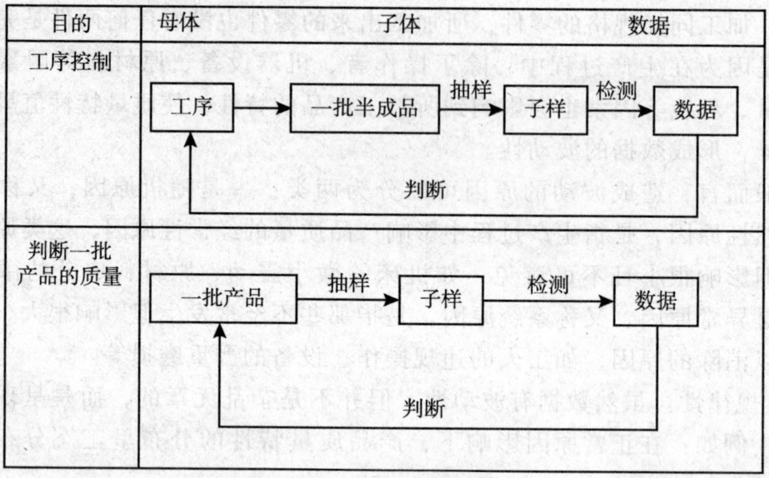

图 9-8　统计判断示意

9.3.2　常用的质量统计控制工具

常用的质量统计控制工具有七种，它们分别是分层法、排列图法、因果分析图法、相关图法、统计分析表法、控制图法和直方图法。

1. 直方图法

1）基本理论。直方图是通过对数据的加工整理，从而分析和掌握质量数据分布情况和估算工序不合格率的一种方法。将全部数据分为若干组，以组距为底边，以该组距相应的频数为高，按比例构成的若干矩形，即为直方图。它是用于判断工序加工质量的一种质量数据分布图。这种方法是对生产工序加工出来的产品，根据抽样原理，从中抽出一定量的样品（$n \geqslant 30$）经过测量，取得一批数据，然后把这些数据加以系统整理，进行适当分组和计算，绘制成图表，通过对图形的观察分析，判断和预测生产工序的精度，工序质量及其变化，并根据质量特性的分布情况进行适当的调整。直方图是一种常用的统计工具。

2）直方图的控制及应用。举例说明，为了解变速箱换挡销轴外圆加工工序能力质量状况，从生产线上抽取 100 个进行试验，轴的外径尺寸为 $12^{+0.5}_{-0.10}$ 毫米。实测的原始数据见表 9-2。绘制步骤如下：

第一步，收集数据。随机抽取 100 个样品，把测量结果记录在已准备好的数据表中，如表9－2所示。

第二步，找出数据中的最大值和最小值。分别加下标 $X_{\max}$ 和 $X_{\min}$。本例 $X_{\max}=38$，即11.938；$X_{\min}=13$，即11.913。

表9－2　**轴外径实测数据**　单位：毫米

11 924	25	27	19	34	25	26	26	15	36
25	22	20	22	18	37	22	30	27	30
30	29	38①	24	28	13②	33	25	35	28
23	30	26	25	20	28	21	23	30	23
20	18	25	25	30	27	26	25	25	31
29	29	28	23	21	22	22	29	23	22
25	20	20	27	25	30	25	20	27	25
17	18	24	26	26	29	19	30	23	25
28	27	18	30	25	22	28	22	18	31
23	28	20	28	24	22	18	35	14	24

注：表中数据除第一个外（11.924），其余只写小数点后的第二位和第三位，相同部分省去。

①为最大值；②为最小值。

第三步，计算极差（R）。极差是最大值和最小值之差。即尺寸的分布范围。

$$R=X_{\max}-X_{\min}=11.938-11.913=0.025$$

第四步，把100个数据分成若干组。一般用表9－3的经验数值确定。

表9－3　**经验数值**

数据的数量（n）	适当的分组数（k）	一般使用的组数（k）
50～100	6～10	
100～250	7～12	10
250～上	10～20	

注：本例取 $k=10$。

第五步，计算组距（h）。即组与组之间的间隔。计算公式为

$$h=\frac{X_{\max}-X_{\min}}{k}$$

本例：$h=\frac{38-13}{10}=2.5$，取 $h\approx3$，组距要求修正到测量数据的整倍数。

第六步，确定分组的组界。先统计第一组的上、下界限。

第一组的上下界限值 $=X_{\min}\pm\frac{h}{2}$，对本例而言：

第一组的上界限值为 $13+\frac{3}{2}=14.5$，即11.9145；

第一组的下界限为 $13-\frac{3}{2}=11.5$，即 11.9115。

然后计算其余各组的上下界限值。第一组的上界限值为第二组的下界限值。第二组的下界限值加上组距（h）就是第二组的上界限值，其余类推。为避免数据正好落在边界上，通常要使各组的边界值比测定精度高半个最小测量单位。本例各组上下界限值见表 9－4。

第七步，计算各组的中心值（X_i）。中心值是每组中间的数值。

计算公式为：$X_i=\frac{\text{某组下界限值}+\text{某组引界限值}}{2}$

本例第一组中心值为：$X_1=\frac{11.5+14.5}{2}=13$，即 11.913；

第二组中心值 $X_2=\frac{14.5+17.5}{2}=16$，即 11.916。

其余类推，见表 9－4。

第八步，计算落入各组的频数 f_i，见表 9－4。

表 9－4　　频数分布

组号	组界 下限－上限	中心 值 X_i	频数 统计	f_i①	μ_i②	$f_i\mu_i$ ③＝①×②	$f_i(\mu_i)^2$ ④＝②×③
1	11.9115－11.9145	11.913		2	－4	－8	32
2	11.9145－11.9175	11.916		2	－3	－6	18
3	11.9175－11.9205	11.919		15	－2	－30	60
4	11.9205－11.9235	11.922		18	－1	－18	18
5	11.9235－11.9265	11.925		25	0	0	0
6	11.9265－11.9295	11.928		18	1	18	18
7	11.9295－11.9325	11.931		11	2	22	44
8	11.9325－11.9355	11.934		4	3	12	36
9	11.9355－11.9385	11.937		3	4	12	48
	$\sum$			100 ⑤		2 ⑥	274 ⑦

第九步，计算各组的简化中心值 μ_i，以频数 f 最大的一组中心值为 α，则用下面公式确定各组的 μ 值。

本例中 $\alpha=25$。

$$\mu_i=\frac{\text{各组中心值 }X_i-\alpha}{h}$$

第一组简化中心值：$\mu_1=\frac{13-25}{3}=-4$

第二组简化中心值：$\mu_2 = \frac{16-25}{3} = -3$

其余类推，见表9－4。

第十步，计算频数与简化中心值的乘积 $f_i\mu_i$，即表9－4中的③＝①×②。

第十一步，计算频数与简化中心值平方的乘积 $f_i(\mu_i)^2$。即表9－4中的④＝②×③。列出频数分布表，见表9－4。

第十二步，计算平均值 $\overline{X}$，其计算公式为：

$$\overline{X} = \alpha + h\frac{\sum f_i\mu_i}{\sum f_i}$$

本例中，$\overline{X} = 25 + 3 \times (2/100) = 25.06$，即11.92506。

第十三步，计算标准差 S，其计算公式为：

$$S = h\sqrt{\frac{\sum f_i(u_i)^2}{\sum f_i} - \left(\frac{\sum f_i u_i}{\sum f_i}\right)^2}$$

本例中，$S = 3\sqrt{\frac{274}{100} - \left(\frac{2}{100}\right)^2} = 4.97$，即0.00497。

第十四步，画直方图。以频数为纵坐标，以组距为横坐标，画出一系列的直方形就是直方图。如图9－9所示。图9－9中每个直方形面积为数据落在这个范围内的个数（或频数），故所有直方形面积之和就是频数的总和为1或100%。

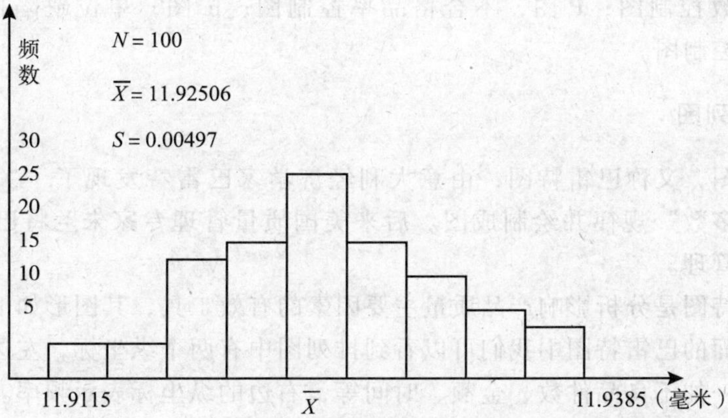

图9－9　轴外径尺寸

2. 控制图法

控制图又称管理图，是指标有控制界限的质量管理图，它能够动态地反映质量，从而反映生产过程的控制状态，有利于及时发现问题并采取措施。控制图的基本格式如下：

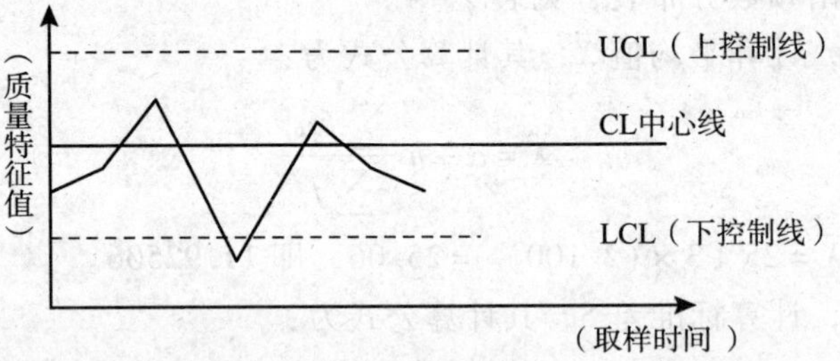

图 9－10　排列图

根据正态分布理论，只有 0.3% 的点可能超出 $\pm 3\sigma$ 的控制限，因此实际测量中，一旦发现数据（点）跳出控制界限或排列异常，说明生产过程中有异样变化，应迅速采取措施进行控制，真正起到质量的预防作用。

控制图种类很多，按管理对象可以分为计量值管理图和计数值管理图两大类。计量值管理图有：$\overline{X}$ 图，也叫单值控制图，在计数数据不易取得或不易分组时采用；$\overline{X}$ 图，平均值图，利用样本的平均值来分析和控制母体平均值；R 图，级差控制图；$\overline{X}-R$ 图，平均值和级差控制图。计数值控制图有：Pn 图，不合格品数控制图；P 图，不合格品率控制图；μ 图，单位缺陷控制图；C 图，缺陷控制图。

3. 排列图

排列图，又称巴雷特图，由意大利经济学家巴雷特发现了“关键的少数和次要的多数”规律并绘制成图。后来美国质量管理专家朱兰将巴雷特图应用于质量管理。

巴雷特图是分析影响产品质量主要因素的有效工具，其图形如下：

在上面的巴雷特图中我们可以看到排列图中有两个纵坐标，左边的纵坐标表示频数，如不良品件数、金额、时间等，右边的纵坐标表示频率。横坐标表示影响产品质量的各个因素，按影响产品质量的程度高低从左向右排列，每个直方形的高度表示该因素对产品质量的影响大小，曲线表示各个因素影响的累计百分数。

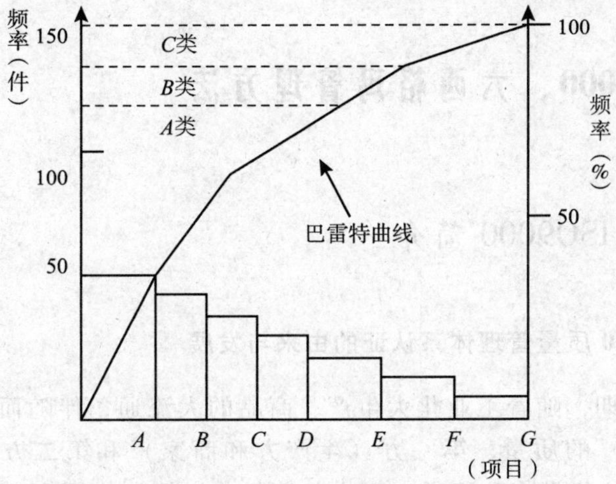

图 9－11　排列图

影响产品质量的主要因素的判断标准为：（1）累计百分数在 0～80% 之间的因素为 *A* 类因素，为影响质量的主要因素，要作为质量管理的重点研究对象；（2）累计百分数在 80%～90% 之间的因素为 *B* 类因素，是次要因素；（3）累计百分数在 90%～100% 之间的因素为 *C* 类因素，这一区间的因素是一般的质量影响因素。

4. 因果分析图

因果分析图是采取集思广益的方法，将影响质量的因素进行系统分析，一般从影响质量的五大因素，即操作、机器设备、材料、工艺方法、环境，从这五个因素出发，从大到小，逐层深入，寻找质量问题产生的原因，并直至找出可具体实施的措施为止，最后形象地画出图形，因其图形状如鱼刺或树枝，所以又称鱼刺图、树枝图。其图形的基本形式如下：

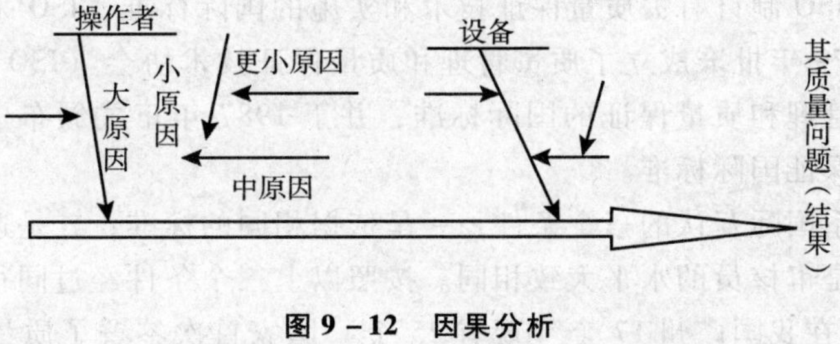

图 9－12　因果分析

9.4 ISO9000、六西格玛管理方法

9.4.1 ISO9000 简介

1. ISO9000 质量管理体系认证的由来与发展

19 世纪初期，随着工业化大生产、商品的大流通，伴随而来的是如何评价商品（产品）的质量，第一方（生产方和商家）和第二方（用方、使用方）的评价，往往带有片面性，而由与第一方、第二方无利益关系的第三方（中介方）评价就客观得多。建立在第三方基础上的活动（评价并给证书）就是认证。

科学技术的进步和社会的发展，使顾客需要把自己的安全、健康、日常生活置于质量保证体系的保护下；企业为了避免因产品质量问题而出现巨额赔款，需要建立质量保证体系来提高信誉和市场竞争力；在世界一体化进程中，为了保护民族工业，许多国家规定必须符合某种标准要求的商品才能进入市场，这也牵扯到生产厂商质量保证以及评定问题。这些原因共同使 ISO9000 标准的产生成为必然。

英国是世界上产品质量认证的发源地，也是质量体系认证的开拓者，1975 年英国标准协会（BSI）公布 BS5750 质量保证国家标准，并于第二年举办了第三方进行的组织质量体系评定、注册业务。从质量体系认证的实践中，英国感到这种质量认证模式适应面广、灵活性大，会给生产者和顾客双方带来效益，有向国际社会推广的价值，于是 BSI 于 1979 年向国际标准化组织（ISO）建议，希望 ISO 制订有关质量保证技术和实施的国际标准，ISO 采纳了 BSI 的建议，于 1979 年批准成立了质量管理和质量保证技术协会（ISO/TC176），制订有关质量管理和质量保证的国际标准，并于 1987 年正式颁布了 ISO9000 质量管理质量保证国际标准。

质量体系国际互认的三个条件：一是依据相同的标准；二是遵循相同的认证程序；三是审核员的水平大致相同。按照以上三个条件经过同行评审，1998 年 1 月 22 日在我国广州 17 个（现有 25 个）国家首次签署了质量管理体系认证国际多边承认协议。就我国情况而言，近几年来，全国各地正在大力推行

ISO9000 标准体系，开展以 ISO9000 族标准为基础的质量体系咨询和认证。国务院《质量振兴纲要》的颁布，更引起众多企业和质量管理工作者对 ISO9000 族标准的关系和重视。

2. ISO9000:2000 标准

到目前为止，ISO9000 标准已经经历了三个版本，即 1987 版、1994 版和 2000 年 12 月 15 日 ISO 通过的 2000 版，2000 版是一次全面彻底的“重新规划”。我们下面重点介绍 ISO9000:2000。

整个被称为“ISO9000 家族”的 27 个现行标准，已被完全重新规划，主要内容被集中在 4 个重要的标准中，即：ISO9000 质量管理体系——基础与术语；ISO9001 质量管理体系——要求；ISO9004 质量管理体系——绩效改进指南；ISO19011 质量和环境管理体系——审核指南。

ISO9000:2000 版具有以下特点：ISO9001/2/3 合并为单一标准 ISO9001；ISO9001 与 ISO9004 可参照使用；建立了顾客导向为主的管理模式；强调 PDCA 流程管理模式；着重持续改善及预防在先的精神；强化系统、流程、工作的有效性；组织依其适用性及需求允许采取排除条款；适用于各种产业及各种组织规模。

为了成功地领导和运作一个组织，需要采用一个系统和透明的方式进行管理。针对所有相关方的需求，实施并保持持续改进其业绩的管理体系，可使组织获得成功。质量管理是组织各项管理的内容之一。为促进质量目标的实现，ISO9000:2000 版明确了八项质量管理原则：（1）以顾客为中心。组织依存于其顾客，因此，组织应理解顾客当前的和未来的需要，满足顾客要求并争取超越顾客期望。（2）领导作用。领导者将本组织的宗旨、方向和内部环境统一起来，并创造使员工能够充分参与实现组织目标的环境。（3）全员参与。各级员工是组织之本，只有他们的充分参与，才能使他们的才干为组织带来最大的收获。（4）过程方法。将相关的资源和活动作为过程进行管理，可以更有效地得到期望的结果。（5）管理的系统方法。针对设定的目标，识别、理解并管理一个由相关联过程所组成的体系，有助于提高组织的有效性和效率。（6）持续改进。持续改进是组织的一个永恒的目标。（7）基于事实的决策方法。对数据和信息的逻辑分析或直觉判断决策的基础。（8）互利的供方关系。通过互利的关系，增强组织及其供方创造价值的能力。

3. 公司实施 ISO9001 的作用

企业积极开展 ISO9001 认证，具有以下几方面作用：

1）采购控制。帮助公司建立一套完善对供方选择和评价的方法，以合理的价格买到满意的产品。

2）降低成本，提高质量。以服务顾客为中心，建立完善的制度化管理体系，精简公司工作流程，提高工作效率，降低成本，持续改进企业产品质量和服务质量。

3）使顾客满意，开拓市场。准确的识别顾客需要，并不断满足顾客需要，争取超越顾客期望和增强顾客满意，扩展顾客网络。

4）树立品牌企业形象。通过 ISO 国际标准化认证，公司具备了满足顾客质量要求的能力，从而取得顾客的信任，扩大企业的知名度，促进业务的发展。

5）开拓国内外市场的需要。在 WTO 世贸组织大框架下，商机已无国界，由于我国 ISO9001 认证已取得了国际互认，因此也就为通过认证企业的产品打入国际市场开辟了通道。现在大多数国外厂商和国内企业进行业务洽谈时，明确要求供方要通过 ISO9001 认证。随着中国加入 WTO，各行各业将进一步推进国际标准化进程，ISO9001 认证工作会变得十分迫切。

根据有关的问卷调查，通过 ISO9001 认证以后，53.2%的组织认为顾客满意程度得到了提高，投诉减少，54.7%的组织订货量增加。87.3%的组织市场竞争能力得到大幅度提高。同时，在被调查到：通过 ISO9001 认证能否提高管理水平，降低质量成本，增强组织效益这一问题时，81.4%的组织领导感到由于各项工作职责明确，运转有序，工作效率得到大幅度提高，57.7%的组织在技术、装备、人员等方面的薄弱环节得到了明显的改进，61.4%的组织内外部质量、损失下降，81.8%的组织质量成本趋于合理，感到竞争力得到了提高。

从上述问卷调查不难看出，组织进行 ISO9001 质量体系认证后经济效益得到了提高，市场竞争得到了增强，内部管理得到了改善，所得到的好处是可以切身感受的。总之，贯彻 ISO9001 族标准并通过认证是企业生存发展的需要，也是顾客的要求和产品顺利进入国际市场的需要。

4. 如何开展 ISO9001 质量管理体系认证工作

ISO9000 族标准，虽然是一个基础性的管理标准，但对中国的组织来说，贯彻仍是一个变革，需要组织的领导下决心并亲自参与。组织按照 ISO9001 标准建立质量管理体系，进行质量认证，一般可按以下阶段进行工作：

1）质量管理体系策划阶段。

（1）培训先行

建立完善的体系是一个始于教育、终于教育的过程。所有与产品质量形成有关的人员都要有顾客意识教育、持续改进意识教育，进行相关的职责培训，培训可分以下几个层次：①领导层：（包括中层领导）领导层人员应对标准有一定的理解，需要了解管理思想的发展，特别是对领导作用的理解，要知道自己应参与哪些工作，如何进行体系策划；②体系的骨干：包括文件的编写人员、内审员，应准确掌握标准要求，有一定的管理经验和文字水平，掌握审核的技巧和方法；③操作人员：结合体系文件的宣传和贯彻学习，清楚本岗位的职责（如何做、如何编写文件、记录等）和本岗位的相关工作及重要性。

（2）建立贯彻认证的组织机构

贯彻认证组织方方面面都要有专人负责。如成立以最高管理者为组长的领导小组，应委托管理者代表具体负责体系的建立实施，必要时还应设立办事机构。

（3）制订出贯彻认证的工作计划

2）体系设计阶段。

（1）首先组织应确定在市场中的定位，即确定产品与顾客、确定与产品相适应的经营宗旨，体现对顾客的承诺，持续改进的承诺及有适宜的质量方针、目标；

（2）确定实现质量方针、目标所需要的过程，包括过程的职责、所需的资源以及控制的方法；

（3）确定体系的范围（可依据标准进行合理的删减）；

（4）明确各部门及各级、各类人员的质量职责、权限及相关关系。

3）体系文件的编写阶段。

（1）指导思想：组织需要建立文件化的体系，而不是只建立体系文件。编制体系文件不是目的，而是一种手段。通过文件，制订方法，然后按文件试运行，这样有利于体系的实施、保持和改进。因此，体系文件的方式和详略程度必须结合组织的规模，产品的复杂程度和人员的素质等综合考虑，不能盲目照搬照抄。

（2）整理、分析现有管理文件，对以前行之有效的文件要尽量保留，不要推倒重来。

（3）制订编写体系文件的规划和编写计划。

(4) 按规定进行文件的审查、会签和批准，特别是批准前的会签，组织相关部门认真讨论，对不一致的理解，应通过协商达成一致。

4) 体系运行和评价。

(1) 召开一个体系文件实施动员大会，以引起全体员工的重视，然后是广泛、深入地分层次培训；.

(2) 运行三个月后，应进行一次内审和管理评审，对体系应进行自我诊断和自我评价，体系运行正常、有效时，就可以请认证中心派审核组进行现场审核（认证合同可以在体系设计阶段、确定产品范围之后签订）。

(3) 组织可以聘请咨询机构的咨询师进行指导。咨询工作应从组织的培训和体系策划开始，到通过认证机构的现场审核结束。

5) 体系的持续改进。

组织一旦获得认证成功，说明组织对体系的运作基本符合 ISO9000 质量管理的要求，没有重大不合格项目，但也可能存在一些一般性的不合格项目。在继续执行体系规定的同时，要不断发现问题并改进。在体系的日常运作中，组织的贯彻标准仍要严格按照标准要求进行持续审核、持续改进，以求不断完善组织的运作体系，提高组织的运作功效。

9.4.2 六西格玛管理方法

1. 什么是六西格玛

σ是一个希腊字母，在统计学里用来描述正态数据的离散程度。目前，在质量管理领域，用来表示质量控制水平，若质量控制在 3σ 水平，表示产品合格率不低于 99.73%；若控制在 6σ 水平，表示产品不合格率不超过 0.002ppm，也就是每生产 100 万个产品，不合格品不超过 0.002 个，接近于零缺陷水平。

根据休哈特的理论，质量水平达到三西格玛为最经济科学，包括日本组织在内的组织一般都把三西格玛水平作为追求的目标。而在与日本企业竞争中处于下风的摩托罗拉公司，为了减少质量波动，显著提高产品质量，提高公司竞争力于 20 世纪 80 年代初期雄心勃勃地提出了产品质量要控制在 6σ 水平上，这就是六西格玛管理方法的由来。

目前所讲的六西格玛管理方法已进化为一种基于统计技术的过程和产品质量改进方法，进化为组织追求精细管理的理念。六西格玛管理的基本内涵是提高顾客满意度和降低组织的资源成本，强调从组织整个经营的角度出发，而不只是强调单一产品、服务或过程的质量，强调组织要站在顾客的立场上考虑质量问题，采用科学的方法，在经营的所有领域追求“无缺陷”的质量，以大大减少组织经营领域的成本，提高组织的竞争力。六西格玛管理将组织的注意力同时集中在顾客和组织两个方面，会给组织带来诸如顾客满意度提高、市场占有率增加、缺陷率降低、成本降低、生产周期缩短、投资回报率提高等绩效。

2. ISO9000 标准和六西格玛管理的关系

1）ISO9000 标准和六西格玛管理的目的是不一样的。六西格玛管理是关于组织经营业绩改进的管理战略和获得突破性改进的科学的方法论。而 ISO9000 标准是关于质量管理体系的一个标准，是质量管理体系建设的基本要求，它告诉组织在建设质量管理体系时，应该考虑的要求和基本方面。许多组织已经通过了 ISO9000 标准的认证，而这个认证仅向人们表明，组织的质量管理体系达到了 ISO9000 标准的基本要求。因此，六西格玛管理和 ISO9000 标准是用于不同的目的。

但是，两者在一个组织中是完全可以很好地融合的。对一个已经按 ISO9000 标准建立质量管理体系的组织来说，可以通过六西格玛管理的实施，来提升质量管理体系的有效性。提升质量管理的水平，几乎是所有已经取得了 ISO9000 标准质量管理体系认证的组织的需求。而六西格玛管理可以帮助组织在质量管理体系、管理职责、资源管理、产品实现和测量、分析和改进等领域产生很好的管理效果，比如，测量、分析和改进方面，ISO9000 标准中只提出了持续改进过程的一般框架和要求，并没有提出具体的实施模式。每个组织都会有自己的过程方法和体系。而在这方面，六西格玛管理为组织提供了一套优秀的过程改进模式，六西格玛的 DMAIC 流程，以及流程中提供的工具和方法，对组织实现 ISO9000 标准的要求提供了很好的解决办法。

2）ISO9000 标准为六西格玛管理的实施提供了基础平台。ISO9000 标准是将管理过程规范化的非常好的手段，它的应用在很大程度上促进了组织流程的规范管理，对质量管理体系的运行起到了很好的保持作用。而在实施六西格玛管理的过程中，也非常需要有这样一个保持体系。特别是在六西格玛管理项目结束之后，它需要不断保持其效果，才能持续地产生收益。在这方面，需要依据 ISO9000 标准建立的质量管理体系给予有价值的支持。用 ISO9000 标准的基本要求，也可以规范组织的六西格玛管理推进工作，使六西格玛管理体系化，从而促进六西格玛管理成为组织日常工作的一部分，而在组织中很好地保持下来。

但ISO9000标准和六西格玛管理之间绝不是互相替代的关系。并不是有了ISO9000标准质量管理体系就不必推行六西格玛管理，或者搞六西格玛管理就可以取代ISO9000标准质量体系。事实上，当组织将它的质量管理与ISO9000标准以及六西格玛管理很好地融合在一起的时候，会发现它们是相互支持、相互补充和相互协调的，将它们充分融合所建立的综合管理体系，将使组织在保持和改进的循环中稳步的提升其管理水平。

当然，六西格玛是关于组织经营业绩改进的战略，在组织中，它所覆盖的领域和关注的改进点，比ISO9000要广泛得多。它对组织的影响的回报也将远大于ISO9000的实施。

3）ISO9000标准是组织进入国际市场的“准入证”，六西格玛管理则是组织“入住”国际市场的“通行证”。在激烈的市场竞争中，许多国家为了保护自身的利益，设置了种种贸易壁垒，包括关税壁垒和非关税壁垒（如绿色壁垒等）。随着贸易保护主义和各国对关税的抵制，保护的天平已从关税壁垒一侧倒向了非关税壁垒，而其中非关税壁垒主要是技术壁垒。为了消除贸易技术壁垒，出口商的商品要符合产品认证和ISO9000标准质量管理体系认证的要求。所以取得ISO9000标准认证证书等于组织得到了进入国际市场的通行证。但是，通过ISO9000标准认证只能证明组织已经具备保证本组织生产或提供的产品或服务达到国际基本标准的能力，但这种能力要能长期保持下去，组织还需采用一些有效的质量管理方法，而六西格玛管理是众多质量管理方法中非常优秀的一种方法。

3. 六西格玛管理的特点

1）是以顾客为关注焦点的管理理念。六西格玛是以顾客为中心，关注顾客的需求。它的出发点就是研究客户最需要的是什么？最关心的是什么？比如改进一辆载货车，可以让它的动力增大一倍，载重量增大一倍，这在技术上完全做得到，但这是不是顾客最需要的呢？因为这样做，成本就会增加，油耗就会增加，顾客就不一定想要，什么是顾客最需要的呢？这就需要去调查和分析。假如顾客买一辆摩托车要考虑30个因素，这就需要去分析这30个要素中哪一个最重要，通过一种计算，找到最佳组合。因此六西格玛是根据顾客的需求来确定管理项目，将重点放在顾客最关心、对组织影响最大的方面。

2）通过提高顾客满意度和降低资源成本促使组织的业绩提升。六西格玛项目瞄准的目标有两个，一是提高顾客满意度。通过提高顾客满意度来占领市场、开拓市场，从而提高组织的效益。二是降低资源成本。通过降低资源成本，尤其是不良质量成本损失 COPQ（COST OF POOR QUALITY），从而增加组织的收入。因此，实施六西格玛管理方法能给一个组织、一个组织带来显著的业绩提升，这也是它受到众多组织青睐的主要原因。

3）注重数据和事实，使管理成为一种真正意义上基于数字上的科学。六西格玛管理方法是一种高度重视数据，依据数字、数据进行决策的管理方法，强调“用数据说话”、“依据数据进行决策”，“改进一个过程所需要的所有信息，都包含在数据中”。另外，它通过定义“机会”与“缺陷”，通过计算 DPO（每个机会中的缺陷数）、DPMO（每百万机会中的缺陷数），不但可以测量和评价产品质量，还可以把一些难以测量和评价的工作质量和过程质量，变得像产品质量一样可测量和利用数据加以评价，从而有助于获得改进机会、达到消除或减少工作差错及产品缺陷的目的。因此，六西格玛管理广泛采用各种统计技术工具，使管理成为一种可测量、数字化的科学。

4）是一种以项目为驱动力的管理方法。六西格玛管理方法的实施是以项目为基本单元。通过一个个项目的实施来实现。通常项目是以黑带为负责人，牵头组织项目团队通过项目成功完成来实现产品或流程的突破性改进。

5）实现对产品和流程的突破性质量改进。六西格玛项目的一个显著特点是项目的改进都是突破性的。通过这种改进能使产品质量得到显著提高，或者使流程得到改造。从而使组织获得显著的经济利益。实现突破性改进是六西格玛的一大特点，也是组织业绩提升的源泉。

6）遵循 DMAIC 的改进方法。六西格玛有一套全面而系统地发现、分析、解决问题的方法和步骤，这就是 DMAIC 改进方法。即：

（1）D（Define）项目定义阶段。界定核心流程和关键顾客，站在顾客的立场，找出对他们来说最重要的事项，也就是关键要理清团队章程，以及核心事业流程。

（2）M（Measure）数据测量阶段，找出关键数据，就是要为流程中的瑕疵，建立衡量基本步骤。人员必须接受基础几率与统计学的训练，及统计分析软件与测量分析等课程。为了不造成员工的沉重负担，不妨让具备六个标准差实际推行经验的人，带着新手一同接受训练，帮助新手克服困难。对于复杂的演算问题，可提供自动计算工具，减少复杂计算所需的时间。

一般将界定和衡量看做第一阶段，此阶段要求能定义客户要求，并将客户要求转化为六西格玛项目的技术和工具，量化及识别客户要求，并将其与公司战略相结合，从而制订六西格玛项目计划并预测收益的技术。另外，各类测量系统的分析技术及过程底线的分析技术也将结合运用。

(3) A（Analysis）数据分析阶段。探究误差发生的根本原因。运用统计分析，检测影响结果的潜在变量，找出瑕疵发生的最重要根源。所运用的工具包含许多统计分析工具，包括相关回归分析、方差分析、假设检验、各种图形分析工具，等等。

(4) I（Improve）项目改善阶段。找出最佳解决方案，然后拟订行动计划，确实执行。这个步骤需不断测试，看看改善方案是否真能发挥效果，减少错误。

(5) C（Control）项目控制阶段，确保所做的改善能够持续下去。衡量不能中断，才能避免错误再度发生。在过去许多流程改善方案里，往往忽略了控制的观念；而在六西格玛管理中，控制是它能长期改善品质与成本的关键。因而控制阶段的主要任务就是对前几个阶段所取得的改善成果进行保持，确保过程不再回复至改善前的状态。

7）强调骨干队伍的建设。六西格玛管理方法比较强调骨干队伍的建设，其中，倡导者、黑带大师、黑带、绿带是整个六西格玛队伍的骨干。对不同层次的骨干进行严格的资格认证制度。如黑带必须在规定的时间内完成规定的培训，并主持完成一项增产节约幅度较大的改进项目。

4. 六西格玛管理的人员组织结构

六西格玛管理需要一套合理、高效的人员组织结构来保证改进活动得以顺利实施。在过去，之所以有80%的全面质量管理实施者失败，最大原因就是缺少这样一个人员组织结构。

1）六西格玛管理委员会。六西格玛管理委员会是企业实施六西格玛管理的最高领导机构。该委员会主要成员由企业领导层成员担任，其主要职责是：设立六西格玛管理初始阶段的各种职位；确定具体的改进项目及改进次序，分配资源；定期评估各项目的进展情况，并对其进行指导；当各项目小组遇到困难或障碍时，帮助他们排忧解难等。

成功的六西格玛管理有一个共同的特点，就是企业领导者的全力支持。六西格玛管理的成功在于从上到下坚定不移的贯彻。企业领导者必须深入了解六西格玛管理对于企业的利益以及实施项目所要达到的目标，从而使他们对变革充满信心，并在企业内倡导一种旨在不断改进的变革氛围。

2）执行负责人。六西格玛管理的执行负责人有一位企业副总性质以上的高层领导担任。这是一个至关重要的职位，要求具有较强的综合协调能力的人才能担任。其具体职责是：为项目设定目标、方向和范围；协调项目所需资源；处理各项目小组之间的重叠和纠纷，加强项目小组之间的沟通等。

3）黑带。黑带（Black belt）来源于军事术语，指那些具有精湛技艺和本领的人。黑带是六西格玛变革的中坚力量。对黑带的认证通常由外部咨询公司配合公司内部有关部门来完成。黑带由企业内部选拔出来，全职实施六西格玛管理，在接受培训取得认证之后，被授予黑带称号，担任项目小组负责人，领导项目小组实施流程变革，同时负责培训绿带。黑带的候选人应该具备大学数学和定量分析方面的知识基础，需要具有较为丰富的工作经验。他们必须完成160小时的理论培训，由黑带大师一对一地进行项目训练和指导。经过培训的黑带应能够熟练地操作计算机，至少掌握一项先进的统计学软件。那些成功实施六西格玛管理的公司，大约只有1%的员工被培训为黑带。

4）黑带大师。黑带大师（Master-Belt）是六西格玛管理专家的最高级别，其一般是统计方面的专家，负责在六西格玛管理中提供技术指导。他们必须熟悉所有黑带所掌握的知识，深刻理解那些以统计学方法为基础的管理理论和数学计算方法，能够确保黑带在实施应用中的正确性。统计学方面的培训必须由黑带大师来主持。黑带大师人数更少，只有黑带的1/10。

5）绿带。绿带（Green belt）的工作是兼职的，他们经过培训后，将负责一些难度较小的项目小组，或成为某一项目小组的成员。绿带培训一般结合六西格玛具体项目进行5天左右的课堂专业学习，包括项目管理、质量管理工具、质量控制工具、解决问题的方法和信息数据分析等。一般情况下，由黑带负责确定绿带培训内容，并在培训之中和之后进行协助和监督。

5. 六西格玛管理对企业的作用

实施六西格玛管理的好处是显而易见的，概括而言，主要表现在以下几个方面：

1）能够提升企业管理的能力。六西格玛管理以数据和事实为驱动。过去，企业对管理的理解和对管理理论的认识更多停留在口头上或书面上，而六西格玛管理把这一切都转化为实际有效的行动。六西格玛管理法成为追求完美的管理方式的典型代表。

对国外成功经验的统计总结显示：如果企业全力实施六西格玛管理，每年可提高一个σ水平，直到达到4.7σ，无须大的资本投入。这期间，利润率的提高十分显著。而当达到4.8σ以后，再提高σ水平需要对过程重新设计，资本投入增加，但此时产品、服务的竞争力提高，市场占有率也相应提高①。

2）能够节约企业运营成本。对于企业而言，所有的残次品要么被废弃，要么重新返工，要么在客户现场进行维修、调换，这些都需要花费企业成本。美国的统计资料表明，一个执行3σ管理标准的企业与质量问题直接相关的成本占其销售收入的10%～15%。实施6σ管理的1987～1997的10年间，摩托罗拉公司由于实施6σ管理节省下来的成本累计达到140亿美元。

3）能够增加顾客价值。实施6σ管理可以使企业了解并满足顾客需求到实现最大利润之间的各个环节实现良性循环：公司首先了解、掌握顾客的需求，然后通过采用6σ管理方法减少随意性并降低差错率，从而提高顾客满意度。

4）能够改进服务水平。由于6σ管理不但可以用来改善产品品质，而且可以用来改善服务流程，因此，对顾客服务的水平，也得以大大提高。

通用电气照明部门的一个6σ管理小组成功地改善了同其最大客户沃尔玛的支付关系，使得票据错误和双方争执减少了98%，既加快了支付速度，又融洽了双方互利互惠的合作关系。

5）能够形成积极向上的企业文化。在传统管理方式下，人们经常感到不知所措，不知道自己的目标，工作处于一种被动状态。通过实施6σ管理，每个人知道自己应该做成什么样，应该怎么做，整个企业洋溢着工作热情和工作积极性。员工十分重视质量以及顾客的要求，并力求做到最好，通过参加培训，掌握标准化、规范化的解决问题的方法，工作效率获得明显提高。在强大的管理支持下，员工能够专心致力于工作，减少并消除工作中消防救火式的活动。

6. 组织实施6σ管理成功的必要因素

由于实施六西格玛管理，能够给组织带来丰厚的回报，因此，它受到了众多组织的喜爱，目前已经成为西方组织界的一种管理潮流。在我国，海尔、联想、宝钢、武钢等许多知名组织，也在积极推行六西格玛管理。如何成功实施六西格玛管理，许多组织面临的实际问题，就是在实施六西格玛比较普遍的西方国家也不是立竿见影地给组织带来丰厚回报的，那么，对于管理水平相对较低的我国大多数组织来说，如何成功地实施六西格玛管理呢？

1）提高组织高层管理者的执行力。组织战略正确不能保证组织成功，成

① 王关义，刘益等：《现代企业管理》，清华大学出版社2004年版，第319～322页。

功的组织一定要在战略方向和战术执行力上都到位。组织实施六西格玛战略，不只是对产品质量的改进，还涉及组织流程的改进，甚至组织架构、组织文化的变革，这些都需要高层管理者的执行力作为源动力，需要他们持续的支持和热情，否则，六西格玛管理战略实施是不可能获得完全成功的。

组织就是一个执行的团队，作为六西格玛管理团队的领袖，就要以身作则，在执行/推进方面亲力亲为才能成功。思科（Cisco）全球副总裁林正刚曾说，思科的成功不在于技术，而在于执行力。可见，仅有战略不能让组织在激烈的竞争中脱颖而出，而具有执行力可使组织创造出实质的价值。所以，为了提高六西格玛管理推行过程的执行力，组织最好由公司领导出任六西格玛管理项目明星（项目执行负责人）。

2）实施六西格玛管理需要变革管理。组织导入六西格玛管理理念，就意味着导入了六西格玛管理文化。它的引入将会改变组织员工的观念和行为，这会涉及组织价值观和文化的改变，也会涉及组织结构和体系架构的根本性改变，因而就会产生强大的变革阻力，它们表现为技术阻力、管理阻力、文化阻力，等等。这就要求组织要加强变革管理，通过增强和保持沟通、激励和教育，使全体员工在观念和行为上接受六西格玛管理这一新理念。

3）建立激励和认可系统。员工是六西格玛管理活动中最重要的群体，组织绝大部分的改进项目由他们来承担，组织要成功地推行六西格玛管理，必须建立激励和认可系统，通过该系统的运作最大程度上激发组织员工参与六西格玛管理的责任感、激情和热情，这是六西格玛管理成功实施的关键。当然，组织的激励措施可以是物质的，也可以是精神的，可以灵活地结合组织的本身特点制订。

一些研究表明，实施六西格玛管理绩效处于前几位的公司中，有61%的公司将其激励与公司的战略目标联系起来，而低绩效的公司建立的这种联系却很少。比如，GE公司，韦尔奇曾在一次会议上说过，所有的经理都要成为绿带，所有半年内不能成为绿带的经理，将不能在公司内晋升；同时，主管们的绩效工资中，有40%与六西格玛成就联系在一起。

4）建设一支以黑带为核心的骨干队伍。六西格玛管理是通过一个个项目的实施来实现的，作为项目领导者的黑带的素质和水平对项目的成功起着决定性作用。因此，六西格玛管理要创建一个实施团队，以确保组织提高绩效活动所必备的人力资源。而能否建立起一支掌握六西格玛技术、以黑带为核心的骨干队伍是六西格玛方法成功实施的一个关键因素。

挑选和培训黑带对一个组织成功实施六西格玛管理来说尤其关键。著名的六西格玛管理专家 Ronal D. Snee 先生在总结六西格玛管理的成功经验时说，成功的组织选择最好的人担当六西格玛黑带角色，并且将六西格玛黑带作为组织未来的领导人来培养，在他们结束了黑带使命后，将走上领导岗位。通用电气（GE）公司的目标是，在未来几年内，组织中层以上领导人中，有过六西格玛黑带经历的要达到100%。

5）与组织 ISO9000 标准质量管理体系相结合。ISO9000 族标准为组织的质量管理工作提供了一个基础平台，而六西格玛管理给组织的质量管理工作带来了一个新的、垂直的方法体系。ISO9000 标准为组织实现质量管理的系统化、文件化、法制化、规范化奠定了基础。而六西格玛管理是指组织为保证产品质量，综合运用一整套质量管理思想、体系、手段和方法，进行的系统的管理活动。因此，ISO9000 标准和六西格玛管理的正确关系是相辅相成，互为补充。对于任何一个组织来说，应该依据 ISO9000 标准建立质量管理体系，进而加强组织质量管理的基础建设工作，同时实施六西格玛管理，以便推进和加强组织的质量改进工作。

复习题

1. 简述质量管理的发展阶段。
2. 简要回答全面质量保证体系中设计试制过程的质量保证的内容。
3. 简要回答质量保证体系运转的基本方式。
4. 简要回答 ISO9000：2000 版的八项质量管理原则。
5. 简要概括 ISO9000 标准和六西格玛管理的关系。

案　例

海尔：质量是品牌的“脊梁”

提起海尔的质量控制，人们自然会想起早在1985年，时任瑞雪冰箱厂（海尔前身）厂长的张瑞敏决定砸掉76台有质量缺陷的冰箱的案例。20多年过去了，今天的海尔质量控制体系又有怎样的变化？7月9日，《电器》杂志的记者采访了海尔集团质量检测事业部。今天的海尔，已经形成了自己特有的质量管理哲学和质量文化。

产品质量从满足标准转向满足不同消费者需求

在 2006 年 4 月的一次发言中，海尔集团首席执行官张瑞敏提出：“在海尔，对质量的要求已经从满足标准转变为满足不同消费者的需求。”例如，针对印度经常停电的现象，海尔设计出了停电 100 小时也不会化冻的冰箱；在巴基斯坦，针对一个家庭平均 12 口人、并且巴基斯坦男士穿大袍子的情况，海尔设计了可以一次性洗 32 件大袍子的洗衣机。这些产品在当地都受到消费者的欢迎。但是，这种个性化的产品设计也给产品质量的保障出了一个难题。

在海尔集团监测中心，设有大量的实验室，来模拟一些特殊市场的使用环境，用来检测产品质量。在噪声实验室外走廊的墙上，挂着一张题为“用户不能接受的噪声频谱分析”的表格。

监测中心李传增告诉《电器》杂志的记者：“海尔生产的产品，除要满足相关标准要求外，还要考虑到用户的实际感受。比如这张表，我们分析了冰箱、洗衣机、电脑等产品在运行时发出的噪声，哪些是用户不能忍受的，我们在产品设计的时候，就会把这一点考虑进去，将噪声频谱控制在用户可以接受的范围之内。这就是我们平时所说的‘把用户需要转化为质量要素’，相应的，这也会降低后期的服务成本。”

据李传增介绍，海尔集团监测中心建筑面积约两万平方米，两期工程共投资约两亿元，拥有整机性能实验室、部件性能实验室、可靠性实验室等各类实验室共 175 个。在这些实验室中，很多都是全国乃至全亚洲最好的。

实际上，海尔的质量体系由一个立体的科学构架支撑，海尔实验室管理经营思路只是海尔质量理念的一个缩影。在整个集团，质量检测事业部是一个独立于各个产品部的“第二方”部门，代表用户对产品质量进行评测和控制，并且负责整个集团的质量管理和控制，而在各个产品本部的生产一线，还拥有近 2 000 名的质量管理人员，他们接受质量检测事业部的管理、培训，并对一线生产职工进行相关指导。

让六西格玛成为每个人手中的武器

张德华是海尔六西格玛推进部的负责人。他告诉《电器》杂者的记者，海尔的六西格玛管理办法是从国际化大公司借鉴来的，自 2005 年 6 月起开始推进，首先在洗衣机产品上进行试点。2007 年 1 月，六西格玛质量管理办法开始在全海尔集团推进展开，现在已经形成自己的独特内涵。

张德华介绍，六西格玛质量管理办法是运用统计数据测量产品的质量情况，看其接近质量目标的程度，通过减少和消除缺陷来降低成本，提高顾客满意度。西格玛代表标准差，它前面的数字代表达到的等级。具体来说，一个西格玛代表68%的产品达到了要求；两个西格玛代表99.7%的产品达到了要求；六个西格玛代表99.9997%的产品达到了要求，它意味着每100万件产品中只有3.4件次品。可以说达到六个西格玛是一种完美状态，但是，海尔认为，六西格玛不是一个事后的统计工具，要想让六西格玛变得有意义，就必须让六西格玛成为每个人手中的武器。

比如，某一个工序要想达到六西格玛的要求，需要控制的绝不仅仅是这一个工序——工人的素质、原材料的质量等都需要用六西格玛来管理，而且还要从这个工序推进到其他所有工序，然后再推进到企业的整个体系，包括市场调研、产品开发、采购及制造，等等。

张德华透露，根据这个思路，整个集团2006年共推进了500个六西格玛项目，并达到了质量成本降低30%的成果。2007年又新增了400个项目，每个项目成立了项目小组，推进质量的工作从今年2月全面展开，目标是让质量成本每年降低50%，目前，已经推进完成了约200个项目。

除此之外，从今年6月开始，海尔集团在六西格玛推进工作中还实行了专家负责制，即用一些外聘专家作为项目负责人，全面推进质量控制工作。此项工作将于9月底结束。

在六西格玛人才培养上，张德华透露，2006年，整个海尔集团经过三期的人员培训，目前已经培养出500名“绿带”。2007年下半年，海尔集团还计划招聘一些专职“黑带”。海尔质量保障公司战略部部长李华强告诉记者，目前在海尔集团，各高级制造经理，都要经过六西格玛培训才能上岗。

质量问题从设计环节“断根”

如果说六西格玛质量管理办法是针对已经批量生产的成熟产品的话，那么可靠性管理就是针对新品质量的管理办法。海尔集团质量监测事业部可靠性项目经理董云林告诉《电器》杂志的记者，要保证产品的可靠性，就必须保证将在设计、原材料、生产等环节影响产品质量可靠性的隐患彻底断根。

“首先是设计环节，开发做不好，质量好不了。”李华强这样告诉记者，“我们设计环节的可靠性并不是只靠实验室来检测的，我们有一个完整有效的系统在运转。”

董云林介绍说，海尔集团于2005年重点推进产品可靠性管理，并从国际著名企业请来了这方面的专家进行指导，现已有9大类产品建立了企业可靠性标准，建立了 2 000 多个台位的产品可靠性测试能力；目前，海尔作为牵头单位，正在负责牵头起草国家冰箱、洗衣机可靠性测试标准。2006 年，海尔集团开始推进产品生命周期管理 PLM 流程，将每种新品从设计到生产的过程发现的质量隐患纳入 FRACAS 系统（故障报警纠偏系统），改进措施的有效性通过设计、质量、生产等部门组成的专家组进行评价，保证质量隐患断根，不断提高产品质量的可靠性。张瑞敏就曾强调："产品的可靠性靠的是整个体系。一个产品从设计开始，设计过程有没有问题，设计之后采购的原材料有没有问题，原材料在生产过程中有没有问题，这都是影响整个体系是否可靠的因素。"

实际上，当年张瑞敏决定砸掉 76 台有质量缺陷的冰箱，就说明他极其重视产品的质量。直到今天，他也一直强调，质量是一个永恒的主题，对于一个企业来说，"没有质量，其他都免谈。"

资料来源：陈莉：《海尔·质量是品牌的脊梁》，载《电器》，2007 年 8 月。

结合案例回答：

1. 结合书中所述，概括海尔质量管理的特点。
2. 海尔是怎样保证质量的？
3. 海尔所实施的六西格玛管理方法的特点？
4. 海尔实施六西格玛管理方法从哪几个方面提升了企业的竞争能力？

第四篇　管理创新篇

创新对于组织来说是至关重要的，它是组织发展的基础，是组织获得经济发展的源泉。在过去的一个世纪中，人类的经济获得了飞速的发展，20 世纪大部分时期的经济增长率超过了第一次工业革命时期。这种发展和增长的根源就是熊彼特所说的创新。江泽民同志说过："创新是一个民族进步的灵魂，是国家兴旺发达的不竭动力。"对国家而言是这样，对一个企业而言也一样，创新是企业在"物竞天择，适者生存"基本规律作用下取得竞争优势，取得竞争发展的重要途径之一。

第 10 章

管理创新

本章要点

◇ 管理创新的原则

◇ 价值工程管理技术的工作程序

管理创新本身是由经济发展、技术进步导致企业生存与发展问题需要解决而产生的。正像钱德勒所指出的："现有的需求和技术将创造出管理协调的需求和机会。"任何企业都要管理创新，企业保持活力的唯一途径就是创新，只有通过创新，企业才能不断地吸收新鲜的血液，才能跟上时代的步伐。社会节奏越来越快，我们所处的环境也变得越来越快，只有新的管理理念才能使企业立于不败之地。

近几年，在有关企业的创新能力热点研讨中，看到和听到的多是有关增强企业技术创新能力报道，给人的感觉是企业的创新能力等同于企业的技术创新能力。其实，这种观点是比较狭隘的，周三多（2000）指出，企业的管理创新能力不仅包括技术创新，还包括制度创新、环境创新、知识创新等。

10.1　管理创新概述

10.1.1　管理创新的概念

1. 创新的概念与类别

"创新"并不是一个陌生的词汇，它经常出现在各类管理学著作和教材之中。但是，由于人们站在不同的角度上，对创新的概念众说纷纭，一直没有一个确切的定义。熊彼特 1912 年在《经济发展理论》中是这样描述的：创新就是建立一种新的生产函数，实现生产要素和生产手段的“新组合”。这种组合注重技术方面的革新，包括引进新产品、引进新技术、开辟新市场、控制原材料新的供应来源、实现工业的新组织等。无疑，技术创新是创新的重要内容，但不是全部内容。周三多（2000）等指出，创新首先是一种思想及在这种思想指导下的实践，是管理的一种基本职能。创新工作作为管理的职能表现在它本身就是管理工作的一个环节，它对于任何组织而言都是一种重要的活动；创新工作也和其他管理职能一样，有其内在逻辑性，建构在其逻辑性基础上的工作原则，可以使得创新活动有计划、有步骤地进行①。

2. 管理创新的概念与特征

管理创新是指创造一种新的更有效的资源整合模式。它既可以是新的有效资源整合以达到企业目标和责任的全程式管理，也可以是新的具体资源整合及目标制订等方面的细节管理。管理创新具有以下特征：

1）变革性。不论是整体创新还是局部创新，只要是涉及管理活动的某些内容、某些要素及其相互组合的方式发生变动，就是变革旧事物，推陈出新。

2）价值性。创新活动的目的是通过创新给消费者更高的价值与满足感，同时也为社会和企业创造经济效益。

3）先行性。先行一步是管理创新的前提条件。从某种意义上说，先行就是新。

4）持续性。创新是一种动态的活动。由于现代企业的经营管理活动的内部条件、外部环境的不确定性和信息的不完全性，因此，管理活动就应该不断地进行创新活动。

5）必然性。必然性是由管理的不可复制性产生的。管理的不可复制性本身就必然要求管理创新，从泰勒制管理到前述丰田生产管理方式，再到现代流行的虚拟组织、电子商务、网络营销，学习型组织等，可以说任何一种管理模式、管理的方法都是随着时代的发展和科学技术的进步而产生的管理创新。

① 周三多，陈传明：《管理学》，高等教育出版社 2000 年版，第 277 ~281 页。

10.1.2　管理创新的职能

组织、领导与控制是保证计划目标的实现所不可缺少的。从某种意义上说，它们属于管理的“维持职能”，其任务是保证组织按预定的方向和规则运行。但是，企业要想在动态变化的社会经济系统中生存、发展，仅有维持是不够的，它们还必须不断调整组织活动的内容和目标，以适应环境变化的要求。这就是经常被人们忽视的管理的“创新职能”。

根据前面的内容，我们可以知道，从逻辑顺序上来考察，在特定时期内对某一组织的管理工作主要包括：

(1) 确立系统的目标；

(2) 制订并选择可实现目标的行动方案；

(3) 分解目标活动到各职能岗位或根据目标设计系统所需要的组织结构；

(4) 根据目标及岗位需要，调配工作人员；

(5) 组织提供目标完成所需条件，使整个组织系统运行起来；

(6) 协调各职能岗位关系，使它们的工作相互衔接，平衡前进；

(7) 实时监督并纠正实际工作中的失误与偏差；

(8) 根据内外部条件的变化，寻找变革的机会，计划并组织实施系统的变革以求发展。

上述管理工作可以分为两部分：一部分是涉及系统的目标、结构和运行规划，监控系统的运行，使之按照预定的规则运行的“维持职能”；另一部分就是分析系统运行中的变化，进行局部或全局调整，使系统动态适应内外部变化的“创新职能”。显然，任何组织的任何管理工作无不包含在“维持”与“创新”中。

维持是保证系统的活动顺利进行的基本手段，也是系统中大部分管理人员，特别是中层和基层管理人员主要从事的工作。管理的维持职能是要严格地按预定的规划来监视和修正系统的运行，尽力避免各子系统之间的摩擦以及减少因摩擦而产生的组织内耗。没有维持，组织目标就很难实现，计划就无法落实，各成员的工作就有可能偏离目标，各组织要素就有可能相互脱离，各自为政，各行其是，从而整个系统就会一片混乱。所以，维持对组织的生命延续是很重要的。

但是，仅有维持是不够的。任何组织系统都是由众多要素构成的，都是处在一个社会经济大系统之中的，而且此组织系统还时刻与外部的社会经济大系统发生物质、信息以及能量交换。当系统外部环境和内部条件在不断地发生变化时，这些变化势必会对组织的原有目标、活动内容、活动形式以及活动要素产生不同程度的影响。系统若不及时根据内外部变化的要求而适时进行局部或全局调整，则可能会在社会竞争中被淘汰。而这种为适应系统内外部变化而进行的局部或全局的调整，便是管理创新职能。

组织能否生存以及发展是以它能否为社会所接受为前提的。当某个组织能够提供社会需要的某种要素，则它就能为社会所接受；当组织向社会索取（投入资源）小于它向社会提供的贡献（有效产出）时，此组织就能获得发展，寿命周期有可能较长。反之，当组织不能跟上社会需要的发展，或组织内部功能退化，组织的投入大于组织的产出时，它就会慢慢被社会抛弃，直至消亡。

所以，在这个动态发展的社会下，社会的需求不断变化，社会向组织所提供的资源在数量和种类上也在不断改变，组织如果不能适应这种变化，不能以新的方式提供新的产品，则很难取得发展。组织需要不断改变或调整其利用资源的方式、向社会提供的产品，而这正是创新的主要内涵和作用。

综上所述，维持和创新对组织的生存和发展非常重要，它们相互联系、不可或缺。创新是维持基础上的发展，而维持则是创新的逻辑延续；维持是为了实现创新的成果，而创新则为更高层次的维持提供依托和框架。只有创新没有维持，组织便会呈现无时无刻不在变化的无序的混乱状态，而只有维持没有创新，组织就会缺乏活力，犹如一潭死水，适应不了任何外界变化，最终会被社会摒弃。

10.1.3 有效进行管理创新

要想实现创新的成功，管理者必须为创新工作提供条件、创造环境、有效地组织系统内部的创新。

1）正确理解和扮演“管理者”的角色。管理人员往往是保守的。他们往往以为自己的任务是维持组织的运行，因此，他们首先是保证预先制订的规则的执行和计划的实现，自觉不自觉地扮演着现有规章制度的守护神的角色。为了减少系统运行中的风险，防止出现不必要的麻烦，他们往往对创新尝试中的失败吹毛求疵，不能公正地惩罚或奖赏创新者。显然，在创新工作中这样理解或扮演管理者是不正确的。管理人员必须自觉地带头创新，并努力为组织成员提供和创造一个有利于创新的环境，积极鼓励、引导、支持组织成员进行创新。

2）创造有利于创新的组织氛围。促进创新的最好方法是大张旗鼓地宣传创新，激发创新，树立“无功就是有过”的新观念，使每一个人都奋发向上、努力进取、大胆尝试。要创造一个人人谈创新、人人想创新的、无处不创新的组织氛围，使那些无创新思想的人也想创新，有创新思想无创新行动的人采取行动进行创新。使每个人都意识到组织聘用自己的目的不是要自己用既定的方式重复地进行操作，而是希望自己去探索新的方法，找出新的程序，只有不断地去探索、去尝试才有继续留在组织中的资格。

3）制订有弹性的计划。创新意味着打破旧的规则，意味着时间和资源的外占用，因此，创新要求组织的计划必须具有弹性。

创新需要思考，思考需要时间。把每个人的每个工作日都安排得满满的对每个人在每时每刻都实行“满负荷工作制”，创新的许多机会就会丢失，创新的构想也无条件产生。因此，计划的制订要有弹性，要留出思考的时间，要有根据新情况而变得余地。同时，创新需要尝试，尝试需要物质条件和场所。要求每个部门在任何时间都严格地制订和执行严密的计划，创新就会失去基地，而新构想就永无尝试机会，只能留在图纸上，从而不可能给组织带来任何实际的效果。因此，为了使人们有时间去思考、有条件去尝试，组织制订的计划必须具有弹性。

4）正确地对待失败。创新的过程是充满着失败的过程。创新者应该认识到这一点，创新的组织者更应该认识到这一点。只有认识到失败是正常的，是不可避免的，管理人员才可能允许失败，支持失败。当然，允许失败，并不是要工作人员去马马虎虎地工作，而是希望创新者在失败中取得有用的东西，变得更加明白，从而缩短创新成功的路程。

5）建立合理的奖酬制度。要激发每个人的创新热情，还必须建立合理的评价和奖罚制度。创新的原始动力也许是个人成就感、自我实现的需要，但是如果创新的努力得不到组织的认同，不能得到公正的评价和奖酬，继续努力的动力就会渐渐消失。促进创新的奖酬制度至少要符合下述条件：

（1）注意物质奖励和精神奖励相结合。奖励不一定非要体现在金钱上，精神上的奖励也许比物质报酬更能激发一个的创新欲望。而且，从经济学角度考虑，物质奖励的效用要低于精神奖励，金钱的边际效用是递减的。对创新者个人来说，物质的奖酬只在一种情况下才是有用的：奖金的多少被视为衡量个人工作成果和努力程度的首要标准。

（2）奖励不能视作“不犯错误的报酬”，而应是对特殊贡献、甚至是对希望做出特殊贡献的努力的报酬；奖励的对象不仅包括成功以后的创新者，而且应当包括那些成功以前、甚至没有获得成功的努力者。就组织的发展而言，也许重要的不是创新的结果，而是创新的过程。

（3）奖励制度要既能促进内部之竞争，又能保证成员的合作。内部的竞争与合作对创新都是重要的。竞争能激发出每个人的创新欲望，从而有利于创新机会的发现、创新构想的提出，而过度的竞争则会导致内部的各自为政；合作能综合各种不同的知识和能力，从而使每个创新构想都更加完善，而没有竞争的合作会削弱创新的欲望。

10.2 管理创新的原则、类型以及过程

10.2.1 管理创新的原则

为了推动创新并保证创新活动的顺利进行，需要正确处理各方面的关系，遵循一定的原则。创新的主要原则如下：

1. 创新与维持相协调的原则

创新活动与维持活动既相互区别，又相互联系、相辅相成。维持是创新的基础，创新是维持的发展；维持是为了实现创新的成果，创新为维持提供更高的起点；维持使组织保持稳定性，创新使组织具有适应性。维持和创新都是组织不可缺少的因素。然而创新和维持有时也有矛盾和冲突，正确处理好二者的关系，寻求创新和维持的平衡和最优组合是管理者的职责，也是创新应遵循的原则。

2. 开拓进取、求实稳健的原则

开拓进取是创新的本质要求。所谓开拓进取就是要不断地向新的领域、新的高度进发。没有开拓进取，便没有创新。组织应以极大的热情鼓励、支持和组织创新活动，要创造促进创新的氛围，重塑企业文化，激发组织人员奋发向上、开拓进取。同时，组织的创新总是在现实基础上的创新，任何成功的创新都是科学的，不容半点虚假。开拓创新必须同求实态度相结合。求实稳健并不是安于现状，而是要面向社会、面向市场，从实际出发，实事求是，量力而

行，这是创新成功和稳步发展的重要保证。

3. 统一性和灵活性相结合的原则

有组织的创新，必须有统一明确的目标、相互协调的行动、优势集中的兵力。没有统一明确的目标，组织的创新便失去了行动的方向；没有相互协调的行动，组织的创新便没有团结互助的氛围，容易形成各自为政的现象；没有优势集中的兵力，创新力量分散，则不仅会延缓时间，痛失良机，甚至会导致失败。同时，创新的组织应具有灵活性，要放松对员工的控制，使计划具有弹性，这样有利于调动创新人员的积极性，有利于及时捕捉创新机会。

4. 激励创新、允许失败的原则

创新的创造性、风险性、效益性，决定了组织应对创新者的劳动和成果进行公正评价和合理奖励。对所有的创新建议，组织都要实施正向的激励政策，要在物质和精神上都给予奖励。同时，创新是不断地探索尝试、经常受挫失败、又努力进取提高的过程。因此，管理者应允许失败，这样做是对创新者积极性和创造性的保护和支持。管理者要宽容待人，热情帮助创新者总结和吸取失败的教训，鼓励创新者坚持不懈，继续进行大胆的探索和试验，直到取得成功。

10.2.2 管理创新的类型

系统在运行中的创新按照不同角度可以有不同的分类方法。依据创新的对象，创新可分为目标创新、技术创新、制度创新、组织机构和结构创新、环境创新和知识创新。

1. 目标创新

企业在一定的经济环境中从事经营活动，特定的环境要求企业按特定的方式提供特定的产品和服务。一旦环境发生变化，要求企业的生产经营方向、管理目标以及企业在生产过程中同其他社会经济组织的关系进行相应的调整。我国的社会主义工业企业，过去在高度集权的计划经济体制背景下，必须严格按照国家的计划要求组织企业的内部活动。经济体制改革后，企业同国家和市场的关系发生了根本的变化，企业必须以市场为导向，通过其自身的活动来谋求生存和发展。因此，在新的经济环境下，企业必须在继承传统的基础上，借鉴国外企业管理创新的经验，将目标调整为“调动一切资源因素，通过满足社会需求来获得财富”。至于企业在各个时期的具体经营目标，则应根据市场环境和消费需求的特点及变化趋势加以调整，每一次调整都是创新。

2. 制度创新

制度是企业组织运行方式的原则规定。企业的制度主要有产权制度、经营制度和管理制度等三个方面的内容。

1）产权制度的创新。产权制度是决定企业其他制度的根本性制度，它规定着企业最重要的生产要素的所有者对企业的权力、利益和责任。不同时期，企业各种生产要素的相对重要性是不一样的。在主流经济学的分析中，生产资料是企业生产的首要因素，因此，产权制度主要指企业生产资料的所有制。目前存在的相互对立的公有制和私有制两大生产资料所有制，在实践中证明都不是纯粹的。私有制正逐渐渗透到公有制中，而被效率因素困扰的公有制也正在渐渐地渗透到私有制中。企业产权制度的创新应该朝向寻求生产资料的社会成员“个人所有”与“共同所有”的最适度组合的方向发展。

2）经营制度的创新。经营制度是有关经营权的归属及其行使条件、范围、限制等方面的原则规定。它表明企业的经营方式，确定谁是经营者，谁来组织企业生产资料的占有权、使用权和处置权的行使，谁来确定企业的生产方向、生产内容、生产方式，谁来保证企业生产资料的完整性及其增值，谁向企业生产资料的所有者负责以及负何种责任。经营制度的创新方向应是不断寻求企业生产资料最有效利用的方式。

3）管理制度的创新。管理制度是行使经营权、组织企业日常经营的各种具体规则的总称，包括对原材料、设备、人员及资金等各种要素的取得和使用的规定。在管理制度的众多内容中，分配制度是最重要的内容之一。分配制度涉及如何正确地衡量成员对组织的贡献并在此基础上如何提供足以维持这种贡献的报酬。由于劳动者是企业诸要素的利用效率的决定性因素。因此，提供合理的报酬以激发劳动者的热情对企业的经营就有着非常重要的意义。分配制度的创新就在于不断地追求和实现报酬与贡献的最高层次上的平衡。

产权制度、经营制度和管理制度这三者之间的关系是错综复杂的。一般来说，一定的产权制度决定相应的经营制度。但是，在产权制度不变的情况下，企业的具体经营方式可以不断进行调整。同样，在经营制度不变的情况下，具体的管理规则和方法也可以不断改进。而当管理制度的改进一旦发展到一定程度，则会要求经营制度作相应的调整；经营制度的不断调整，必然会引起产权制度的革命。因此，管理制度的变化会反作用于经营制度；经营制度的变化也会反作用于产权制度。

企业制度创新的方向是不断调整和优化企业所有者、经营者、劳动者三者之间的关系，使各个方面的权利和利益得到充分的体现，使组织的各种成员的作用都得到发挥。

3. 技术创新

企业中出现的大量创新活动是有关技术方面的，因此，有人甚至把技术创新视为企业创新的同义词。技术是反映企业经营实力的一个重要标志，企业要在激烈的竞争中处于不败地位，就必须在顺应甚至引导社会技术进步的方面，不断地进行技术创新。企业的技术创新主要体现在要素创新、要素组合方法的创新以及产品的创新三个方面。

1）要素创新。企业的生产过程是一定的劳动者利用一定的劳动的手段作用于劳动对象使之改变物理、化学形式或性质的过程。这个过程主要包括材料、设备以及企业员工等三类要素。

（1）原材料创新。原材料是构成生产产品的物质基础，原材料费用是生产成本的重要组成部分，原材料的性能在很大程度上决定着产品的质量。原材料创新主要体现在：开辟原材料新的来源，以保证企业扩大再生产的需要；开发和利用大量廉价的普通材料，代替数量稀少且价格昂贵的材料，以降低产品的生产成本；改造产品的质量和性能，以提高产品的质量；研发新的环保材料，适应现代社会人们更高的要求。现代材料科学的发展，为企业原材料的创新提供了更广阔的前景。

（2）设备创新。现代企业在生产中已广泛地利用了机器设备，生产产品的加工制造往往由机器设备直接完成。尤其是在现代化的企业中，设备已经是进行物质生产的重要物质技术基础。设备的技术情况和先进程度已经是企业经济实力和生产力水平的重要标志之一。因此，不断地进行设备的创新，对于提高生产效率，提高产品的质量，减少原料的消耗都有着十分重要的意义。

设备创新的内容主要包括：通过利用新的设备，减少手工劳动的比重，提高企业的机械化程度；通过将新的研究成果和技术用于改造原有设备，延长其使用寿命，提高其效能；有计划地进行设备创新，以更先进、更经济的设备来取代旧的设备，使企业建立在先进的物质技术基础上。

2）要素组合方法的创新。利用一定的方式将不同的要素加以组合，这是形成产品的先决条件。要素组合包括生产工艺和生产过程的时空组织两个方面。

（1）生产工艺是劳动者利用劳动手段加工劳动对象的方法，包括生产工艺过程、工艺配方、工艺参数等内容。工艺创新既要根据新设备的要求，改变原材料、半成品的加工方法，也要求在不改变现有设备的前提下，不断研究改变生产方法和操作技术。工艺创新和设备创新是相互促进的，设备的创新要求工艺方法做出相应的调整，而工艺方法的不断完善又必然促进设备的改造和更新。

（2）生产过程的组织包括设备、工艺装备、制品及劳动者在空间上的布置和时间上的组合。因此，生产过程的创新是指企业应不断地研究和采用合理的空间布置和时间组合方式，以提高劳动生产率、缩短生产周期，从而在不增加要素投入的前提下，提高要素的利用率。

（3）产品创新。企业通过生产和提供产品来求得社会承认，产品是企业的生命。企业只有不断地生产出新产品，才能更好地证明其存在价值，同时不断地创新产品也是通过销售产品来补偿生产消耗、取得盈利的重要途径。产品创新主要是通过产品品种的创新，不断开发出用户欢迎的适销对路的产品，满足市场需求的变化；同时通过产品结构的创新，在不改变原有产品性能的基础上，找出更加合理的产品结构，使其生产成本更低，性能更完善，从而更加具有市场竞争力。

4. 组织机构和结构的创新

企业系统的正常运行，即要求有符合企业及其环境特点的运行制度，又要求与之相应的运行载体，即合理的组织形式。

从组织理论的角度来考虑，企业系统是由不同的成员担任的不同职务和岗位的结合体。这个结合体可以从结构和机构这两个层次来考察。机构是指企业在构建组织时，根据一定的标准，将那些类似的或为实现统一目标有密切联系的职务或岗位归并一起，形成不同的管理部门。它主要涉及管理劳动的横向分工问题，即把对企业生产经营业务的管理活动分成不同部门的任务；而结构则与各管理部门之间，特别是与不同层次的管理部门之间的关系有关，它主要涉及管理劳动的纵向分工问题，即所谓的集权和分权问题。不同的机构设置，要求不同的结构形式。由于机构的设置和结构的形成要受到企业经营活动的内容、特点、规模等因素的影响，因此，不同的企业，在不同的时期，随着经营活动的变化，也要求组织的机构和结构不断调整。组织创新的目的在于更合理地组织管理人员的努力工作，提高管理劳动的效率。

5. 环境创新

环境是企业经营的土壤，同时也制约着企业的经营。企业与环境的关系，不是单纯地去适应，而是在适应的同时去改造、去引导、甚至去创造。环境创新不是指企业为适应外界变化而调整内部结构或活动，而是指企业积极的创新活动去改造环境，去引导环境朝着有利于企业经营的方向发展。就企业而言，环境创新的更主要内容是市场创新。

市场创新主要是指通过企业的各项活动去引导新的消费，创造新的需求。企业新产品的开发固然被认为是创造市场需求的主要途径，但是，通过企业各种各样的营销活动更能体现市场创新丰富多彩的内容。例如，通过加强广告宣传等促销活动来赋予产品一定的心理使用价值，影响人们对某种消费行为的社会评价，从而诱发和强化消费者的购买动机，增加产品的销售量、扩大市场范围、提高市场占有率等。

6. 知识创新

随着科学技术的不断发展，特别是以现代计算机通讯技术为代表的高技术产业的发展，世界各国的经济比以往任何时候都更加依赖知识的生产、扩散与应用。因此，知识的创新就显得尤为必要。

知识创新的特征主要表现在以下几方面：（1）知识创新的价值是价值体系，而不是价值链。知识创新的价值体系是动态的，它包括知识创新各要素的相互依赖关系。（2）知识创新是要建立战略商业网络，而不是战略商业单位。战略商业网络鼓励创新过程中知识在合作者、客户、供应商和科研机构之间的流动。（3）知识创新追求的是合作利益，而不是竞争利益。合作战略是在共同合作关系上建立竞争环境，使知识得到发展，从而使各方都获利。

10.2.3 管理创新的过程

就一般创新来说，它们必然依循一定的步骤、程序和规律，管理创新也是一样。总结众多成功企业的经验，成功地变革和创新要经历如下几个阶段：

1）寻找机会。创新就是对原有秩序的破坏，它是从发现和利用旧秩序内部的不协调现象开始的。旧秩序的不协调既可能存在于组织的内部，也有可能存在于对组织有影响的外部。

就组织外部来说，有可能成为创新契机的变化主要有：（1）技术的变化，从而影响组织获取外部资源的能力、影响产品的竞争力；（2）人口的变化，从而有可能影响产品的供需比例；（3）宏观经济环境的变化。国民经济萧条有可能降低消费者的购买力，迅速增长的经济背景有可能给企业带来不断扩大的市场；（4）消费者偏好的变化，有可能降低企业产品对市场的吸引力。

就组织内部而言，引发创新的不协调现象主要有：（1）生产经营中的瓶颈，可能会影响劳动生产率的提高或员工劳动积极性的发挥。例如，某种工艺加工方法的不完善或某种分配制度的不合理等；（2）企业意外的成功或失败。这些意外的成功或经验往往可以把企业从原有的思维定式中驱赶出来，从而成为创新的一个重要来源。如非主营产品的利润大大超过了主营产品的利润或老产品虽经改进但还是得不到预期数额的订单等。

2）提出构想。当发现有不协调的现象存在时，我们要透过现象研究其产生的原因，并据此来分析和预测不协调的未来变化趋势，估计它们可能给组织带来的积极或消极后果。同时，我们要积极地利用机会或将威胁转变成机会，采用头脑风暴法、德尔菲法、专家组法等方法来提出多种解决问题，消除不协调，使系统在更高层次上实现平衡的创新构想。

3）迅速行动。创新成功的秘密主要在于迅速行动。提出的构想可能还不是很完善，甚至还存在一定的问题，但是这种不完善的构想必须马上付诸行动才有意义。“没有行动的思想会自生自灭”，这句话对于创新思想的实践尤为重要，如果一味追求完美，以减少被讥讽的机会，就可能坐失良机，把创新的机会白白浪费掉。创新的构想只有在不断地尝试中才能逐渐完善，企业只有迅速地行动才能有效地利用“不协调”提供的机会。

4）坚持不懈。构想经过尝试才能逐渐成熟，而尝试是不可能“一打就中”的，存在着失败的危险。因此，形成了不断尝试、不断失败、不断提高的创新过程。创新者在开始行动以后，为取得最终的成功，必须坚持不懈，决不能半途而废。同时，要在创新中坚持下去，创新者必须要有足够的信心，有较强的忍耐力，有不怕失败的勇气，既能为减少失误或消除失误采取必要的措施，又不把一次尝试的失败看成是整个创新的失败，要知道创新的成功只有在屡次失败后才姗姗来迟。

10.3 价值工程分析

在产品的设计中，重视产品的质量、性能的可靠性，而忽视了为此付出的代价的现象普遍存在，这也是一些企业能生产出精良的产品，却经济效益不佳的原因所在。如何在保证产品质量的情况下，尽可能降低产品的成本，将经济与技术结合起来，是一个非常重要的问题。价值工程为我们提供了一个行之有效的解决方法①。

10.3.1 价值工程的产生与发展

价值工程产生于1947年，由美国通用电器公司的工程师麦尔斯所创立。在第二次世界大战中麦尔斯曾负责材料的采购工作。第二次世界大战后，战时补贴取消，市场竞争加剧，他负责对公司的主要产品进行分析，解决如何降低产品成本问题。在多年的工作实践中，他领悟到顾客购买商品并不是需要产品本身，而是需要产品的内部本质——功能。在实现同样功能的情况下，材料消耗越少越好，产品成本越低越好，这样也就越有价值。麦尔斯抓住这一发现，于1947年以“价值分析”为题正式发表他的这一发现。

价值分析发表后，很快得到国防部的确认，并改名为价值工程。价值工程的应用，先是用在材料的替代上，接着用在产品的改造上，后来用在新产品的设计上，最后实现全面价值工程，如在产品、劳务、工序、作业、组织和预算中应用。实行全面价值工程是因为人们认识到：人类的活动客观上有两个方面，一是要达到一定的目的；二是要为此付出一定的代价。凡是为了达到一定的目的，而要付出代价的活动都能用价值工程来分析。

10.3.2 价值工程的定义

价值工程的定义有多种表述方式，较为科学的说法是：“价值工程是以最低的寿命周期成本，可靠地实现必要的功能，着重于功能分析的有组织的活动。”这一定义有三个基本内容：

1）价值工程的目的。是在保证产品满足顾客要求的必要功能的前提下，尽可能地降低产品成本，提高产品的价值，使用户和企业都获得较大的经济效益，而不是单纯地降低产品成本。

2）以功能分析为核心。功能分析是价值工程最重要的特征，是价值工程特有的工作方法。它通过产品的功能和成本之间关系的定性和定量的分析研

① 王乃静：《价值工程概论》，经济科学出版社2006年版。

究，寻求确保功能而又降低成本的最优途径。

3）以有组织的活动为基础。价值工程以特有的原则和规定，强调依靠集体力量，组织集体设计，发挥设计、工艺、财会、生产、供销以及各类有关人员的经验与才智，有组织、有计划地开展技术与经济、生产与经营、质量与成本各方面的分析活动。这是开展价值工程活动的重要基础。

价值工程中涉及的一些专门概念阐明如下：

1）寿命周期成本。寿命周期成本包括产品设计、生产、使用全过程的耗费。产品的制造成本由于在短期内集中支出并且体现在售价中，容易被人们重视，而在使用过程中的人工、能源、维修等耗费常常是制造费用的好多倍，但由于分散支出，容易被人们忽视。价值工程要求人们综合考虑制造、使用成本，兼顾生产者和用户的利益，求得社会的节约。

2）必要功能。必要功能是指用户要求并承认的功能。

3）价值。价值功能中的“价值”是指评价某一事物与实现它所付出的耗费相比合理程度的尺度。这里的事物可以是产品，也可以是工艺和服务等。公式如下：

$$V = F/C$$

式中：V——价值

F——功能

C——成本

这里价值的定义和经济效果是相吻合的。价值工程的目的是要提高价值，也就是要提高经济效果。“物美价廉”就是价值高。

10.3.3 提高产品价值的基本途径

通过价值的定义 $V=F/C$，我们不难得出提高产品价值的基本途径：

1）F 提高，C 保持不变，则 V 提高。即功能加强，成本不变，价值提高。

2）F 保持不变，C 降低，则 V 提高。即功能不变，成本下降，价值提高。

3）F 提高，C 降低，则 V 提高。即提高功能，降低成本，价值提高。

4）F 提高，C 也提高，但是没有 F 提高的倍数大，则 V 提高。即成本有所提高，但功能提高的倍数更大，价值提高。

5）F 降低，C 也降低，但是没有 F 降低的倍数大，则 V 提高。即功能有所降低但是成本降低的幅度更大，则价值相应增加。

10.3.4 价值工程的指导原则

价值工程的创始人麦尔斯在长期实践的基础上，归纳总结出了著名的价值工程 13 条指导原则。这些原则可以说是价值工程的起点，是在价值工程活动的全过程中不可少的最基本的指导思想。

1）收集一切有用的成本资料。

2）使用最可靠的最佳信息。

3）充分利用各方面的专家，扩大专业知识。

4）尽量应用专业化工厂生产的产品。

5）利用和购买专业化工厂的知识和技术。

6）有效地利用专业化的生产工艺。

7）尽可能采用标准化。

8）避免一般化，寻求特殊化。

9）打破现有框框，不断提高创新。

10）发挥真正的创造性。

11）找出障碍，克服障碍。

12）对于重要的公差，要换算成加工费来评价。

13）以“我是否这样花自己的钱”作为评价标准。

以上 13 条原则可以概括为四个方面的内容：1 ~ 2 条是强调收集有关技术经济信息；3 ~ 7 条讲的是尽可能利用专业化、标准化的技术、工艺和产品；8 ~ 11 条是强调要有创造性；12 ~ 13 具有指导意义。

10.3.5 价值工程的工作程序

价值工程的实施过程，实质上是发现问题、分析问题和解决问题的过程。据此，我们把 VE 提问和 VE 的工作步骤列表如下：

表 10－1　　VE 的工作程序

VE 提问	VE 工作步骤
1. VE 的对象是什么？	1. 选择对象
2. 它的功能是什么？	2. 收集信息
3. 它的成本是什么？	3. 功能分析
4. 它的价值是多少？	4. 提出改进设想

续表

VE提问	VE工作步骤
5. 有无其他方法实现同样的功能？	5. 分析与评价方案
6. 新方案的成本是多少？	6. 试验与定案
7. 新方案能满足功能要求吗？	7. 检查实施情况

资料来源：李自如等：《现代企业管理学》，中南大学出版社 2001 年版，第 163 页。

1. 价值工程的对象选择

价值工程的对象是很广泛的。为了满足某种要求，必须获得某种功能。为了获得某种功能，必须付出一定的代价。这里存在一个价值高低的问题，这就是价值分析对象。新产品开发也有价值选择的问题，应用价值分析方法提高产品设计价值。因此，我们对初步拟订的设计方案应进行技术经济优化。

2. 收集信息资料

价值分析的对象确定以后，要收集有关信息，获得进行价值分析的依据、标准、对比对象，从中得到有益的启示。在新产品设计中，一般应收集如下几方面情报资料：技术资料、经济分析资料、使用及销售方面的情况资料、企业基本情况资料。

3. 功能分析

通过功能分析，确定产品应具备的功能，搞清各类功能之间的关系，适当调整功能比重，使产品的功能结构更加合理。功能分析针对分析对象，从技术和经济两个方面进行考虑。

1）技术方面的考虑：这个零件起什么作用；为什么需要这个功能；是否有简便方法实现这个功能；这些零件的功能是否必要；能否采用标准化零部件。

2）经济方面的考虑：零件的价值是否同其成本成相应的比例；能否用成本更低的材料代替；能否用更新的工艺方法。

4. 提出改进设想

经过功能分析后，价值分析进入了解决问题的阶段。在这一阶段要提出更实际的实现某一功能的改进设想，逐步使其完善和具体化。这一阶段要组织有不同知识和不同经验的人一同讨论，互相启发，共同提出改进方案。

5. 分析与评价方案

这一工作是分析改进方案的优缺点，进行评价，并把技术、经济都比较优越的方案进一步完善，选出最佳方案。

6. 试验与定案

为了确保最佳方案先进可行，需要试验验证，然后正式定案。

7. 检查实施情况，评价产品结果

在方案实施过程中，应及时检查了解情况，随时发现问题和解决问题，方案完成后要总结和评价经济效果。

复习题

1. 简述管理创新对企业的重要意义。
2. 简述管理创新的原则。
3. 简述价值工程的工作程序。

案 例

持续创新 跨越发展 娃哈哈二十年创新发展著华章

从 3 个人、14 万元借款起家的娃哈哈，在过去 20 年时间里，创下了年均增长 70% 的奇迹，被誉为中国饮料业界的“常青树”。二十年持续创新，二十年跨越发展，娃哈哈通过不断的创新，写下了经济“又好又快”发展的辉煌篇章。

“没有自己的产品，企业的命运就无法掌握在自己手里。”娃哈哈的前身——上城区校办企业经销部成立第二年，创始人宗庆后就通过细致的调查，与浙江医科大学营养学系朱寿民教授合作，独辟蹊径开发了中国第一支儿童营养液，在市场上一炮打响。

营养液的成功，使娃哈哈尝到了创新的甜头。1992 年，娃哈哈抓住市场机遇，成功推出娃哈哈果奶，很快在市场上异军突起。接着，娃哈哈又马不停蹄地开发了纯净水、非常可乐、茶饮料等系列产品，都在市场竞争中取得了极大的优势。

从2005年开始，娃哈哈营养快线以一股不可阻挡的势头席卷饮料市场，打开了新一轮产品创新的序幕。次年推出的爽歪歪和非常咖啡可乐，又在市场上刮起了阵阵旋风，成为最耀眼的“明星”产品。2006年娃哈哈投产了15个新品，5个产品通过省、市、区级科技成果鉴定。营养快线、爽歪歪等产品成了娃哈哈最主要的经济增长点，新产品对利润的贡献率已经达到30%以上。

小产品撑起大市场。20年来，娃哈哈通过跟进创新、引进创新、自主创新，先后开发了100多个产品。如今娃哈哈产销量，占到“中国饮料十强”的一半以上。含乳饮料、纯净水、八宝粥三个主导产品，市场占有率连年名列同类产品之首。其中以娃哈哈果奶为代表的含乳饮料，更是畅销市场16年，累计销售450多亿瓶，创下了业界的奇迹。

设备模具“娃哈哈”造

2006年4月，国务院副总理吴仪视察娃哈哈，她在崭新铿亮的模具前驻足，惊叹一个饮料厂家还能自制模具！原来，有一次生产线调换模具，老外要了一亿多元的费用。从那时开始，娃哈哈就决心自行设计生产模具设备，打破国外设备制造厂商的技术垄断。

1999年娃哈哈投资8 000多万元资金建立了精机公司，对引进的国外先进设备、技术加以消化、吸收再创新。经过几年的努力，精机公司实现了模具、备件的基本国产化。目前娃哈哈已具备批量制造灌装机、贴标机、巴氏灭菌船等成套设备的能力，走出了一条独特的创新之路。

设备模具自制，费用只需进口的1/4。同时，供货周期大大缩短，保证了正常生产时间。依托国家级企业技术中心和强大的工程技术力量，娃哈哈还自行设计、安装了国际领先的超净灌装线，技术装备水平实现了新跨越。

在娃哈哈生产车间，那捷似流水、蜿蜒如龙的现代化生产线总让参观者赞叹不已。如今娃哈哈在全国各地拥有200多条现代化生产线，制瓶、配料、灌装、封口、装箱实现全自动化流水生产，保证了质量，提高了效率，降低了成本。设备的引进、吸收再创新，成为娃哈哈勇立市场潮头，实现跨越发展的坚强后盾。

处处涌动创新热潮

2003年，娃哈哈实现了“销售冲百亿”的梦想。在2004年召开的职代会上，豪情满怀的娃哈哈人描绘了“营业收入1 000亿”的“三次创业”蓝图。

在"全面创新"战略的指引下，全公司掀起了声势浩大的产品开发、岗位创新、技术革新的创新热潮。

果奶瓶内壁加强筋应用技术，是2004年创新成果获奖项目之一。饮料公司创新小组，通过加强筋技术攻关，在不降低瓶子质量的前提下，达到了降低成本的目的。这项技术还被写进娃哈哈果奶瓶工艺生产文件，推广使用后一年节约成本数千万元。

爽歪歪最初是乳娃娃的广告语，很多消费者买乳娃娃喜欢说"来一瓶爽歪歪"。这激发了市场人员的灵感，于是爽歪歪就有了这个来源于市场的名字。在此基础上，娃哈哈对概念、包装、市场推广进行整合形象策划推广创新，使爽歪歪在市场中脱颖而出。爽歪歪闪电式推广项目，一举摘走了集团公司2006年上半年管理创新一等奖。

一个小创新，带来大收益。在岗位创新活动中，食品公司罐头马口铁底盖排版工艺运行了十多年，创新小组进行重新设计，提高了3%的利用率，一年节约材料上百吨；乐维公司有一年茶饮料线产能跟不上市场需求，员工提议对果汁线技改生产茶饮料，实施后增加了2 000万元的利润……一个个小创新，却产生了意想不到的收获。

"潮平两岸阔，风正一帆悬。"经过20年的发展，娃哈哈呈现出前所未有的良好发展态势。欢欣鼓舞的娃哈哈人，正以百倍的信心在创新发展的大道上继续阔步前行！

资料来源：《网易财经》，2007年10月15日。

结合案例回答：

1. 在本文中，娃哈哈所进行的创新主要有几种？
2. 结合娃哈哈的实际，说一下你对企业进行管理创新的认识？

第 11 章

企业文化与企业形象

本章要点

◇ 企业文化对企业的作用
◇ 品牌管理对企业的作用
◇ 企业内冲突处理的艺术性
◇ 企业内部的危机管理

“小企业做事，中企业做人，大企业做文化”这句话简要概括了企业发展过程中管理创新工作的重点，同时也说明了企业文化的重要作用。美国哈佛大学的研究人员约翰和詹姆斯通过研究得出两个结论：企业文化精神对企业的经营业绩有重大的作用；企业文化精神在下一个十年内很可能成为决定企业兴衰的关键因素。

另外，在现代市场经济中，企业形象也是一种无形的资产和宝贵的财富，它可以和人、财、物这三种资源并列，其价值还可以超过有形的资产。实践经验证明，谁要是不重视企业形象，即使有优质的产品和良好服务，也难于在竞争中取胜，甚至可能失败。《日本公司经营》一书中提出：“在商品日趋丰富的社会中，选择哪个公司的产品很大程度上取决于企业形象。”

良好的企业文化与企业形象是企业宝贵的无形资产，它对企业内部管理和对外经营方面的影响和作用巨大而深远。

11.1　企业文化

20 世纪 70 年代中后期，日本经济的迅速崛起引起了人们极大的震撼。资源匮乏的日本在经历了第二次世界大战后，出人意料地在战后 20 多年的时间里迅速崛起，跃居世界经济强国之林。日本何以在短暂的时间内迅速崛起？日本崛起的秘密何在？研究结果表明，日本企业强大竞争力的根源不在于员工的个人能力的卓越，而在于优秀的企业文化。因此，企业文化迅速席卷全球。

11.1.1　企业文化概念和本质

关于企业文化的概念，有广义和狭义之分。广义的企业文化认为，企业文化是社会文化的一个子系统，是企业在创业和发展过程中所形成的物质文明和精神文明的总称。企业文化通过企业的生产经营活动，反映出企业的生产经营特色、组织特色和管理特色，反映企业在生产经营中的战略目标、价值观念、思维方式和精神状态。狭义的企业文化是指企业文化是意识范畴，其内容仅限于思想、意识、习惯和情感领域，它是人本管理的最高层次。企业文化重视人的因素，是一种无形的文化力量形成一种行为准则、价值观念、道德规范，强调发挥员工的积极性和创造性，从而引导员工为企业和社会的发展而努力，并通过各种方式为社会文化大环境产生作用。

我们认为，企业文化是企业全体员工在长期的创业和发展过程中，培育形成并共同遵守的最高目标、价值标准、基本信念和行为规范。企业文化是企业的灵魂和精神支柱，直接指导企业的物质文明建设和精神文明建设。企业文化的基本内容包括企业精神、企业哲学、企业道德、企业形象等，它们相互促进，相互影响。

企业文化的实质是企业价值观。一个企业有了共同的价值观就意味着企业员工思想上的统一，企业就能朝着既定的方向集中发挥总体力量，企业领导人做出的决策就会迅速变成全体员工的行动。企业文化是企业的上层建筑，是企业经营管理的灵魂，是一种无形的管理方式。同时它又以观念的形式，从非计划、非理性的因素出发来调控企业员工的行为，使企业成员为实现企业目标自觉地组成团结协作的整体①。

11.1.2　企业文化的特征和功能

1. 企业文化的主要特征

1）综合性。当代企业管理理论一般是分别从不同侧面研究企业运行的规

① 申望，李秋燕：《成功企业的成功文化》，中国华侨出版社 2002 年版。

律，而企业文化在重视企业管理一般理论的基础上，更重视各民族地区在文化上的差异及在管理上的影响，吸收融合各民族文化中有营养的部分，重新构建新的个体文化。企业文化把企业的物质文明建设和精神文明建设统一起来，全面地研究企业，协调企业内部各子系统之间的联系。

2）客观性。企业文化根植于企业长期的生产经营实践中，无论意识到与否，它都是客观存在的。成功的企业有优秀的企业文化，失败的企业有不良的企业文化。当然企业文化的客观性并不否定人们在创造企业文化方面的主观能动性，恰恰相反，优良的企业文化都是企业成员长期塑造的结果。

3）独特性。每个企业都有它自己的历史、性质、规模和风格，因此，企业在其长期发展中，必然会形成具有本企业特色的价值观、经营作风、道德规范，也就是说每个企业的企业文化都具有鲜明的个性和独特性，在一定范围内，这种独特性越强，其形成的内聚力越强。

4）适应性。企业文化必须适应企业职工和社会成员在价值和信念方面的要求。这是因为社会需要在不断变化，人们对物质生活的要求也在不断提高，产品作为企业文化的最终结晶，也将不断地更新以适应市场需求。所以，企业文化必须适应企业宗旨的要求，适应社会环境的变化，以达到动态平衡。

5）历史性。企业文化有一个形成和发展的过程。企业文化的传统性是在历史过程中形成的。企业文化一经形成，就具有较强的相对稳定的持续力，对企业在一定时期的生产经营活动起着巩固稳定的作用。企业文化不会因企业人员的变更而在短期内发生彻底改变。每一种文化都是在继承了前人的优秀文化成果的基础上建立起来的，企业文化历经漫长的岁月磨炼会逐渐形成自身稳定的传统。企业员工在工作中也因此有所依据，企业也能发挥自己的传统优势，用文化的力量去激励企业员工与企业同心同德，共创未来。

2. 企业文化的功能

现代企业就像一个生命有机体，它的活力不仅仅依靠体内的物质代谢，还与精神文化活动紧密相关。企业文化作为一种理性和自觉的文化，具有特定的功能。认识、把握和实现文化的特定功能，正是企业文化的根本目的。企业文化的功能有以下几个方面：

1）导向功能。企业文化反映企业整体的共同追求、共同价值观和共同利益。这种强有力的文化能对企业整体和企业每个成员的价值取向和行为取向起到导向的作用。一个企业的企业文化一旦形成就会建立自身系统的价值和规范标准，对企业成员的个人思想和企业整体的价值取向起导向作用。企业文化的导向功能主要是通过企业文化的塑造来引导员工的行为心理，使员工在无形中接受共同的价值观念，从而使员工的思想、行为统一到企业的发展目标上来，当企业遇到困难时，可以使员工向着既定的目标努力奋斗。

2）激励功能。企业文化的最大特点是重视人的价值，正确评价员工在企业中的地位，激发员工的主体意识，从根本上调动员工的积极性和创造性，使他们对企业的目标和任务形成强烈的使命感和驱动力，从而使他们为了企业的目标而奋斗。

企业文化的激励功能具体体现在：

(1) 信任鼓励。只有使员工感到上级对他们的信任，才能使他们最大限度地发挥自己的聪明才智。

(2) 关心鼓励。企业业务主管应关心企业员工的家庭和思想状况，帮助他们解决思想上和家庭中的困难，使员工对企业产生依赖感，充分感到企业的温暖，从而为企业尽心尽责。

3）凝聚功能。企业文化能增强企业的向心力和凝聚力，因为它把个人目标同化为企业目标，把建立共同的价值观当成首要任务，对职工的理想追求进行引导，使具有共同的价值观、精神状态、理想追求的人集合在一起。良好的企业文化能使职工和企业形成一种依赖关系，从而产生对企业的某种群体意识，这种意识能使个人行为、思想、感情与企业整体统一起来，产生一种合力，使企业内部组织一体化，朝着一个共同的目标努力。

4）约束功能。企业文化的约束功能是通过制度文化和企业文化发生作用的。一方面，企业规章制度的约束力较为明显，而且是硬性的，规章制度面前人人平等；另一方面，它通过将企业共同价值观向企业成员个人价值观的内化，使企业在理念上确定一种内在的、自我控制的行为标准，借助其微妙的作用，以看不见的形式操纵着企业的经营管理活动，规范、指导、约束企业成员的行为。受强有力企业文化影响和熏陶的企业成员，将对企业所承担的社会责任和企业的目标有透彻的领悟和深刻的理解，从而自觉地约束个人行为，使自己的思想、感情和行为与企业整体保持相同的取向。

5）辐射功能。企业文化和社会文化紧密相连，企业文化在受社会大文化影响的同时，也潜移默化地影响着社会文化，并对社会产生一种感应功能，影响社会，服务社会，成为社会改良的一个重要途径。企业文化不仅在本企业发挥作用，而且会对社会辐射和向社会扩散。首先，企业文化可以通过企业精神、价值观、伦理道德向社会扩散，与社会产生某种共识，并为其他企业或组织所借鉴、学习和采纳；其次，企业文化也通过员工的思想行为所体现的企业精神和价值观，向社会传播和扩散企业文化。

11.1.3 企业文化的塑造

理论上，企业文化的塑造是经由解冻、改变到再解冻的过程。解冻是破坏既有价值观，唤起危机意识；改变是形成新的想法、进行新的行动，再解冻是使变化成为新的模式。

1. 企业文化塑造的主要步骤

1）需要。当管理者意识到公司的绩效比不上其他企业，已渐渐失去竞争优势，比如效率差、顾客抱怨多、创新速度慢等，则公司就到需要改变的时候了。

2）解冻。破坏现有价值观，唤起危机意识。

3）改变。培育新的价值观、想法和行动，而改变现有企业文化。

4）再冻结。定型为新的模式，形成新的企业文化。

2. 实际上塑造企业文化的途径如下

1）战略定位阶段。根据企业发展战略制订出符合公司战略的企业文化定位，明确企业文化塑造的目标。

2）调研阶段。了解企业的现状和竞争环境及公司的历史、文化和个性。实施公司文化调研，就是要对该公司文化的目标、决策和利益结构等主文化要素和次文化要素的市场导向、工作氛围、视野等进行调研，使该公司文化现状清晰地显示出来。

3）诊断分析阶段。主要是揭示公司的现状、竞争环境和公司的历史、文化和个性。企业文化调查分析，将在对公司文化调查数据统计、研究的基础上，准确地揭示出企业文化的特征，并对其进行描述。

4）规划阶段。经过对企业内外环境的分析，准确地把握了企业现状之后，就要对企业文化塑造进行重新定位。这个定位必须经过企业各阶层的深入分析、讨论，请专家测评论证，最后争取企业领导层的赞同和企业员工的一致认可，才有实施的可能。

5）跟踪修改阶段。这个阶段主要是根据企业文化的规划方案进行企业文化模式的选择，企业文化运行效果的评价，以及根据效果做出相应的修改和调整。

3. 企业文化塑造成功的关键

1）高层管理人的决心。如果管理人员草率行事，没有身体力行地坚持改变某些不良作风或行为，企业改造就很难成功。领导者要做明确的昭示，给予全力的支持，并亲身做好示范，才能推动并塑造良好的企业文化。

2）注重宣传。注重宣传，直到所有员工都接受新观念并表现在行动上，才算渐渐落实了文化的塑造。

3）专案小组的专业能力。如果负责文化塑造的专案小组对企业的新价值或新观念认识程度不够深入，则塑造不易成功。

4）持续长时间的塑造。长期行动，直到这种企业文化成为全体员工工作或生活习惯的一部分，才算成功。

11.2　无形资产与品牌价值管理

在现在经济和未来经济竞争中，企业不仅要扩大有形资产的规模，更要注意积累和运用无形资产，特别是创造和拥有知名的品牌。无形资产管理和运营已经成为企业管理的重要内容，而且随着社会向信息化的发展，无形资产管理会成为企业经营管理的最重要的内容。

11.2.1　无形资产与无形资产管理

1. 无形资产的概念与特征

所谓无形资产是指没有实物形态，但能被所有者占有、使用并带来经济效益的资产。企业的无形资产主要包括商标权、专有技术、企业商号、经营谋略、管理能力、产品质量、服务信誉、企业精神、企业文化、企业形象、职工素质等。总之，一切与企业生产经营有关，能为企业带来经济效益，不具备物质实体的资产，都属于无形资产。

无形资产具有如下主要特征：一是独立性。无形资产相对于有形资产而言有其相对独立性，它可以不依赖有形资产而独立发挥作用，它体现一种权力或取得经济效益的能力；二是转化性。无形资产虽然是看不见、摸不着的非物质资产，但它同有形资产相结合，就可以相互转化并产生巨大的经济效益；三是增值性。无形资产能给企业带来强大的增值功能，而且本身并无损耗。不少名牌企业无形资产价值远远高于企业的有形资产和年销售额；四是交易性。无形资产有其价值性和增值性，因而具有交易性。如企业的专利权、商标权可在市场上进行有偿转让、拍卖等交易活动；五是潜在性。无形资产是企业在生产经营中靠自身日积月累、不断努力，经过长期提高逐渐培育出来的，它潜在地存在于企业中，如经验、技巧、人才、企业精神、职工素质、企业信誉等等。

2. 无形资产管理的内容

所谓无形资产管理是指为达到企业目标而对企业无形资产所进行的计划、组织、协调和控制活动，包括对专利、商标、专有技术、著作权、合同、人力资本、企业形象等各类知识、权力和信息的管理。怎样进行无形资产的管理呢？我们可以从如下六个方面着手①：

1）无形资产的培育和开发。无形资产是一个企业综合实力的集中体现，是企业的科技水平、设计水平、工艺水平、研发水平、管理水平和营销水平的凝结。无形资产的培育和开发要重点做好以下四方面的工作：（1）确保质量。质量是培育和开发无形资产的基础。（2）恪守信誉。在市场经济条件下，企业要通过讲信誉创造一个良好的外部环境。在培育和开发无形资产的过程中，不讲信誉等于慢性自杀，良好的信誉可以使无形资产增值。（3）注重科技进步。要加快企业科技的研究与开发，并吸收国内外一切先进技术和管理经验，提高企业无形资产的科技含量，从而不断追赶国际先进水平，实现无形资产的更新换代与质量升级，以更好地满足市场需求。（4）取得规模效益，无形资产没有一定的规模就很难在国内和国际上竞争，要走集约化经营的路子，成立跨地区、跨行业、跨国界的联合集团，以取得无形资产的规模效益。

2）无形资产的运作和经营。无形资产的运作与经营比有形资产经营具有更大的运作空间，企业无形资产的升值比有形资产的扩张来说，可以具有更高的速度和更大的空间。无形资产经营是企业资产运营的高级阶段。高明的资产经营者主要是利用无形资产经营，减少有形资产的投入，即以无形资产输出为手段，在更大的空间和范围内实施控股或参股，通过无形资产运营代替有形资产投入，实现少投资甚至不投资也能收购企业、合并企业或战略联盟。无形资产的运作与经营是企业资产经营的核心。其主要运作与经营的方式是企业并购，现实经营过程中，企业并购失败的主要原因是收购战略失误、管理粗放、

① 资料来源：http：//www. lw90. com。

整合失败等问题，因此，在资产经营中要通过无形资产经营，减少有形资产经营的投入，通过转换经营机制、提高管理水平、战略协同、文化融合、技术改造、资产重组、制度创新等确保并购成功。

3）无形资产的转化与增值。无形资产转化为有形资产的过程，即是无形资产增值的过程。要使无形资产转化为有形资产，从而获得巨大的经济效益和社会效益，必须做好以下两方面的工作：一方面，要健全转化机制。这一机制要充分体现以国家的产业政策、法规为引导，以市场需求为动力，以信息传播为手段，连接企业各个不同职能部门进行全力整合这一特点；另一方面，要增强转化动力。无形资产的生产和创造不同于一般有形产品的生产，它是一种高级的、复杂的、具有创新性和风险性的劳动，包含着更大的价值。这种劳动要不断地进行，就需要相应地得到补偿，这种补偿是通过市场使知识的商品化、货币化来实现的。无形资产的创造者、生产者或拥有者能否得到价值补偿，补偿多少，都要通过市场来检验。

4）无形资产的拓展和创新。作为一种知识形态存在的无形资产，其不断拓展和创新问题比起有形资产来说更为重要。所不同的是，以往传统的模式是单向直线型的，即研究——开发——生产——销售，在知识经济条件下，无形资产的创新模式是互动型的，创新过程中的潜在市场研究、发明或构思、设计与试验、完善与生产以及销售等各阶段之间都有纵横交错的相互作用关系。创新是无形资产续存的生命力所在，无形资产需要相应的创新活动予以充分保障。

5）无形资产的扩散和传播。所谓扩散，就是指无形资产通过市场或非市场途径传播。没有扩散和传播，无形资产就不可能产生巨大的经济与社会效益，就难以得到消费者的理解、认同和支持。企业无形资产的扩散与传播方式，一是通过市场向消费者有效输送某种理念；二是传播与企业新产品、管理、形象有关的知识；三是利用公关手段实现无形资产能量的扩散。在无形资产的扩散和传播过程中，企业形象是最重要的内容，名牌是最直接的体现，互联网是最有效的渠道。

6）无形资产的保持与维护。无形资产既然已成为企业最为宝贵的资源，那么企业就有责任去很好地珍惜和维护它。一是运用好法律手段。要通过法律手段确立无形资产的合法地位，主动配合执法部门整顿市场秩序，依法打假治劣，及时利用媒体揭露侵权行为。二是不断地调整与变化。要适应消费者的需要，在保持无形资产内在特色的前提下及时适应消费者习惯、偏好的变化，以使企业生产经营与市场和消费者的需要保持同步。三是保证质量。开发和创造无形资产需要高质量，维护无形资产也需要高质量。高质量是无形资产的灵魂和生命力所在。在无形资产运营中，应慎重选择联营或并购的企业，切不可为一时之利葬送自己数十年苦心经营的牌子。四是要不断创新。只有不断创新才能增强竞争力，才能巩固已取得的优势地位和避免竞争对手模仿，也才能真正不断满足市场需求。

以上6个环节在实际管理过程中是相互联系，相互依存和相互作用的有机整体，只有把它们综合考虑和实施，才能实现管理的最佳整体效益。

11.2.2 品牌管理

随着世界经济的迅速发展，以及中国经济加入全球经济一体化的进程，跨国企业几乎渗透到我国经济的每一个领域，呈现产品同质化、竞争白热化、市场国际化的特征。同时，我国越来越多地企业开始“走出去”的步伐。当我们站在国际市场上审视自己的时候，却蓦然发现我国企业在世界品牌之林集体缺席的身影，品牌成为我国企业分享国际盛宴共同面临的致命“短板”。

当企业之间的竞争日益激烈，当产品日益同质化，越来越多的企业陷于价格战的泥潭苦苦挣扎，面临越来越激烈甚至于“惨烈”的竞争，企业通过什么样的手段突出重围，找到一条长远的可持续发展的道路？品牌成为身处各行各业的企业共同面临的一个问题。什么是品牌？怎样建设品牌？成为一个如此重要而紧迫的问题。

不同的人有不同的认识：有人认为品牌就是知名度，只要不惜巨资拍广告，就可以创造出重量级品牌。但事实上，一些企业凭借广告效应的确做到了在短期内迅速提升知名度的效果，但由于产品质量、技术创新、管理、服务等未能相匹配，致使品牌生命力极为短暂；有人认为通过专业公司进行品牌规划、设计出一套识别系统，就能设计出一个好的品牌，但事实证明并非如此；有人认为凭借企业领导层与决策层的努力就可以建立强大品牌，忽视了员工与相关利益者在品牌建设中的重要作用。

事实上，品牌建设是一个长期、复杂的系统工程，需要给它注入内在的东西。一般而言，企业品牌建设有四个阶段①：

1. 策划一个好产品

不是所有的产品都能够成为品牌，但是每一个品牌都至少有一个好产品的

① 资料来源：http：//www.globrand.com。

支撑。这个阶段是企业发展的初步阶段，这个时候最关键的是要有一个好产品推向市场，并且能迅速打开市场赚到钱。这个阶段如果有人大谈品牌，那是不合时宜或者太奢侈，没有一定的市场占有率、没有一定的销量，没有形成一批典型客户，奢谈品牌只能是空中楼阁。在这个阶段，企业要做的，就是踏踏实实把产品做好，把产品的市场力做到位。具体地说，企业需要在选好产品的基础上进行产品的有效策划：首先给产品明确的品类定位，即你的产品是什么，或者你卖的是什么？品类确定后，要明确产品的市场定位：即你的产品是卖给谁的？谁将是你最大的消费群？挖掘一个适合目标市场的独特卖点，给产品取一个目标消费者喜欢的名字，创意一条能够把你的想法传递给目标消费者的沟通语，然后策划一个最吸引目标消费者或他们最喜欢的包装，最后把产品放在目标消费者最容易光顾的销售渠道中。这样一来，就给产品本身赋予了强大的市场力，为品牌建设开了一个好头。

2. 打造产品品牌

策划出一个有市场力的好产品，而且在产品有了一定的销量之后，这时候要考虑将产品品牌化，打造一个强势的产品品牌。塑造产品品牌关键的是要提炼出品牌的核心价值，赋予品牌价值感。要分析消费者在使用产品时体验到的价值感，企业希望产品能够带给消费者的价值感和消费者在使用产品中体验到的价值感能否产生对接，以及如何迎合或者调整消费者的价值感，以与期望的品牌价值感相吻合。另外要赋予品牌独特的个性，以和同业竞争者相区分，并就品牌的个性主张和消费者进行有效沟通。

在这个阶段，企业要运用整合传播的原则强化对品牌价值的传播。企业要整合资源，统一主题，营造强烈的产品品牌氛围，以求能在目标消费者心中快速形成品牌的价值感。打造产品品牌的关键是强化消费者对品牌信赖感，在产品有了一定的销量之后，产品线一定要有延伸，要规划出形象产品（品牌产品）、利润产品和阻击产品等。因为在消费者看来，只要他信赖这个品牌，对此品牌的一种产品感觉满意，他就会对其他延伸的产品也感觉满意；这就是品牌延伸的消费者心理：消费者品尝树上的一枚果子是甜的，他就会有理由相信这棵树上的下一枚果子也是甜的。

3. 塑造名牌产品

产品品牌经过较长时间的推广，知名度和美誉度快速提升，市场占有率大幅提升，消费者对产品品质充分信任，企业逐渐培养了一大批典型客户，他们对品牌的独特价值深信不疑，喜爱并追随品牌的个性主张，从而带动了大量的重复购买。这样一来，产品的品牌忠诚度快速提升，品牌已经进入“名牌”阶段。在这个阶段，企业要做的最重要的事情是品牌的维护和管理。

对品牌的管理一般从以下几个方面入手：

一是要进行企业内部品牌管理组织变革。主要是品牌管理的组织结构和对品牌管理人员能力素质的提升。

二是要保持一致性沟通和品牌接触点管理。顾客需要花足够的时间去理解一个品牌，并对品牌信息做出反应，如果品牌与客户在沟通过程中缺乏一致性，顾客就会感到困惑。所以品牌传播必须保持长期的一致性。为了保证在每个客户接触点上，品牌承诺都能很一致地被履行，我们就必须把每一个可能出现的接触点都纳入品牌管理的范畴并对品牌接触点进行科学的管理。品牌的接触点包括产品形象、企业形象、市场形象和服务形象的各个方面，各个接触点要集中统一地服务于品牌的定位和核心价值，让消费者在消费产品的同时积累对于品牌的体验和认识。

三是要运用品牌重塑保持品牌基业常青。品牌与企业的生存都依赖于市场。客户消费观念和偏好的变化，新竞争对手和新技术的出现，社会变革等因素都会潜在地影响一个品牌的命运与前途。当经营多年的企业品牌出现老化、企业战略转型或进入新市场、品牌的业务多元化发展时，或者企业要进行重组或并购时，都需要进行品牌的重新塑造，以保持品牌的活力和生命力。

4. 打造名牌企业

一个企业首先有了名牌产品，才能够带动整个企业品牌的发展，随着名牌产品的塑造，企业品牌也要进行相应的规划和提升。企业品牌的规划不同于产品品牌，企业品牌的价值主张、企业远景等更具有高度、延伸性和包容性，因为企业品牌不能过分依赖于某一个单一产品品牌，否则品牌的支撑力不足，抗风险能力弱，常常会因一件小事而使整个企业处于绝境。

11.3 冲突以及危机管理

俗话说，“天有不测风云，人有旦夕祸福”，企业经营也是如此。在日益激烈的竞争中，企业面临的外部环境瞬息万变，冲突和危机问题就显得尤为突出。而且，现在企业的社会责任感正在逐渐增强，它不仅要对股东、债权人负责，还要对顾客、供应商和社会公众负责，因此，企业的危机与冲突问题，其影响将比任何时候都深远。

11.3.1　冲突与危机

1. 冲突

1）冲突的定义。要给冲突下一个准确的定义是十分困难的事，一般认为冲突是一个行为主体为谋求自身利益而与其他行为主体之间的对立、对抗和斗争。它普遍存在于社会关系的各个领域，是人类社会关系的一个组成部分。企业组织冲突是冲突的一个特定形态，是企业组织内部或外部某些关系难以协调而导致的矛盾激化和行为对抗。要准确地把握冲突的内涵，必须把冲突看成是一种相互作用的关系特征。实际上，冲突是从相互依赖中产生的，两个毫不相干的人是不会发生冲突的。

从相互依赖的角度出发，我们发现，并不只是具有不同利益和目标的人之间才发生冲突，两个具有共同的利益或目标的人之间也可能发生冲突。因此，冲突并不是都源于不同的利益，许多冲突与不同的观点、信念或行为有关。也就是说并不是只有竞争才引起冲突，合作也同样可以引起冲突。

2）关于冲突的三种观点。对于冲突的性质，人们普遍又有三种看法。第一种观点：人们认为冲突是有害的，会妨碍组织目标的实现，因此，早期的研究和实践是建立在反冲突的基础之上的，总是在致力于避免冲突的出现。第二种观点：人们认为冲突是不可避免的，并且不一定会导致对组织的危害，相反，冲突可能是有利于组织的积极动力。显然，这种观点认为冲突是一种客观存在，主张接纳冲突，使冲突的存在合理化，并希望将冲突转化为有利于组织的程序。第三种观点：认为冲突不仅可以成为组织的积极动力，而且有些冲突对于企业的有效运作是必要的。换言之，冲突是组织保持活力的一种有效手段。因此，这种观点鼓励管理者维持一种冲突的最低水平，以便使组织保持创新的激发状态。因此，组织应保持适度的冲突，使组织养成批评与自我批评、不断创新与努力的风气，组织就会出现奋发向上的局面。

3）冲突的类型。按照冲突发生的层次来划分，冲突可以分为以下四个层次：

（1）个人内心的冲突。当一个人面临多重选择，难以决策时，他就处在个人内心冲突状态。此时，个人往往表现为犹豫不决、心情烦躁。勒温根据冲突对个人的影响是肯定的还是否定的，把个人内心冲突分为三种类型。第一种是双趋冲突，它要求个人在两个或两个以上的方案中做出选择每一个方案的结果都是肯定的。第二种是趋避冲突，在选择方案既具有肯定特征又具有否定特征时就会发生趋避冲突，其肯定特征吸引个人，而其否定特征又排斥个人，使其内心发生冲突。第三种是双避冲突，当个人面对两个或两个以上的具有否定特性的方案进行选择时，双避冲突就出现了。

（2）人际关系冲突。这是指两个或两个以上的个人在各自目标实现的过程中发生的对抗。它可能发生在团体内部成员之间，也可能发生在两个不同团体成员之间。

（3）团体间的冲突。这是指组织的团体间由于各种原因而发生的对立情形。它可能是同一团体内部成员间的冲突，也可能是不同团体成员间的冲突。团体间的冲突有：垂直冲突、水平冲突、指挥系统与参谋系统的冲突及正式系统与非正式系统间的冲突。

（4）组织层次的冲突。它不仅包括上述三个层次的冲突组成的组织内的冲突，而且包括组织间的冲突。

2. 危机

1）什么是危机。在企业经营中经常会遇到一些不稳定的状态。如企业销售商品的货款收不回来，法庭起诉、信用危机等，此时，企业应及时改变这种状态，也就是说企业正面临危机。一般认为，当企业面临如下问题时，就意味着企业中出现了一定的危机：财务危机、环境公害、信誉危机、代理权之争、贪污问题、恐怖事件、敲诈式危机等。

2）危机的基本特征。

（1）危机的突发性。危机常常在人们不注意的时候发生。这可能是因为人们对其一无所知，也可能是疏忽大意造成的。由于突发性危机的不可预测性，其造成的危害往往难以估计。

（2）严重危害性。尽管危机事件存在的时间不是很长，但是如果处理不当，危机可能会给个人和组织造成极大的危害。它不仅会影响企业具体目标的实现，甚至会威胁到企业的生存。

（3）作用的二重性。危机是危险和机遇并存，其关键取决于自己的判断与选择。所以，不仅要看到危机给人们带来的危害，更要看到它有利的一面。如果处理得当，一定可以化险为夷，转危为安。

3）危机发展的四个阶段。

(1) 危机的前兆阶段。前兆是危机向人们发出的警告，这时危机并没有发生，只是预示着其将要发生。有些危机的前兆比较明显，而有些危机的前兆却并不明显。管理者此时如果能及时地发现警示，并采取适当的措施，就有可能将危机扼杀在萌芽阶段，从而可避免一些不必要的损失。

(2) 危机的激烈阶段。进入危机的激烈阶段后，危机就已经实际发生了。这一阶段不会自行消失，也不可逆转，此时，管理者如果能有效地采取一些措施，危机造成的损失便可以减少一些。

(3) 危机的持续阶段。危机的持续阶段发生在危机激烈之后，它通常是指企业进行危机处理，即危机调查、自我分析以及进行各种恢复工作的时期。这一阶段对企业的影响最大，也是企业产生强大震荡的时期，如果处理不当，危机便会一直持续下去。

(4) 危机的解决阶段。危机的解决阶段是危机管理的最终目标，它是危机的前三个阶段的发展方向，但并不是所有的危机都能得到妥善解决。如果危机能够得到解决，企业就能恢复到正常状态。

11.3.2　冲突管理

一般来说，冲突管理包括两个方面。一是管理者要设法消除冲突产生的负面效应，因为这些冲突阻碍了组织实现目标，属于功能失调的冲突，它们对组织具有破坏性作用。一是要求管理者激发冲突，利用和扩大冲突对组织产生的正面效应，因为这些冲突支持组织的目标，是属于建设性的、功能正常的冲突。因而，冲突管理是一门艺术，优秀的管理者一般按下列方式管理冲突①：

1. 谨慎地选择想处理的冲突

管理者可能面对很多冲突，其中，有些冲突非常琐碎，不值得花太长时间去处理；有些冲突很重要，但不是自己力所能及的，不宜插手。有些冲突难度很大，要花很多时间和精力，而且不一定有好的回报，不要轻易介入。所以，管理者要选那些员工关心的、自己能力所及的，而且见效好的、对推动工作有益的、有价值的冲突进行管理，并且一抓到底。对冲突事必躬亲的管理者并不是优秀的管理者。

---

① 资料来源：中华管理在线。

2. 仔细研究冲突双方的代表人物

是哪些人卷入了冲突？双方的观点都是什么？差异在哪？代表人物的性格、特点、价值观和经历等因素如何？

3. 深入了解冲突的根源

不仅要了解冲突表面的原因，还要寻求深层次的原因。冲突也可能是多种原因交叉作用的结果，如果是这样，还要进一步分析各种原因作用的强度。

4. 妥善地选择处理方法

通常化解冲突的策略包括：

1）回避策略：是指既不合作又不武断的策略。这时人们将自己置身于冲突之外，忽视了双方之间的差异，或保持中立态度。这种方法反映出当事人任冲突自然发展，对自己和他人的利益均无兴趣，双方需要都没有得到满足。

2）强制策略：是指高度武断不合作的策略。它代表了一种“赢—输”的结果，即为了自己的利益牺牲他人的利益。这样做，即使冲突被暂时压抑，但未来会造成更大的冲突。

3）顺服策略：是指一种高度合作而武断程度较低的策略。通常顺服策略是为了从长远角度出发换取对方的合作，自己委曲求全，不考虑自己的需求。但如此一来，终有一天，即使自己不反弹，自己的部门或利害攸关人士也会反弹。

4）合作：是指在高度得合作精神和武断的情况下采取的策略。它代表了冲突解决中的“双赢”局面，即最大限度地扩大合作利益，既考虑了自己的利益，又考虑了他人的利益，让彼此的需要百分之百得到满足。

5）妥协：是指合作性和武断程度均处于中间状态，它建立在“有予必有取”的基础之上，这种策略通常需要一系列的谈判和让步才能形成。即通过相互的让步，促使彼此的需要得到局部的满足。

一般来说，当冲突无关紧要时，或当冲突双方的情绪较为激动时，可采用回避策略；当维持和谐关系十分重要时，可采用顺服策略；当必须对紧急事件或重大事件进行处理时，可采用强制策略，用行政命令方式牺牲某一方的利益后，再慢慢做安抚工作；当冲突双方势均力敌、争执不下需要采取权宜之计时，只好双方都做出让步，采取妥协策略；当事件十分重大，双方不可能妥协时，经过开诚布公的谈判，走向对双方都有利的合作、双赢的解决方式。

冲突管理战略图如下：

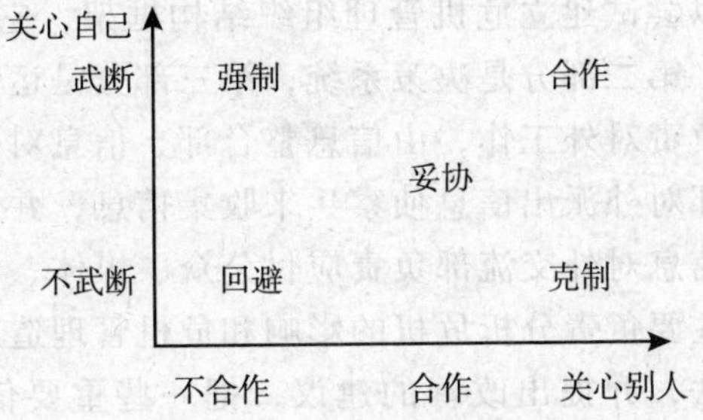

图 11－1　冲突管理战略

11.3.3　危机管理

危机管理在 20 世纪 80 年代得以迅速发展，因为许多企业认识到，面对不确定的和急剧变化的商务环境，自己太脆弱了，而危机管理可以用于对付混乱的态势。

管理不是一个点，而是一条线，是相互联系的运动过程。危机管理也是这样，它的过程是消除企业危机因素的系列活动，主要包括三个阶段，即危机预防，危机化解，危机总结。

1. 危机预防

危机管理的重点就在于预防危机，而不在于处理危机。出色的危机预防管理不仅能够预测可能发生的危机情境，积极采取预控措施，而且能为可能发生的危机做好准备，拟好计划，从而自如应付危机。危机的预防措施主要有以下几种：

1）树立强烈的危机意识。危机管理的理念就是居安思危，未雨绸缪。在企业经营形势不好的时候，人们容易看到企业存在的危机，但在企业如日中天的时候，居安思危则并非易事，然而危机往往会在不经意的时候到来。所以，企业进行危机管理首先应树立一种“危机”理念，营造一个“危机”氛围，使企业经营者和所有员工面对激烈的市场竞争，充满危机感，理解企业有危机，产品有危机。用危机理念来激发员工的忧患意识和奋斗精神，不断拼搏，不断改革和创新，不断追求更高的目标。

2）引入危机管理框架结构。以前，人们总是在危机发生时建立一个危机管理小组来协调和控制危机及其产生的影响，但这种小组是临时组建的，不具备行使一些特定任务所必备的各种技能，同时来挑选小组成员也要花费很多时间。因此，我们可以尝试建立危机管理组织结构框架，它主要由三部分组成，一部分是信息系统，第二部分是决策系统，第三部分是运作系统。

信息系统主要负责对外工作，由信息整合部、信息对外交流部和咨询管理部组成。信息整合部对外派出信息侦察兵来收集信息，并对所收集的信息进行整理和评估鉴定；信息对外交流部负责应付公众、媒体、利益团体和危机之外的人；咨询管理部主要负责分析危机的影响和危机管理造成大众及相关利益集团对企业组织的看法，并提出改善的建议，把一些重要信息及时向企业高层报告。

决策系统由危机管理者统帅，负责处理危机的全面工作，他必须有足够的权威进行决策，一般由首席危机管理者，如公司的经营决策层担任，也可由中级或基层联络部负责联络公司内部受危机影响的部门与不受影响的部门担任，是正常经营地区与受危机影响地区的联系纽带，而实战部则负责将危机管理者的策略计划翻译成实战的反应策略和计划，并通过专业知识来实施这些计划。这种危机管理框架结构，不管应付何种类型、规模与性质的危机，都清楚地限定了每一个部门的工作和目标。将组织内部的信息沟通和提供给外部团体的信息分开，减少了误解和对抗，降低了对企业信誉所造成的影响。

3）建立危机预警系统。危机预警系统就是运用一定的科学技术方法和手段，对企业生产经营过程中的变数进行分析及在可能发生危机的警源上设置警情指标，及时捕捉警讯，随时对企业的运行状态进行监测，对危害自身生存、发展的问题进行事先预测和分析，以达到防止和控制危机爆发的目的。

危机预警系统主要包括以下几方面内容：一是危机监测。指对可能引起危机的各种因素和危机的表象进行严密的监测，搜集有关企业危机发生的信息，及时掌握企业危机变化的第一手材料。二是危机预测和预报。指对监测得到的信息进行鉴别、分类和分析，使其更条理、更突出地反映出危机的变化，对未来可能发生的危机类型及其危害程度做出估计，并在必要时发出危机警报。危机监视与预测是相辅相成的，它们是企业进行危机预控和处理危机的基础与依据，其中最重要的是收集和整理信息，选择适宜的方法做出判断，以赢得危机处理的时间。三是危机预控。指企业应针对引发企业危机的可能性因素，采取应对措施和制订各种危机预案，以有效地避免危机的发生或尽量使危机的损失减少到最小。

2. 危机处理

危机预防管理只能使危机爆发次数或程度减到最低值，而无法阻止所有危机的到来，那么企业亲临危机时如何应对呢？企业可以从以下几方面入手：

1）以最快的速度启动危机处理计划，如果初期反应滞后，将会造成危机的蔓延和扩大。当然不能照本宣科，由于危机的产生具有突变性和紧迫性，任何防范措施也无法做到万无一失，因此应针对具体问题，随时修正和充实危机处理对策。

2）把公众的利益放在首位。要想取得长远利益，企业从危机爆发到危机化解应更多地关注消费者的利益而不仅仅是企业的短期利益，拿出实际行动表明公司解决危机的诚意，尽量为受到危机影响的公众弥补损失，这样有利于维护企业的形象。

3）辟开高效的信息传播渠道。危机发生后，应尽快调查事情原因，弄清真相，尽可能地把完整情况告诉新闻媒体，避免公众的各种无端猜疑。诚心诚意才是企业面对危机最好的策略。企业应掌握宣传报道的主动权，通过召开新闻发布会，使用互联网、电话、传真等形式向公众告知危机发生的具体情况，公司目前和未来的应对措施等内容，信息应具体、准确。随时接受媒体和有关公众的访问，以低姿态、富有同情心和亲和力的态度来表达歉意、表明立场。

4）选择适当的危机处理策略。如危机中止策略、危机隔离策略、危机排除策略、危机利用策略。

5）充分发挥公证或权威性的机构对解决危机的作用。利用权威机构在公众心目中的良好形象，处理危机时，最好邀请公证机构或权威人士辅助调查，以赢取公众的信任，这往往对企业危机的处理能够起到决定性的作用。例如雀巢公司的“奶粉风波”恶化后，成立了一个由 10 人组成的专门小组，监督该公司执行世界卫生组织规定的情况，小组人员中有著名医学家、教授、大众领袖乃至国际政策专家，此举大大加强了公司在公众心中的可信性。

3. 危机总结

危机总结是危机管理的最后一个重要环节，它对制订新一轮的危机预防措施有着重要的参考价值，所以，应对危机管理进行认真而系统的总结。

1）调查分析。对引发危机的成因、预防和处理措施的执行情况系统的调查分析。

2）评价。对危机管理工作进行全面的评价，包括对预警系统的组织和工作程序、危机处理计划、危机决策等各方面的评价，要详尽地列出危机管理工作中存在的各种问题。

3）修正。对危机涉及的各种问题综合归类，分别提出修正措施，改进企业的经营管理工作，并责成有关部门逐项落实，完善危机管理内容，并以此教育员工，警示同行。

4）前瞻。危机并不等同于企业失败，危机之中往往孕育着转机。企业应将危机产生的沉重压力转化为强大的动力，驱使自己从中获得更大的发展。

复习题

1. 结合所见所闻，试述企业文化的作用以及企业应如何塑造符合本企业特征的企业文化？

2. 根据自己的理解，浅谈一下品牌管理对企业的作用。

3. 一般而言，冲突有几种情况？对待冲突，企业管理人员应该怎样做才能降低冲突的破坏性？

4. 简述危机管理的阶段。

案　例

曹旌：打造企业文化要由内及外

当前，白酒企业似乎必须要做文化，似乎一个白酒企业如果不做文化，便难逃“墙上芦苇、腹中空空”的形象。但真要做起来，又有几家企业能真正做透自己的文化，并将之切实转变为开拓市场的利器，而不仅仅停留于外表的花拳绣腿呢？辽宁道光廿五集团满族酿酒有限责任公司在这点上做出了斐然的业绩，他们倾心打造的集团文化内可聚力凝神，外可开疆拓土，很值得白酒企业借鉴和参考。

内练精气神

文化是无形的，但它又是无处不在、无时不有的。未来企业的发展，科技、人才、智力是核心竞争力，而企业文化则是这些核心竞争力的重要载体。

道光廿五总经理曹旌表示，公司深明“重视企业文化建设，就是着眼于企业未来”的道理，始终将文化融于企业管理中，为企业的发展过程中始终保持深厚内力。

自 20 世纪 90 年代中期开始，道光廿五便开始逐渐培养这股“内力”。领导班子提出了“一切向一线倾斜，让一线高兴”的口号，将口头、笔头、镜头对准一线工人、工程技术人员、销售人员。曹旌表示，通过十余年来的始终如一，这种“一线至上”的思想被打造成了道光廿五企业文化中不可动摇的核心部分，企业每一个成员的潜力都在这种文化的激励下得到了最大程度地挖掘与发挥，其最终结果就是为企业开拓市场凝聚了充沛的丹田真气。

外练筋骨皮

通过建设企业与品牌文化，道光廿五的外功同样日趋成熟，这体现在企业的品牌形象与外部形象上。

品牌是一个白酒企业拓展市场的根本，若没有了这个“筋骨”，任其吆喝得再卖力，也极有可能落得事倍功半。

道光廿五正是通过文化建设升级了自己的品牌形象。道光廿五历史悠久，历史上属皇封烧锅，曾被尊为宫廷宴酒。以此为契机，企业创造性地开展了一系列公关与推广活动，让社会名流、高端人士首先看到并欣赏自己的历史文化优势，然后，借用他们的声音将这个信息发散到市场，收到的影响往往是双重的：既直接刺激了销量，又持续为道光廿五换来良好的口碑。

至于“皮肤”，就该是企业的外部形象了。在塑造企业形象的过程中，道光廿五始终紧密围绕文化这个主题，收集整理文物，修建凌川牌楼、文化墙、历史展馆、世纪园等一系列举措，充分体现了文化因素在打造企业形象过程中所起到的“经营美学”作用，收到了良好的效果。经过长期的坚持与传承，目前道光廿五的企业形象已成为企业实力的象征。

曹旌归纳认为，文化无疑是提升白酒企业境界的一件利器，要发挥它的作用，必须要从内而外，扎实、长期地去营造培养，让一个企业的“精气神”和“筋骨皮”都深深打上一个文化体系的烙印。若只是为了谋求眼前利益而去刻意经营、炒作文化，其结果很有可能与初衷适得其反，对企业形象造成伤害。

资料来源：载《华夏酒报》，2007 年 10 月 15 日。

结合案例回答：

1. 结合所学以及上文回答：企业文化建设对企业品牌建设的重要性。

2. 结合案例回答，企业文化建设与企业形象建设的异同点？在企业的经营活动中，道光廿五集团公司是怎样建设企业文化、塑造企业形象的？

第 12 章

学习型组织的建立

本章要点

◇ 学习型组织的产生原因、特点及构建方法
◇ 知识管理的运作
◇ 知识管理中的人才培养

20 世纪 80 年代以来，企业面临的竞争环境飞速变化，这就要求企业创新改革传统的知识模式和管理理念。美国麻省理工学院斯隆管理学院的一些专家们在彼得·圣吉（Peter M. Senge）等人的领导下，开展了学习型组织的研究，提出了以“五项修炼”为基础的学习型组织理念。在他们看来，“应变的根本之道是学习，这乃是竞争求生存的基本法则”，企业要想取得持续发展，就必须不断的学习和适应。在《变革之舞》一书中，圣吉教授又强调“21 世纪企业间的竞争，实质上是企业学习能力的竞争，而竞争唯一的优势是来自比竞争对手更快的学习能力”。学习型组织理论问世以后，立即风靡全球，引起了理论界和企业界的极大关注，成为企业组织模式的一大研究方向。

12.1 学习型组织的概念与构建

12.1.1 学习型组织的概念

1. 学习型组织的产生及其动因

20 世纪 80 年代以来，随着信息革命、知识经济时代进程的加快，企业面

临着前所未有的竞争环境的变化，传统的知识模式和管理理念已越来越不能适应这种环境。因此，研究企业组织如何能适应新的知识经济环境，增强企业竞争力，已越来越得到企业界的重视。美国麻省理工学院斯隆管理学院的一些专家们在弗罗斯特和彼得·圣吉等人的领导下，开展了学习型组织的研究，提出了以“五项修炼”为基础的学习型组织理念，适应了这一时代的要求。在他们看来企业是一个完整的系统，一个有机的系统。企业要想取得持续发展，就必须注重整体能力和素质的提高，要不断的学习和适应。

学习型组织为什么会受到人们如此强烈的关注呢？其原因如下：

1）企业的短命现象。自20世纪70年代以来，在世界范围内，企业的平均寿命缩短了。在美国，高新技术企业超过五年寿命的只有10%，每年倒闭几万家企业；在日本，1997年仅上半年就倒闭了13 000多家企业。为什么这些企业在风云过后，会纷纷退出历史舞台？我们可以找出很多外在原因，如环境多变、竞争加剧等，但不可否认的是，其组织内部必然存在某种障碍，阻碍了企业的发展，甚至使之倒闭。

2）危机企业寿命的智障。人们一般把自己的责任局限在职务范围之内，忽视了企业的整体绩效；当企业出现问题时又往往会把责任推向别人，缺乏承担责任和主动思考的热情；对缓慢而来的威胁习而不察等。这些都可以通过学习和修炼得以克服，同时提高组织内部结构、机能以及适应市场变化的能力。

学习型组织是指对相互依赖并且不断变化的世界做出有效反应的组织，应该是一个能不断适应于变革的组织。它又是一个以信息和知识为基础的组织，这种组织实行目标管理，成员能够自我学习、自我发展和自我控制。由于组织中的信息流是自下而上的，因此要想使以信息流为基础的系统发挥作用，必须要求每个人和每个部门都为他们的目标和任务承担责任。一个企业的成长往往处于十分动态复杂的环境中，这就要求企业要不断地根据环境变化而做出适应性地调整。

2. 学习型组织的特点

学习型组织的特点归纳如下：

1）愿景驱动型的组织。在许多传统的组织中，员工的行动导向是人，在他们心目中，“是谁”远比“是什么”重要。权力的得与失之间便奠定了谁胜谁负，这就是所谓的“办公室政治”。在这种组织中，私利已经成为人们唯一的行动动机。而在学习型组织中，实现共同愿景是全体员工的共同目标，更是他们对行动导向。这一共同愿景既来源于员工的个人愿景又高于个人愿景，它能使不同个性的人凝聚在一起，朝着组织共同的目标前进。

2）善于不断学习的组织。这是学习型组织的本质特征。善于不断地学习，包括下面三方面的内容：

(1) 终身学习。在当今信息爆炸、知识经济的时代，组织成员只有具有“活到老，学到老”的理念，才能使组织充满良好的学习氛围，充满活力。

(2) 全过程学习。即强调工作学习化，学习工作化。工作学习化是指把工作过程看成学习过程，结合工作过程，进行自我批评和相互交流，达到学习目的。学习工作化是指把学习看成是自己的日常工作，是工作的重要组成部分。

(3) 全员学习。组织的决策层、管理层和操作层都要全心投入学习中去，尤其是决策层，一定要不断地吸取新知识，跟上时代的发展。

3）自主管理的扁平组织。学习型组织要求组织对外界的变化甚至是微小的变化，都能做出正确和迅速的反应。分权是重要的原则，决策权要尽可能地延伸到基层。而在传统的组织中，往往是决策层在思考，基层执行，这样的组织就很难及时地对外界变化做出反应。因此，学习型组织应充分授权，实现自主管理，从而形成以多个自主管理型团体为基础、以地方为主的“扁平式”自治结构。

4）具有创造能量的组织。一个组织及其员工如果仅仅是为了学习而学习，那是毫无意义的。一个组织如果整天学习而不创造，那就不是一个学习组织。学习型组织的学习强调把学习转化为创造力。通过学习修炼，能解决组织面临的问题，不断地进行组织变革、管理创新和产品更新。

12.1.2　学习型组织的构建

如何才能成为学习型组织，彼得·圣吉提出，企业的管理层和员工都必须经过五个方面的修炼：“自我超越”，“改善心智模式”，“建立共同愿景”，“团体学习”以及“系统思考”。具备了这些能力，企业将成为一个学习型组织，管理者和员工就会不断培养出全新的、开阔式的思维方式，使企业在未来激烈的竞争中处于不败之地①。

第一项修炼：系统思考。系统思考是“看见整体”的一项修炼，让我们

① 皮特斯.T著，凯歌译：《第6项修炼——创新型组织的艺术与实务》，延边人民出版社 2003 年版。

看到相互关联而非单一的事件。系统思考在于看透复杂背后引发变化的结构。系统思考有两个关键点：一个是系统的观点，一个是动态的观点。世界是复杂的，我们在认识世界的时候，往往以分解的方式化繁为简，久而久之就形成了见木不见林的思考方式。系统的观点则是应注重系统中各个局部之间的互动作用。系统中间的各个局部并不是孤立存在的，系统中的局部变化往往会引起另一局部的变化。系统是一个动态的系统，在这个系统中各个元素又存在着动态的互动关系。

系统思考理论还认为，认识系统主要在于认识系统的结构，不应被表面的现象所迷惑，即应处理问题的动态性复杂，力求找到处理问题的关键。系统思考不仅仅是一种理论的学习，更主要的还是一种应用的学习，也就是我们所说的修炼。

第二项修炼：自我超越。"自我超越"是指突破极限的自我实现或技巧的成熟。一个渴望成功的人，不可能仅仅把目光放在目前利益上，也不可能仅仅满足于现状，在其心目中必然会有一个高于现状的远大的目标。而这个目标的实现又不断激励其进行学习和奋斗，这样的人就是自我超越的人。在此，我们把这种目标或理想称为"愿景"。事实证明，具有高度自我超越的人，愿景不仅仅是一个美好的构想，而且是一种召唤及驱动人向前的是使命，能不断扩展他们创造生命上真正内心所向往的能力。"自我超越"是个过程，一种建立愿景和实现愿景的过程，一种学习和成长的修炼。

自我超越修炼的第一步是建立个人愿景，这是自我超越的前提。它涉及人生的基本理念、对人生价值的认识，因此，它带有较强的人生哲学的意义。建立愿景后，自我超越的第二步就是如何努力去实现这个愿景。现实和愿景之间必定存在一定的差距，而这种差距既可能产生创造性张力，也可能产生情绪张力。因此，有效和正确地保持创造性张力就成为自我修炼能否成功的关键。保持创造性张力的关键是"忠于真相"，即以积极的心态去面对成功和失败。自我超越修炼的最高境界就是实现潜意识的自我修炼。人们不再有意识地学习和修正自己的愿景，或建立新的愿景，不再有意识地去分析现状和愿景之间的距离。而是有意识地做出努力。但是这是一个漫长的学习和修炼的过程。

第三项修炼：改善心智模式。心智模式是一种植根于人们内心深处的思维逻辑，它影响着人们对周围事物和人的认识以及对此采取的行动。不同的人对同一事物会有不同的看法，因为他们的心智模式不同，同一个人在不同时期对同一事物也会出现不同的看法，因为其心智模式改变了。

改善心智模式的修炼主要应做到的是对自己的心智模式的反思和对他人心智模式的探询。反思的作用是通过放慢思考的过程，检查自己心智模式形成的过程，以及如何影响我们的行为。在我们的推理中最容易犯的错误就是“跳跃式思维”，直接由少量的实例得出概括性的结论。反思可以帮助我们发现这种“跳跃式思维”。探询的作用就是面对面地了解他人心智模式的形成过程，每个人都把自己的思维逻辑表达出来，接受公开的检验，从而发现问题，影响对方或被对方影响。

人们在检查心智模式时，应该持着客观的态度，比较谦虚地接受各种质疑，同时还要有适当的辩护，这样才能共同地寻求最佳结论。心智模式作为组织决策和行动的一种思考方式应被纳入企业的组织管理中，相同或相近的心智模式以及共同的愿景会使企业产生某种特殊的和睦感，增强组织适应和应变世界变化的能力。

第四项修炼：建立共同的愿景。共同愿景就是在组织中大家共同持有的意象或景象，是一种召唤及驱使人向前的使命，能不断扩展他们创造生命上真正内心所向往的能力。

共同愿景有以下两个特点：

1）衷心共有。共同愿景是组织成员内心的共同愿望和远大目标，它被组织成员共同认同。它创造出团结一致的氛围，使员工内心有一种归宿感，一种归宿于一项重要的任务、事业的使命感，并将这种感觉植根于组织的全部活动之中，使不同的活动融合起来。

2）有强大的感召力。共同愿景为组织建立了一个远大的目标，并驱使人们朝着这一目标进行奋斗。这种感召力来源于现实和愿景的差距。人们在追求愿景的过程中，产生了一种为愿景而奋斗的勇气。所以，共同愿景还能培养出人们勇于承担风险与不断尝试的创造精神。

建立共同愿景的修炼首先要鼓励建立个人愿景，并以个人愿景作为组织共同愿景的基础。组织是由个人集合而成的，个人愿景可以激发个人的勇气，组织的愿景也只能是通过个人愿景和共同愿景的尽量一致来激发群体的力量。所以，有意识建立共同愿景的组织，必须持续不断地鼓励员工发展个人愿景。

共同愿景要求员工为之奋斗，为之奉献，而不是简单的服从和投入，奉献的人将做一切为实现愿景所必须做的事情，愿景的驱动使他们展开行动。要使员工能奉献于共同愿景，必须使愿景深植于每一个员工的心中，必须和每个人信守的价值观相一致，否则不能激发这种热情。所以，共同愿景又是一个企业的基本理念，包容了企业的目的、使命和价值观，必须使员工清楚他们在追求什么。弄清为何追求，以及知道如何追求。这三项企业理念融合为一体，便是企业上下全体员工的信仰，这种信仰引导着企业不断向前发展。

第五项修炼：团体学习。个人的力量如何通过有效的整体合作，取长补短而融合成强大的组织力量；个人卓越的集合，如何成为组织的卓越；如何使组织集体的智商高于个人的智商，这是团体学习所要达到的目的。一个组织不仅需要一群有才能和有共同愿景的人，更重要的是这个组织要学会共同学习。团体学习发展团体成员整体合作与实现共同目标能力的过程。学习的本身是发现错误或了解和掌握新知识，团体学习正是要利用集体的优势，通过开放式交流，发现问题，互相学习，以达到共同进步的目的。

团体学习修炼的关键是深度会谈。深度会谈的理论与方法是由美国量子物理学家鲍姆提出来的。它的意思是，大家就不同的观点探讨复杂的问题，每个人都说出自己的观点，交换各自的想法。在一种无拘无束的探讨中，人人都将深藏在内心的想法和经验表达出来，而不是害怕别人知道自己的想法，最终达到超越每个人各自的想法。

有效的深度会谈应具备以下两个条件：

1）悬挂假设。意思是每个人先把自己的假设提出来。目的在于接受询问和检查，以让团体来检验你的假设，同时使自己更清楚地看清自己的假设，通过反思和探寻来发现“跳跃式思维”。

2）视彼此为伙伴。旨在消除阶层差距带来的障碍，以及正确对待相同意见和不同意见的成员，这是创造平等、开放式环境的基础。经常进行深度交谈的成员之间，有一种深深的信任感，这种信任感对组织的其他行为都是有益的。

在维护平等和开放的深度交谈环境时，应当注意有效地利用冲突和防止人们在交谈中的“习惯性防卫”。冲突本身不可怕，主要看冲突形成的原因何在。“习惯性防卫”是一种本能的体现，是人们惧怕暴露出自我想法背后思维的本能反应。消除“习惯性防卫”依靠的是自我超越和共同愿景的修炼、反思和探询技巧的应用以及忠于真相的理念。

12.2　知识管理

12.2.1　知识管理的内涵与运作

1. 知识管理的内涵

在现实生活中，知识以多种形态存在。数据、信息、对事物的认识等都是知识。就企业而言，常见的知识有企业的运营管理、企业存在的风险、具体操作方法、专利、领导者的技能和观点等。这些知识中，有些是显性的，具有规范化、系统化的特点，通常被概念化和文字化，易于沟通和传播。而另外一些知识则是隐性的，它们通常存在于人们的头脑和行动中，难以用文字表达，且不易被沟通和共享。如员工的直觉、工作技巧等。

显性知识和隐性知识是可以相互转化的，即显性知识在一定的条件下可转化为隐性知识，反之成立。比如，把掌握的有关理论应用于实践，从而形成自己对事物新的认识，则把显性知识转化成了隐性知识；同样把自己对事物的认识总结概括成报告性的资料，隐性知识就转化成了显性知识。在现实生活中，只有当隐性知识显性化，继而显性知识内部化之后，即所有的员工在分享、吸收了显性知识从而提高自身的隐性知识之后，企业作为一个整体才会真正扩展知识储备，并由此提高创新能力。

由此可见，知识创新的源泉在于知识转化。而知识转化的核心在于隐性知识转化成显性知识和显性知识内部化。因此，知识创新的关键就在于挖掘隐性知识为核心的所有知识，使之显性化，成为共享资源，并由此开发出新产品、新技术。推动和运作这一过程的管理行为就是知识管理。

2. 知识管理的运作

1）知识管理的运作过程。知识管理涉及四个运作过程，即知识集约过程、知识应用过程、知识交流过程和知识创新过程，这四个过程是相互关联的而不是独立的。知识创新是知识管理的目的。这一目的的实现关键在于隐性知识向显性知识的转化和显性知识内部化。知识集约促进隐性知识显性化，知识应用和知识交流促进显性知识内部化。

知识集约过程是指对现有的知识进行收集、整理、分类和管理等过程。比如，对客户信息、工作经验、经营成果的收集与分类，并将结果存放在文件夹、电子文档、书等保管器中。知识集约过程通常包括隐性知识显性化和显性知识综合化这两个模式的知识转化。为了使知识集约更有效地应用于知识应用和知识交流，知识配置可视化是不可缺少的重要步骤。在当今高新技术快速发展的时代，企业可以将知识存放在企业的内部网络里，以便于员工进行知识的检索和查询。

知识应用过程是指利用集约而成的显性知识去解决实际问题的过程，也是显性知识内部化的过程。随着员工把集约而成的显性知识运用到实践中，并得出相应的体会和经验，显性知识便被内部化为隐性知识。显性知识内部化促进了隐性知识的积累，从而进一步转化为显性知识，指导人们的实践。充分利用计算机技术可加速显性知识的内部化。员工在现有知识的基础上，利用模拟软件和数据分析软件就能得到处理问题的最佳方案，并可以以此迅速地扩展、重建自己的隐性知识系统。

知识交流过程是指通过交流来扩展企业整体知识储备的过程。通过交流每个人的显性知识都会增加，再进一步进行内部化，这样每个员工的知识储备都会增加，从而有助于每个员工的实际操作，进而提高企业整体的运作效率。知识交流有多种方式，企业可以分析自身特点找到适合自己的交流方式。第一种方式是人与人之间进行直接交流，如研讨会、学习会、公司培训等。第二种方式是同过网络进行交流，如电子会议、电子邮件、电传等。第三种方式是利用数据库进行学习。以野村综合研究所为例，野村综合研究所是一个中型公司，它十分重视人与人之间的交流，以及利用信息技术开展自学。在野村综合研究所每周都有一次午餐会，在会上，研究人员可就各自感兴趣的问题进行演讲。公司负责研究会的录像，以便缺席人员自学，同时还负责把研究会的研究成果下载到所内知识库，并设置了意见回馈栏，以便全员交流学习①。

知识创新过程是指企业整体的知识储备扩大并由此产生出新概念、新思想、新体系过程。知识创新过程是前述三个过程综合作用的结果。当知识集约和知识应用成为日常业务的一环、组织学习也成为企业文化时，企业就具备了知识创新的条件。企业应该及时组织企业员工学习企业战略，是知识创新和企业战略保持整合性，并要在战略实施过程中积极地运用知识创新的结果，真正使知识创新成为企业的竞争优势。

2）知识管理的运作环境。知识管理的效果取决于知识集约、知识应用、

① 野村综合研究所：《经营可视化的知识管理》，第 123 ~ 124 页，第 140 ~ 141 页。

知识交流和知识创新四个过程的有效运作，而这四个过程的有效运作又取决于知识管理的运作环境。知识管理的运作环境涉及企业高层管理者、企业文化、信息技术、业绩考核系统和培训制度等几个方面。

高层管理者在知识管理中起着引导、指导和推动作用。首先，他们应该为企业以及知识管理建立明确的目标，并将这一目标灌输到员工头脑中，使知识管理始终保持明确和正确的方向。其次，他们应该熟悉知识管理具体操作过程和方法，从而系统地指导员工，促进员工有效地收集、应用、交流和创新知识。再次，高层管理者应该取得员工的信任，具备高度的协调能力，促进企业形成相互信赖的环境。

企业文化在知识集约和知识交流过程中起着重要的作用。这是因为开展组织学习和交流需要员工具备自主参与的意识，因而需要形成一个持续学习的企业文化。为了形成这样的企业文化，管理者和员工、员工和员工之间应该保持定期交流，以便形成相互信赖的关系和统一的价值观。

信息技术是知识管理有效运作的硬件基础。信息技术的应用有利于加快知识收集、交流、应用的速度。知识管理所需要的信息技术不仅包括企业内部的信息技术，还包括外部的数据库和信息源。具体来讲，在知识集约过程中，应该利用计算机进行知识的整理、分类和保管；在知识应用过程中，应该建立内部网络，使知识利用超过时间和空间的限制，以提高解决问题的速度；在知识交流过程中，还应该建立因特网来实现跨地区、跨部门的交流。

为了提高知识的数量和质量还应该建立知识的业绩考核系统，对知识的数量和质量进行评价。企业要及时表彰有贡献的员工，并将他们的成功经验传播给其他员工。对员工的奖励应采用物质奖励和精神奖励相结合的方式。

培训制度也是推动知识管理的重要途径。这是因为知识管理的参与者是人，知识管理需要发挥员工的创造力。有效培训的关键在于培植和强化员工的参与意识，使员工明确学习方向，为员工参与知识管理实施具体的指导，并为员工参与知识管理创造机会和环境。

12.2.2　知识管理的人才培养

员工是知识集约、应用、交流和创新的主体。只有使员工积极地参与到知识集约、应用、交流和创新中去，知识管理才能取得成效，企业为促进知识管理所做的一切才不至于浪费。而要做到这一点，企业必须：在企业内部建立相互信赖的关系；从硬件和软件两方面指导和支持员工参与知识管理；从组织和制度两方面来激励员工参与知识管理。

1. 建立相互依赖的关系

建立相互依赖的关系是促进员工参与知识管理所不可缺少的条件。如果领导者和员工、员工和员工之间互相不能信任，只是考虑自己的利益，员工就不能把自己的隐形知识奉献出来，其他员工就不能在共享、学习和体会别人的新知识中提高自身的隐形知识，企业作为一个整体就不能扩展自己的知识储备，并由此提高解决实际问题的能力。

企业和员工、员工和员工之间是否相互依赖与管理过程是否开放而透明、经营决策是否公正和公平，以及劳资双方对企业目标是否认同有着密切的关系。通过缩小等级差别、增加管理人员的基层考察次数，可以增加上下级之间的了解；通过让员工参与管理决策，可以增加员工对公司目标的认同同时增加他们的工作责任心；采取项目小组的工作方法，鼓励员工自由组合和分享工作任务，可以培养企业的团队精神等。企业和员工、员工和员工之间的依赖关系还建立在员工们共同分享奖赏和承担风险的之上，而这又与经营决策是否公平和公正有关。例如，在不景气的20世纪70年代，惠普公司没有解雇人，而是采用了对各级人员都减少10%的工作时间和薪资的做法。惠普公司的做法使其领导人赢得了广泛的尊敬和爱戴。员工对企业目标的认同也是建立依赖关系不可缺少的条件。企业和员工之间实现目标认同，有助于行成连带感，从而建立相互依赖，共担责任的关系。因此，企业要不断地进行企业目标的宣传，并且使企业目标具体化，从而增强员工对企业目标的认同感。

2. 指导和支持员工参与知识管理

知识管理的目的在于知识创新，它不仅要求员工具备专业的知识，而且还要求员工运用这些知识解决实际问题。为了把员工培养成知识管理所需要的人才，企业一方面要对员工实施有目的、有计划地培训，另一方面还需要从硬件和软件两方面对员工自学进行支持和指导。

在参与培训方面，企业首先要明确培训目标，并在此基础上制订严格的培训方案。一般来说，培训方案包括五个步骤：参与意识培训、网络技术培训、挖掘问题能力培训、解决问题能力培训和创造性提案能力培训。

在意识培训阶段，企业要做到两件事：一是强化员工对企业目标、市场竞争和知识管理的理解，提高员工对参与知识管理的认识；二是帮助员工明确学习目标，提高学习的目的性。企业可以采取以下方法来帮助员工明确学习方向。第一，制订能力标准。通过与能力标准对比，使员工客观认识自己，明确学习方向。第二，指明能力开发途径。所谓能力开发路径是指按照时间序列对员工的能力通过培训与自学而获得逐步提高的过程所进行的描述。能力开发路径有助于员工针对不同阶段制订不同的学习目标和计划。第三，加强知识体系化的建设，通过共享去明确员工的学习方向。

在网络技术培训阶段，企业要使员工尽快掌握内部网络的使用方法，并要随着网路的升级及时进行培训，使之掌握新的操作技术。

在挖掘问题能力培训、解决问题能力培训以及创造提案能力培训阶段，企业可以采用双向型培训方法。所谓双向型培训是指知识和信息不是单方面的流动而是从教师流向学员又从学员流向教师的培训方法。由于双向培训采取小组讨论、主题演讲以及互相教授的形式，学员有足够的机会参与挖掘问题、解决问题和言传身教。因此，能够有效促进学员形成独立思考、自主学习的习惯，并能有效培养员工的责任感和领导能力。

在支持和指导员工学习方面，企业可以考虑设置辅导员来指导员工自学。辅导员的主要任务是指导而不是单纯地传授。他的工作是：第一，帮助员工选择自学所需信息；第二，引导员工整理信息，加深理解直到解决问题。因此，为了提高自学效率，还应提高员工整理信息、理解信息和发现问题及解决问题的能力。第三，帮助员工将自学成果纳入自己的知识体系。一个有效的方法是让员工把自学成果传授给其他员工，并将其他员工的意见反馈回来。辅导员的工作是对反馈意见进行分析和说明，使之有利于员工修正和总结自学成果，进而激发员工继续学习的动力。

除了引导员工自学，企业还应该为员工创造良好的学习环境和为员工提供应用知识的机会。现阶段，以下方法是比较流行的：利用网络建立虚拟的学习环境，支持员工随时随地地学习；组织寻找外部的最新信息并加以改变使其适应本企业员工的能力，以便员工所学习知识的与时俱进性；直接向员工发送邮件，宣传学习的必要性和重要性，适当场合下，企业高层可以亲身实践，向员工表明他们对待学习的态度；从硬件和软件两方面支持员工开展非正式的学习研讨会，促进员工之间相互交流，相互学习，并及时将学习成果在企业内部公示，以方便跨部门员工的参与等。

3. 激励员工参与知识管理

激励员工参与知识管理关键在于赋予员工自主权，对参与知识管理的员工实施奖励，并实施定期考核。

知识管理是一种创新活动，它需要员工发挥主观能动性和创造性，这就要求企业赋予员工一定的自主权，以便其按照自己的思路去思考问题从而提出自己对问题的独特想法。同时它也要求企业改革集权的管理制度，进行充分放权，给员工提供充分的自主空间，从而促进他们参与知识管理。

奖励制度也是促进知识管理的有效手段。由于人们的行为是建立在驱动之上，因此，适当地增强某种驱动有利于员工更好地参与知识管理。奖励制度不仅要包括物质奖励还要包括精神奖励。同时，不仅要奖励那些做出贡献的员工还要奖励那些虽然没有成功但付出相当大的努力的员工，使他们认识到自己的努力得到了肯定，以后便会更加积极地参与知识管理。

另外，目标管理制度也是一个可行的手段。企业应该根据制订好的目标和考核标准对员工参与知识管理的实际情况进行定期评价和考核，以促使员工明确目标，提高知识管理的效率。目标考核的标准如下：第一，考核标准与企业发展方向和发展战略保持一致。第二，考核标准与员工的具体行为紧密联系。第三，考核结果与人事制度和报酬制度紧密联系。第四，考核标准具有客观性。第五，考核要有连续性、时效性和可行性。第六，考核标准既要包括财务指标又要包括非财务指标。

复习题

1. 学习型组织出现的背景？
2. 简述如何构建学习型组织？
3. 简述知识管理的运作。
4. 简要回答如何进行知识管理中的人才培养？

案 例

莱钢集团：企业的核心竞争力是学习

记者在莱钢集团采访，最深的印象就是莱钢人无时不在学习，无处不在学习，学习已经融入了莱钢人的工作和生活。总经理李名岷对记者说：“莱钢集团将企业文化作为核心竞争力的重要组成部分，大力开展创建学习型企业，建设学习型企业文化，推动了企业持续快速和谐发展。创建学习型企业，建设学习型企业文化是莱钢的历史选择。学习是基础，改善心智是关键，创新是核心，持续发展是目的，真谛是每个职工获得收益，实现最大的人生价值，活出生命的意义，走向和谐。”

莱钢集团通过创建学习型企业，持续不断地提高学习力，提高员工的素质和技能，最终提高核心竞争力。莱钢把企业精神确定为“学习、超越、领先”，提倡学习工作化、工作学习化，在建设莱钢的同时建设了一个人文莱钢，在提高企业竞争力的同时打造了一支素质过硬的员工队伍。

一位专门搞企业文化的大学教授曾随意问一名莱钢员工：“什么是企业的核心竞争力?”这名员工的回答让老教授感到震撼：“企业的核心竞争力是学习。”

把企业办成一所大学校

作为创建学习型组织的先行者之一，莱钢的实践曾在国内赢得了“南有江淮，北有莱钢”的美誉。莱钢结合公司实际，创新性的引入了学习型组织的观念。在莱钢，学习不是一般的学习，而是开创性学习，管理型学习，结合实践的团队学习。学习是为了解决工作生产中的实际问题，让员工自我超越，改善思维，培养员工的前瞻性，全力实现目标，挖掘最大的潜力。

莱钢在创建学习型企业的实践中，以创建学习型公司、学习型工厂、学习型车间、学习型班组、学习型员工和学习型党组织、学习型家庭等创建活动为基本途径，变机械思考问题的方式为系统思考的思维模式，变被动的反应性工作为积极的主动性工作，激发员工的积极性和能动性，激活企业的生命力和创新力，持续增强企业的竞争实力。

学习是基础。莱钢强调的学习注重对人的自身完善和提高，强调工作与学习不可分离，突出互动学习，团队学习，开创性学习，注重隐性知识与显性知识的相互转化。为使学习成为“人人感受的生活内容”，莱钢不断拓展员工学习的途径，通过多种方式形成立体培训体系，建立激励学习的机制，把企业办成一所大学校，形成了“双休一日学”、“40 +4”（即每周工作40 小时，学习4 小时）等学习制度，广泛开展群众性的读书活动。广大员工学习的积极性不断提高，逐步实现了由“实干型”向“知识型”的转变，由“单一型”向“复合型”的转变。

改善心智是关键。莱钢通过组织学习在员工中培育积极的心态，以全新的理念促进人们转变思维模式，带动管理方式和工作方式的转变，提升团队执行力。1999 年以前，莱钢炼钢厂每月生产的十几万吨钢中就有一万吨是计划外、待判和化学废品，每月经济损失达 200 万元以上。在系统攻关中，炼钢厂找出诸多因素中的重要一环：对每炉钢不能预测化学成分，等钢水浇注后才能出化验结果。他们改变了投产15年来的一贯做法，把成分化验的结果控制在浇注前。一个小小的“变数”，使钢的化学废品彻底杜绝。粒煤喷吹是当今世界喷煤方面的先进技术，节能效果好、占用场地小、工艺流程短、建设速度快，目前只有少数的国家掌握使用。莱钢在国内首家引进粒煤喷吹后，出现了一系列问题，反复试验多次效果都不理想，致使粒煤喷吹一度停顿。经过改善心智模式，对20多个参数进行细致研究和分析，掌握了一套适应莱钢高炉生产的操作规律，使喷吹粒煤在中国不但成功了，而且还达到了吨铁100公斤以上。目前，阶段性煤比吨铁超过了150公斤，年创效益上亿元。

创新是核心。莱钢为创新合理定位，打破创新的神秘感，让员工认识到：创新并不是高不可攀的事物，也不是专家、学者的专利，人人可创新、事事可创新，只要能有效地改善工作、改进工艺、提高效率、创造价值，就是创新。群众性创新活动在莱钢蓬勃开展，小发明小创造层出不穷，每年都涌现出大量一线工人自己总结的先进操作法、“绝技绝活”等。锻压厂轧钢车间的加热工在进行热钢出炉操作时，要看电视监控画面，由于加热炉内温度和热钢坯的温度、亮度太高，图像太刺眼，不易分辨炉内状况。员工想到了给监控摄像头戴墨镜的办法，使炉内热坯的亮度降低，反差增加，既清晰又不刺眼。

持续发展是目的。莱钢创建学习型企业不搞形式主义、不图好看，而是立足于解决企业持续快速发展的问题。在创建学习型企业过程中，莱钢通过调整优化产品结构、工艺结构、组织结构，推进改制改革，解决了诸多发展瓶颈，冲破了成长上限，使企业进入持续发展的快车道。

学习的真谛是活出生命的意义

莱钢把学习作为一种精神，而不仅仅是一种手段，使广大员工在学习中活出生命的意义。在创建学习型企业过程中，莱钢建立了建设“全员学习型、绿色生态型、持续发展型”企业的共同愿景，提出“与员工共创辉煌”，大力改善员工的成长环境、工作环境和生活环境，致力于实现企业与员工的共同价值，使员工感受到“工作着是美丽的”，极大地激发了员工热爱莱钢、扎根莱钢、建设莱钢、奉献莱钢的热情。莱钢“十五”技改一期工程，只用了11个月22天，就打通了一条从原料、烧结、焦炉到炼铁、炼钢、连铸复杂的钢铁系统生产线，创出了前所未有的“莱钢速度”。台湾某公司负责人参观后说，这样的工程在台湾至少需要三年时间才能完成。

创建学习型企业增强了企业的核心竞争力和可持续发展能力。热电厂燃气车间净化三班员工到杭钢学习高炉煤气全干法除尘技术，培训结束时，一位杭钢的师傅说："你们让我领略了什么叫学习力。莱钢人的学习力真是可怕!"一年后，这个刚组建时大多数成员对煤气净化几乎一无所知的班组，技术水平达到国内领先。

在学习上，莱钢强化了这样几个理念：一是强化职工培训，拓展职工学习的途径，把企业办成一所大学校，突出"培训是职工最大的福利"的理念；二是创新"行动学习"的模式，倡导"工作学习化，学习工作化"的理念，引导广大职工将工作当学问来研究，使"上班要做三件事——工作、学习和创新"成为职工的座右铭，鼓励职工带着问题学习，把工作中的问题解决在公司的学习型环境中；三是突出团队学习，拓展团队学习的途径和方法，并将各级组织的讨论、交流、策划、攻关、总结等活动赋予团队学习的内涵，突出"成果共享"的理念。四是突出人的自身完善和提高，侧重于组织与个人健康品格和心态的培育、良好学习习惯的养成和能力的提高。莱钢建立了拓展训练基地，培养了自己的培训师，通过开展军训、心智体验、品格训练等"体验式"培训活动，使员工在开放的氛围中，通过互动式的讨论和研习，感悟人生的真谛，积累生命的体验。

通过创建学习型企业，推动了技术创新，提高了研发能力和成果转化能力。一大批当今世界冶金行业的绿色、环保、先进适用技术落户莱钢，通过消化吸收和再创新，形成 14 项具有自主知识产权的先进技术，并开始对外进行技术输出和服务。在国内钢铁企业输出了 10 座高炉技术，在印度、泰国签订技术总负责和设计总承包合同额达 97 亿元人民币。

学习无止境，成长无上限。创建学习型企业，深刻改变了莱钢人的思维方式、工作方式、管理方式，大大提升了企业的学习力、创新力、超越力、竞争力，使企业实现了超常规、跨越式发展。钢产量和销售收入分别从 2000 年的 214 万吨、64 亿元飞速提升，2006 年产钢 1 079 万吨，实现销售收入 442 亿元，分别增长 4 倍和 6 倍。主要经济技术指标已从整体上进入全国先进行列。2007 年中国企业 500 强年度排行榜中，莱钢集团公司以 443.6649 亿元的营业收入位列第 83 位。目前，莱钢 H 型钢已超过 300 万吨的产能，成为国内规模最大和品种最全的生产基地。莱钢的新产品先后进入秦山核电站、奥运"鸟巢"等国家重点工程。今年上半年，莱钢销售收入、利润和利税三项财务指标均居山东省管企业第一位。在学习型组织理论的支撑下，莱钢正从优秀走向卓越。

资料来源：载《大众网》，2007 年 9 月 10 日。

结合案例回答：

1. 学习型组织对莱钢的重要意义？
2. 结合案例以及所学，谈谈莱钢是怎样创新性的建设学习型组织的？
3. 结合案例以及所学，谈谈你对学习型组织的认识？

主要参考文献

1. 葛素洁，杨洁等：《现代企业管理学》，经济管理出版社 2001 年版。

2. 张颖翰，张明之，王维：《从经营国有企业到管理国有资产》，社会科学文献出版社 2005 年版。

3. ［英］E. 罗伊斯顿·派克：《被遗忘的苦难》，福建人民出版社 1983 年版。

4. 郭伟峰：《英国家庭作坊和工厂制度下劳工生活状况比较》，载《辽宁工程技术大学学报》，2005 年 4 月。

5. ［苏］梁波斯基：《外国经济史（资本主义时代）》，三联书店 1962 年版。

6. 杨浩等：《现代企业理论教程》，上海财经大学出版社 2001 年版。

7. 金占明：《企业管理学》，清华大学出版社 2002 年版。

8. 林有孚：《现代企业管理》，中国统计出版社 2000 年版。

9. 王乃静：《价值工程概论》，经济科学出版社 2006 年版。

10. 安忠，钱克威等：《现代企业管理》，天津大学出版社 2000 年版。

11. 卡斯瑞恩·R·哈里甘：《将垂直一体化和竞争环境匹配起来》，载《战略管理杂志》。

12. ［美］彼得·德鲁克，齐若兰译：《管理的实践》，机械工业出版社 2006 年版。

13. ［美］彼得·德鲁克：《创新与企业家精神》，机械工业出版社。

14. 迈克尔 A. 希特等著，吕巍等译：《战略管理》，机械工业出版社 2006 年版。

15. 王方华，吕巍：《战略管理》，机械工业出版社 2004 年版。

16. 周三多，陈传明：《管理学》，高等教育出版社 2000 年版。

17. 弗雷德·R. 戴维，李克宁译：《战略管理》，经济科学出版社。

18. 迈克尔·波特：《竞争战略》，自由出版社 1980 年版。

19. 阿瑟·汤姆森，斯迪克兰德，段盛华，王智慧等译：《战略管理》，北京大学出版社2004年版。

20. 顾天辉，杨立峰，张文昌：《企业战略管理》，科学出版社2004年版。

21. 刘小华：《市场经济条件下现代企业家的十大观念》，载《价值中国网》。

22. 《“诚信和谐：现代企业经营观念”理论研讨会综述》，载《光明日报》。

23. 葛素洁，杨洁等：《现代企业管理学》，经济管理出版社2001年版。

24. 黎永泰：《日本企业的“力道”经营方针理念》，载《现代日本经济》，2001年第2期。

25. 李自如等：《现代企业管理学》，中南大学出版社2001年版。

26. 亚当·斯密：《国民财富的性质和原因的研究》，商务印书馆1981年版。

27. 加里·S·贝克尔：《人力资本》，北京大学出版社1987年版。

28. 席酉民，段兴民，张生太：《企业集团人力资本管理研究》，机械工业出版社2003年版。

29. 林永顺：《企业管理学》，经济管理出版社2002年版。

30. 《哈佛MBA培训与激励全书》，远方出版社。

31. 陈晓坤，蔡成喜：《企业管理学》，清华大学出版社2007年版。

32. 张体勤，刘军，杨明海：《知识型组织的人才集聚效应与集聚战略》，载《理论学刊》，2005年第6期。

33. 王关义，刘益，刘彤，李治堂：《现代企业管理》，清华大学出版社2004年版。

34. 皮特斯·T著，凯歌译：《第6项修炼——创新型组织的艺术与实务》，延边人民出版社2003年版。

35. 申望，李秋燕：《成功企业的成功文化》，中国华侨出版社2002年版。

36. 聂炳华：《调研报告辑选与调研方法概述》，山东人民出版社2002年版。

37. 张体勤：《知识团队的绩效管理》，科学出版社2002年版。

38. 张体勤，丁荣贵：《关于知识团队特性的研究》，载《人类工效学》，2002年第3期。

39. 张体勤，沈荣芳：《兑现承诺与价值观回报是对知识员工的最好激励——关于建立知识团队心理契约的思考》，载《工业工程与管理》，2002年第2期。

40. 聂炳华：《知识分子是新生产力的代表》，载《发展论坛》，1998年第

9 期。

41. 崔友平：《国有企业改革的难点和深化改革的思路》，载《齐鲁学刊》，1999 年第 5 期。

42. Stephen P. Robbins and Mary Coultar，1996，*Management* （*Fifth Edition*），Prentice-Hall International，Inc.，New Jersey，pp. 151 – 152.

43. A. J. Hillman &M. A. Hitt，1999，Corporate political strategy formulation：A model of approach participation，and strategy decisions，*Academy of Management Review*，24，pp. 825 – 842.

44. Fahey&Narayanan，Macro environmental Analysis，pp. 105.

45. G. F. Will，1999，The primacy of culture，*Newsweek*，January 18，pp. 64.

46. G. McNamara，R. A. Luce&G. H. Tompson，2002，Examining the effect of complexity in strategic group knowledge structures on firm performance，*Strategic Management Journal*，23，pp. 153 – 170.

47. P. M. Norman，R. D. Ireland，K. W. Artz &M. A. Hitt，2000，Acquiring and using competitive intelligence in entrepreneurial teams. *Paper presented at the Academy of Management*，Toronto，Canada.

责任编辑：吕　萍　张　辉
责任校对：杨晓莹
版式设计：代小卫
技术编辑：邱　天

现代企业管理学
陈　华　主编
经济科学出版社出版、发行　新华书店经销
社址：北京市海淀区阜成路甲 28 号　邮编：100142
总编部电话：88191217　发行部电话：88191540
网址：www.esp.com.cn
电子邮件：esp@esp.com.cn
北京汉德鼎印刷厂印刷
永胜装订厂装订
787×1092　16 开　19.75 印张　350000 字
2008 年 1 月第 1 版　2009 年 10 月第 3 次印刷
印数：8001—11000 册
ISBN 978-7-5058-6759-8/F·6020　定价：30.00 元